유아교육과정

개정판

임미혜 김영애 신혜영 장정애 최윤희 공저

CURRICULUM FOR YOUNG CHILDREN

양성원

머리말

UN이 제시한 2045년, 2050년 미래보고서를 보면서 그동안 영화 속이라고 상상하던 것들이 곧 현실이 될 것이라는 것에 놀랐고, 신기하면서도 마음이 무거워졌다. 물 부족 현상, 이상 기후로 섬나라가 지구에서 사라지고, 사이보그 인간화로 100세 이상 수명연장, 미국이나 중국이 아닌 인도가 세계 지배, 동토이던 러시아가 지각 변동으로 옥토로, 사랑과 결혼에 대한 시각 변화로 드라마나 영화가 없어지며 더 나아가 저출산으로 대한민국이 사라질 수도 있다고 한다.

지금 영유아들을 어떻게 교육하고 보호해야 다가올 미래사회에서 제 몫을 다할 수 있게 할 수 있는가? 그러기 위해서는 당장 초등학교에서 공부를 잘하고 좋은 대학교 입학에 목표를 두는 교육을 해서는 안 될 것이다. 창의성과 인성을 겸비한 유능한 시민으로 자라도록 해야 한다.

유아교육은 일차적으로는 가정의 부모 책임이지만 유아교육기관의 영유아교사 질이 더욱더 중요한 역할을 한다는 것은 누구나 잘 알고 있다. 따라서 졸업 후 유아교사가 될 학생들이 미래사회를 이끌어 갈 인재를 양성하는 데 대한 사명의식과 책임감을 갖고 유아들을 어떻게 교육할 것인가 – 유아교육과정 개발에 대한 연구를 해야 할 것이다.

우리나라에서는 그동안 영유아의 전인적 성장과 발달을 도울 수 있는 교육과정 개발을 위해 많은 노력을 기울여왔다. 이에 유치원과 어린이집의 만 3~5세 유아는 동일한 교육과정에 의해 교육을 받게 되었다. 그러나 2013년부터 이를 유아교육현장에 시행해 본 결과 교육과정 구성 체계 보완의 필요성과 과다한 연령별 교육내용, 현장 적용의 획일성 등에 대한 문제가 제기되어 왔다. 이를 보완하고자 2018년부터 육아정책연구소의 주관으로 이루어져 2019년 7월 19일에 「2019 개정 누리과정」이 확정 · 발표되었다. 교육적으로 훌륭한 교육과정이라고 하더라고 영유아들의 개인차, 유아교육기관의 실정, 지역사회의 특성에 따라 적합한 교육 내용을 수립하고 적절하게 운영하는 것이 더욱 중요하다고 생각한다. 이에 저자는 유아교육 및 보육을 전공하는 예비 유아교사들에게 '어떻게 하면 어려운 유아교육과정을 보다 쉽게 이해시켜 현장에 적용할 수 있을까?'를 고민하였다.

이 책은 이론적 기초부터 적용까지 총 7장으로- 제1장 유아교육과정이란 무엇인가, 제2장 우리나라 유아교육과정의 변천과정은 어떠한가, 제3장 「2019 개정 누리과정」의 교육 내용은 어떠한가, 제4장 제3차 표준보육과정의 교육 내용은 어떠한가, 제5장 유아교육과정을 어떻게 계획 · 운영할 것인가, 제6장 물리적 환경을 어떻게 구성할 것인가, 제7장 무엇을, 어떻게 평가할 것인가 - 구성하였다.

하나님께서 아기들을 이 세상에 태어나게 하실 때 그들이 모진 세파 속에서도 건강하게 잘 자라도록 하기 위해서 엄마와 교사, 두 명의 천사를 함께 보내주셨다고 한다. 분명 유아교사는 소명을 받은 자만이 감당할 수 있는 직분이라고 여겨진다. 사회 · 경제적으로는 점점 어려워져 가고 있는 유아교육의 현실이지만 그 속에서도 유아를 사랑한다는 것 하나만으로 운영자로서, 유아교사로서 꿋꿋이 현장을 지키고 있는 모든 분들께 하나님의 은혜와 사랑이 넘치기를 간절히 기도드린다.

여기까지 인도해 주신 에벤에셀의 하나님 은혜와 양성원 여러분들께 깊은 감사를 드린다.

2020년 1월

저자

차례

chapter 1

유아교육과정이란 무엇인가

1___ 유아교육과정의 개념

2___ 유아교육과정의 특성 및 원리

3___ 유아교육과정의 최근 동향

Curriculum for Early Childhood Education Care

교육과정(Curriculum)이란 그 나라 교육에 대한 이상을 담는 그릇으로서 그 안에 무엇을 담느냐에 따라 그 의미를 다양하게 규정할 수 있다. '어떠한 내용을 담을 것인가? 그 담은 내용을 어떻게 운영할 것인가?'라는 측면에서 목적, 내용, 방법의 문제와 연결된다. 즉, 학교에서 '무엇'을 '어떻게' 가르칠 것인가를 순서적으로 조직해 놓은 문서라고 할 수 있다. 그러나 무엇을 교육과정으로 보느냐는 학자나 학파에 따라 의견이 다르기 때문에 한마디로 간단하게 정의하기는 어렵다. 교육과정을 교사가 가르치는 내용으로 볼 것인가, 학생이 학교에서 하게 되는 경험으로 볼 것인가, 학교에서 일어나는 모든 의도적 · 무의도적인 활동이나 과정으로 볼 것인가에 따라 그 의미가 달라진다(이귀윤, 1990). 또한 교육과정의 의미는 무엇을 교육 내용으로 볼 것인가에 따라 달라지는 것뿐만 아니라, 교육 내용을 누가 어떤 수준에서 정할 것이며, 어느 수준에서 볼 것인가에 따라서도 달라진다.

우리나라 법규 문서에서 '교육과정'이란 용어를 처음 사용한 것은 문교부령 제35호(1954. 4. 20)로 공포된 '국민학교, 중학교, 고등학교, 사범학교 시간 배당 기준령'이다. 여기에서는 교육과정을 "각 학교의 교과목 및 기타 교육활동의 편제를 말한다"라고 규정하였다. 또한 초 · 중등학교 제4차 교육과정의 개정 시안을 연구 · 개발한 한국교육개발원의 답신보고서에서는 "교육과정이란 학교에서 전개되고 실현될 교육 실천의 효과를 극대화하기 위해서 일정 학생에게 무엇을 어떻게 교육할 것인가를 국가수준에서 규정하는 의도되고 문서화된 계획을 의미한다"라고 하였다. 이처럼 우리나라의 교육과정은 문서화된 계획으로서의 의미를 지니고 있으며, 학교에서 학생들에게 지도하고 학생들이 경험하는 학습활동의 총화에 초점을 두고 있었다. 유치원 교육과정 역시 초 · 중등학교 교육과정에서 규정하는 교육과정의 의미를 준용하였다(교육인적자원부, 2008).

현재 우리나라의 유아교육과정(Early Childhood Curriculum)은 '2019 개정 누리과정'과 '제3차 표준보육과정'이 있다. 이는 국가수준의 교육과정으로 의도된 교육목표와

이의 달성을 위하여 선정된 내용을 담은 문서로의 교육과정이라고 할 수 있다.

이 장에서는 유아교육과정의 개념, 특성 및 원리, 최근 동향에 대해 살펴보고자 한다.

01 유아교육과정의 개념

일반적으로 유아교육과정이란 유아를 위한 교육과정을 뜻하는 것이다. 미국 유아교육협회(NAEYC: National Association for the Education of Young Children, 1991)는 3~8세까지의 유아를 위한 교육과정을 '유아가 학습할 내용, 교육과정 목표를 성취해 나가는 과정, 유아의 목표 성취를 돕기 위한 교사의 역할, 교수와 학습이 발생하는 상황에 관해 서술한 조직화된 틀'이라고 정의하고 있다(박찬옥 외, 2016, 재인용). 카트론과 알렌(Cartron & Allen, 2003)은 '유아의 전인적 성장을 도모하기 위하여 교육목적과 목표를 설정하고 이에 부합하는 교수방법, 특별한 활동과 자료를 결정하는 틀'이라고 정의하였다.

알미(Almy, 1975)는 유아교육과정이 몬테소리 프로그램, 카미-드브리스 프로그램 등 프로그램이란 용어로 대치되어 사용된다고 하였다. 프로그램이란 학교 안에서 일어날 수 있는 모든 계획적인 경험뿐만이 아니라 그것을 넘어서서 흔히 가정과 지역사회에까지 연장될 수 있는 교육적 경험(이기숙, 2006, 재인용)이라는 것이다.

한편, 우리나라 교육과학기술부(2008)에서는 유아교육과정의 성격을 '유치원의 교육 내용에 관한 전국 공통의 일반적인 기준으로 교육법규에 의거하여 고시한 국가수준의 '기준'임을 명시하고 ① 국가수준의 공통성과 개인수준의 다양성을 추구하는 교육과정, ② 유아의 전인적 성장발달과 행복을 추구하는 교육과정, ③ 자율성과 창의성 신장을 위한 유아 중심 교육과정, ④ 일상생활과 놀이 속에서 통합적으로 실현해 가는 교육과정, ⑤ 교육청, 지역사회, 유치원, 교원, 유아, 학부모가 함께 실현해

가는 교육과정, ⑥ 유치원 교육의 질적 수준을 유지, 관리를 위한 교육과정으로 제시하였다.

이처럼 유아교육과정에 대한 개념 정의는 여러 학자에 따라 다양하게 기술되고 있지만 종합해 보면 유아교육과정이란 유치원이나 어린이집에서 영유아가 건강하고 안전하게 보호되고, 전인적 발달이 이루어지도록 영유아 교사가 목적과 목표를 세우고, 그 목표에 맞는 내용을 선택하여 어떤 활동 및 방법으로 전개하며, 평가하도록 하는 일련의 과정을 의미한다.

참고로, 와이카트(WeiKart, 1989)는 바람직한 유아교육과정의 기준을 다음과 같이 제시하였다(최지영, 2014, 재인용).

① 교육과정은 유아발달이론과 철학에 근거하여 개발되어야 한다.

② 교육과정은 유아 주도의 학습으로 명확히 밝혀지고 조직되어야 한다.

③ 교육과정은 특별한 요구를 가진 유아, 소수집단의 유아 등 다양하게 적용되어야 한다.

④ 교육과정은 다양한 재정 지원하에 운영되어야 한다.

⑤ 교육과정은 대상 유아에게 적절해야 한다.

⑥ 교육과정은 부모의 참여를 고려해야 한다.

⑦ 교육과정은 이를 수행하는 사람들을 훈련하고 평가할 수 있는 계획된 체제를 지녀야 한다.

⑧ 교육과정은 그 영향을 검토할 수 있는 연구들에 의해 타당성이 인정되어야 한다.

02 유아교육과정의 특성 및 원리

1) 유아교육과정의 특성

유아교육과정은 유아교육 대상이 지니는 특수성 때문에 초 · 중등 일반교육과정의 의미와는 차이가 있다. 즉, 대상 연령이 다양하고, 유아교육의 직접적인 대상인 영유아를 포함하여 부모의 요구가 다양하며 매우 복잡하다고 할 수 있다. 유아교육과정의 특성을 살펴보면 다음과 같다(이영석, 임명희, 이정화, 2003; 임미혜, 이혜원, 황윤세, 2008).

첫째, 유아교육과정은 대상 범위가 다양하다. 유치원의 입학 연령은 만 3~5세까지, 어린이집인 경우는 0세부터 만 5세까지를 대상으로 하고 있다. 또한 일반 영유아뿐만 아니라 장애아 및 취업부모, 빈곤가정, 위기가족 등 요보호 상황의 영유아 모두가 유아교육과정의 대상에 포함된다. 따라서 개별성과 특수성을 고려한 유아교육과정 구성이 필요하다.

둘째, 유아교육과정은 하루 종일 지속되는 종일 프로그램이다. 유치원 및 어린이집은 최근 급증하고 있는 취업여성의 자녀를 위해 시간 운영상 방과 후 프로그램 등 종일 보육을 기본으로 하여 융통성 있게 운영되고 있다. 따라서 유아교육과정은 영유아의 일상생활 전반을 포함하고 보호와 교육 간의 균형을 고려하여 계획 · 운영되어야 한다.

셋째, 유아교육과정은 교사 주도적 활동보다 영유아 주도적 활동을 중시한다. 따라서 교사학습과정에서 계획, 전개, 정리 및 평가단계에서 영유아의 자발적인 참여와 활동을 전제로 하고 있다. 유치원이나 어린이집 교실 분위기는 질서정연한 강의실이나 교실이라는 느낌보다 작업장과 같은 분위기를 내게 한다.

넷째, 유아교육과정은 개방적, 비형식적이다. 즉, 영유아의 학습흥미 · 욕구가 교육과정에서 중시되는 것을 의미하며, 피동적으로 기억되는 지식보다는 영유아의 성장과 발달에 직접 관련된 경험과 활동이 중요시되는 것을 뜻한다. 따라서 유아교육과정은 교육목적이나 교육목표를 설정하고 있지만 교육의 주안점을 교육목표 달성에만 두기보다는 교육의 과정 그 자체에 주안점을 두어 영유아가 관심을 갖는 학습과제 또는 학습대상을 중시한다.

다섯째, 유아교육과정은 교육활동의 선정에 있어서 영유아의 발달적 적합성을 중요시한다. 즉, 영유아의 연령, 발달수준, 개인차 등에 최적한 교육활동을 선정해야 한다.

여섯째, 유아교육과정은 학습의 결과(product)보다 학습의 과정(process)을 중요시한다. 따라서 정해진 지식을 익히기보다는 영유아의 지적 호기심, 내적인 욕구 등을 마음껏 발현할 수 있는 놀이나 활동을 중요시하게 된다.

일곱째, 유아교육과정은 초 · 중등학교 교육과정처럼 교과영역 위주로 학습 내용이 구성되지 않고 영유아의 전인적 발달 증진을 위하여 발달영역이나 생활영역 또는 프로젝트 중심으로 교육활동이 구성된다. 따라서 교과서 대신에 각 영유아의 발달수준이나 흥미 · 욕구에 직접적으로 관련된 활동이나 자료를 제공한다.

여덟째, 유아교육과정은 편의상 신체운동 · 건강영역, 의사소통영역, 사회관계영역, 예술경험영역, 자연탐구영역 등으로 분류하여 교육 내용 및 교육활동을 설정하고 있지만, 각 영역을 별도 학습하는 것이 아니라 통합적으로 교육한다. 즉, 즐거운 유치원, 나와 친구들, 교통기관 등 통합된 주제에 따라 제 발달영역의 경험들을 균등하게 체험할 수 있게 한다.

아홉째, 유아교육과정은 교사 → 영유아의 일방적 관계보다 다양한 쌍방적 관계,

즉, 교사 ↔ 영유아, 영유아 ↔ 영유아, 영유아 ↔ 교구 · 교재 등을 중요시한다. 따라서 교사는 지식의 전달자, 훈육자의 역할보다 안내자, 조력자의 역할로 영유아와 동등한 관계를 유지해야 한다.

2) 유아교육과정의 원리

유아 중심의 유아교육과정의 원리는 다음과 같다(임미혜 외, 2008).

첫째, 전인적 성장과 발달을 위한 통합성 원리이다. 즉, 영유아 발달영역 간의 통합, 보호와 교육활동 간의 통합, 유아교육과정의 내용들 간의 통합, 유치원 및 어린이집, 가정 그리고 지역사회의 통합을 고려하여야 한다.

둘째, 발달 적합성의 원리이다. 영유아들은 개인차가 크므로 모든 영유아에게 동일한 유아교육과정을 제공할 수는 없다. 영유아의 개별 발달 적합성을 고려하여야 한다.

셋째, 흥미 및 동기유발의 원리이다. 영유아에게 교육활동을 제공할 때 흥미를 중심으로 하여 내적 동기유발에 기초할 때 유의미성을 지닌다. 따라서 유아교육과정을 계획 · 구성하고, 운영하는 과정에서 영유아에게 친숙하고 흥미에 기초한 유의미한 경험과 활동을 제공하여야 한다.

마지막으로, 권리존중의 원리이다. 영유아들이 행복하게 자랄 수 있도록 개별 영유아의 생존권, 발달권, 교육권, 복지권과 더불어 장애아와 영재아의 권리도 보장되어야 한다.

03 유아교육과정의 최근 동향

유아교육과정은 철학적 · 심리학적 · 사회적 요구와 맥락을 반영하면서 변화되어 왔다. 그 이유는 미래 인적자원 양성을 목적으로 유아발달 및 사회, 문화적 변화를 고려하여 유아에게 적합한 교육 내용의 선정과 방법의 조직에 대한 유아교육의 기본 청사진이기 때문이다(김영옥, 2008). 예를 들어, 일본은 유아기부터 예절교육을 충실히 하여 신뢰받는 민족으로 부각되었고, 미국은 유아기에 자율성 교육을 충실히 하여 자유와 민주를 구가하는 민족으로 인식되어 온 것과 비교할 때 우리나라는 다음 세대를 위하여 무엇을 충실히 해야 할 것인가를 모색해 볼 필요가 있다.

최근 유치원 및 어린이집에서 많은 관심과 활발한 논의가 이루어지고 있으며, 이들을 반영한 유아교육과정이 개발되고 있는 내용들을 간략히 살펴보면 다음과 같다.

1) 다양한 요구를 반영한 유아교육과정

사회의 변화는 여성의 사회참여, 핵가족화 및 다양한 가족의 유형, 사회경제적인 변화 등에 따라 자녀양육의 문제가 가정이라는 개인의 사적 영역에서 사회와 가정이 함께 책임지는 공적인 영역으로 확대되었다. 이로 인해 유아교육과정은 시간적인 측면과 대상의 측면에서 더욱 다양해졌다(임미혜 외, 2008).

(1) 운영시간의 다양화

과거 우리나라 유치원은 반일제로 운영되고 있었으나 최근 취업모의 증가, 가족구조의 변화, 출산장려운동 등으로 종일제 프로그램이 확산되고 있다. 1993년 29개 유치원에서 취업모 자녀를 위한 종일반 운영을 시작한 것을 계기로, 1998년에는 초 · 중등교육법 시행령 제48조에 유치원 종일반 운영에 대한 법적 근거가 마련되었고, 2012년 유아교육법 일부 개정에 따라 하루 3~4시간을 운영하는 기본과정과 기존의 종일제 프로그램과 유사한 방과후 과정을 운영하고 있다.

한편, 어린이집은 오전 7시 30분부터 오후 7시 30분까지 하루 12시간 동안 운영되는 종일제 운영이 원칙이나 지역사회와 부모의 특성과 요구에 따라 시간 연장 보육, 휴일보육, 시간제 보육, 방과 전 · 후의 보육, 전일제 보육 등 다양한 시간으로 운영할 수 있다(여성부, 2006).

| 표 1-1 | 어린이집 운영 시간

구분	내용
시간 연장 보육	기준 보육시간(7시 30분~19시 30분)을 경과하여 21시 30분 이후까지 시간을 연장해서 보육
휴일 보육	일요일 및 공휴일에 이루어지는 보육
시간제 보육	백화점, 공연장, 병원 등 부모의 필요에 따라 일정한 시간 동안 보육
방과 전 · 후의 보육	학령기 아동의 방과 전 · 후 동안 운영되며, 과제나 특별활동 지도가 기본적으로 이루어짐
전일제 보육	24시간 운영되는 형태로, 잠자리와 식사가 제공되는 보호적 보육

(2) 대상의 다양화

일반적으로 유치원의 입학 연령은 만 3~5세까지, 어린이집인 경우는 0세부터 만 5세까지를 대상으로 한다. 전통적으로 만 3세 미만의 영아는 가정에서 어머니에 의해 양육되어야 한다는 믿음이 강하였기 때문에 필요한 경우 주로 개인적인 차원에서 비형식적인 형태로 교육 및 보육이 제공되어 왔다. 그러나 1990년대 말부터 취업여성의 증가, 가족구조의 변화, 사회 경제적 변화 외에도 생후 3년간의 초기 경험이 앞으로의 성장 · 발달에 결정적인 역할을 한다는 영아기 중요성의 강조, 자녀 수 감소로 인한 자녀에 대한 기대와 비용 투자 증가 등의 요인이 복합적으로 작용하면서 3세 미만 영아보육에 대한 관심이 가속화되고 있다. 따라서 영아 보육과정에는 영아의 신체적 · 생리적 욕구를 의미 있는 활동으로 진행하고, 영아의 발달적 특성을 반영하여 계획하며 영아의 개인차를 고려하여 융통성 있게 운영해 나가야 할 것이다.

한편, 영유아보육법(2007)에 의하면 방과 후 교실의 대상은 만 12세 미만의 학령기 아동을 대상으로 학교 수업을 마친 후, 방학 중, 학교 시작 전, 휴일 등에 아동을 각종 안전사고, 과도한 TV 시청이나 컴퓨터게임, 아동 유기, 성폭행 등의 위험에서 안전하게 보호하고 건전한 정서적 · 사회적 발달을 도모하며 학업성취능력을 향상시키고, 가정과 같은 안락함을 제공해 주는 서비스를 말한다. 프로그램의 중요 내용은 식사 등의 생활 지도, 숙제 지도, 학업 성취 지도, 자율학습, 특별활동 지도, 놀이, 독서 등으로 구성된다.

특수아동을 대상으로 하는 통합(mainstreaming)교육은 특수교육대상자의 정상적인 사회적응능력의 발달을 위하여 일반학교에서 특수교육대상자를 교육하거나 특수교육기관의 재학생을 일반학교의 교육과정에 일시적으로 참여시켜 교육하는 것을 말한다. 이로써 장애아들에게는 또래와의 집단생활을 통해 사회적 접촉의 기회를 제공함으로써 궁극적으로 사회 적응을 도와줄 수 있으며, 비장애아들에게는 타인을 배려하고 도와주는 태도와 방법을 배울 수 있게 된다.

따라서 최근 유아교육과정은 출생에서 12세 미만의 초등학교 학생, 특수아동에 이르기까지 교육 및 보육의 대상이 다양해짐에 따라 발달적 특성과 요구를 고려한 교육과정 개발에 많은 관심과 연구가 이루어지고 있는 추세이다.

2) 다양한 목적을 위한 유아교육과정

최근에는 특정한 목적을 가진 교육과정들이 개발되고 있다. 예를 들어, 유아에게 전쟁과 평화에 대한 개념을 길러주기 위한 평화교육과정(최석란, 신은수, 1999), 현대 사회의 도시화로 인한 여러 가지 문제로 인해 자연에 대한 친밀감 및 아름다움을 느낄 수 있는 감성 계발 및 자연을 보호하는 태도를 길러 주기 위한 자연친화교육(숲유치원), 인간의 다양성을 수용하고 편견을 방지하기 위한 다문화교육, 창의성 교육, 인성교육, 전통문화교육을 위한 유아교육과정 개발에 많은 관심을 기울이고 있다.

(1) 자연친화 교육(숲유치원)

최근 유아교육계에서는 숲을 교육공간으로 활용하여 날마다 숲에서 자유롭게 놀이하며 숲 속의 모든 자연물을 놀잇감이나 교구로 활용함으로써 오감을 통해 체험하는 유치원이나 어린이집이 늘어나고 있는 실정이다. 임재택(2005)은 이러한 자연친화적인 생태교육이야말로 영유아교육 및 보육의 새로운 패러다임으로서, 전 지구적 위기를 가져 온 현대 산업문명의 최대 피해자로 대두된 영유아들의 생명을 살리고 삶의 질을 높일 수 있는 최선의 길임을 제안하고 있다. 따라서 유아교육에서 환경교육은 일상생활 및 주변 환경에 대한 탐색을 통하여 이에 대한 지식, 기술, 태도를 습득하고 바른 생활을 실천하며 생활화할 수 있어야 한다. 더 나아가 사람이 생존하기 위해 환경이 필요하고 인간과 자연이 공생적 관계임을 인식하여 자연과 친해질 수 있는 생태학적 관점의 교육과정 개발이 요구된다.

숲 유치원의 근간이 된 스웨덴의 자연친화교육에 대한 국민운동은 덴마크를 거쳐 독일로 들어가게 되었다. 1892년 덴마크에 세계 최초의 숲 유치원이 설립되었고, 1993년 독일의 플렌스부르크 시에 설립된 '플렌스부르크 숲 유치원'이 정식 유아교육기관으로 채택되며 시작되었다. 우리나라에서는 2008년부터 시작하여 2010년 협회가 설립되었다. 자연 속에서 마음껏 뛰어놀며 대자연이 주는 넉넉함과 고운 심성을 키울 수 있는 숲유치원은 유아 자녀를 둔 부모들에게는 선망의 대상이다. 2019년 3월 전국 최초의 공립 숲유치원인 솔빛숲유치원이 세종시 반곡동 괴화산 인근에 신설되었다. 만3~5세 혼합반으로 구성된 8개 반 139명의 유아들은 날마다 괴화산에 오른다(교육부, 2019.3). 하루 일과는 다음과 같다(표1-2).

| 표 1-2 | **일과운영계획**

시간	일과내용
08:00~09:00	아침돌봄
09:00~10:00	원아맞이 및 오전간식(우유), 숲 체험활동 준비 뇌를 깨우는 시간(체조, 걷기, 원가, 아침음악)
10:00~11:30	오전 숲놀이터 참놀이
11:30~13:00	반별 점심시간 및 휴식, 양치 (교육과정- 급식 후 숲 체험활동 후 귀가)
15:00~15:30	오후 간식 및 휴식
15:30~17:00	자유놀이 및 숲놀이터 연계활동
17:00~19:00	엄마품 돌봄 및 자유귀가

출처: 솔빛숲 유치원 홈페이지(http://solbitsup.sjedukg.kr).

숲 유치원의 특징과 유아 숲 체험원 조성 현황은 다음〈표 1-3〉과 같다.

숲 유치원 특징

- 3~4시간 동안 야외에서 교육이 이루어진다.
- 움직이고 싶은 욕구가 해소된다.
- 소음이 없다.
- 일반유치원 원아보다 병이 적다.
- 숲에서 자연의 법칙을 느끼기 때문에 최소한의 규칙만 필요하다.
- 자연을 경험하고 인식하게 되므로 자연을 통해 삶의 지혜를 갖게 된다.
- 자연생태계의 순환을 경험할 수 있다.
- 상상력과 창의력이 길러진다.
- 생활 자체가 모험생활이다.
- 유아들은 자신의 발전 가능성과 한계성을 동시에 경험한다.
- 작은 그룹에 적어도 2명의 교사가 배정된다.
- 교사는 전화, 행정업무 등의 방해 없이 유아들을 보살필 수 있다.
- 교육비가 적게 든다.

| 표 1－3 | **유아 숲 체험원 조성 현황**

순번	조성연도	조성주체	개소	면적(ha)
1	2012	서울관리소(북부청)	경기도 의정부시 금오동 산31－1	7.7
2		평창관리소(동부청)	강원도 평창군 대관령면 횡계리 71－1	4.0
3		구미관리소(남부청)	경상북도 구미시 남통동 산33	4.0
4		보은관리소(중부청)	충청북도 청주시 상당구 용정동 241－2	11.0
5		방장산휴양림	전라남도 장성군 북이면 죽청리 산70－1	2.0
6		인천시청	인천광역시 남동구 장수동272번지	2.4
7		광주시청	광주광역시 서구 내방로152	1.0
8		부산시청	부산광역시 사상구 모라동 33	2.0

순번	조성연도	조성주체	개소	면적(ha)
9	2013	홍천관리소(북부청)	강원도 홍천군 화천면 풍천리	4.0
10		태백관리소(동부청)	강원도 태백시 백산동 산53	3.0
11		양산관리소(남부청)	부산광역시 해운대구 좌동 산1-44	2.0
12		함양관리소(서부청)	경상남도 함양군 죽림리	3.0
13		용현휴양림	충청남도 서산시 운산면 용현리	10.0
14	2014	홍천관리소(북부청)	강원도 횡성군 공근면 초원리 산1	14.0
15		수원관리소(북부청)	경기도 용인시 처인구 포곡읍 금어리	2.0
16		강릉관리소(동부청)	강원도 강릉시 성산면 어흘리 산1-1	5.0
17		양산관리소(남부청)	울산 동구 서부동 산135-6	3.5
18		충주관리소(중부청)	충북 충주시 종민동 산71	3.0
19		단양관리소(중부청)	충북 제천시 고암동 산117번지	6.5
20		무주관리소(서부청)	전북 무주군 무풍면 삼거리	3.0
21		순천관리소(서부청)	전남 순천시 용당동 산59-1	5.6
22		강원도청	강원 춘천시 동산면 봉면리 1번지	3.7
23		포항시청	경북 포항시 북구 흥해읍 학천리 산32-1	1.2

출처: 한국숲유치원협회 문서자료(www.forestkid.or.kr).

(2) 다문화교육

21세기 사회는 세계화의 시대로 자기와 다른 생활양식, 태도, 가치체제, 문화 등의 다양성을 수용하여 모두가 더불어 사는 유능하고 아름다운 세계인이 되는 것이 가장 중요하고 시급한 문제이다. 문화적 교류의 왕성한 시대 속에서 살고 있기 때문에 각 인종과 문화 간에 각자의 특징을 인식하는 일이 절실하다. 이러한 양상은 점차 우리나라에도 나타나고 있다. 한 예로 외국 국적의 연예인, 운동선수, 기술자, 노동자 등 다양한 인종의 사람들과 함께 생활하고 문화를 교류하고 있다.

특히, 비숍(Bishop, 1992)은 "21세기 지구촌은 정보의 교류적 성격처럼 이민이나 사람들이 이곳 저곳에 옮겨 사는 결과로 인해 혼합인종이 되며, 사회 어디에나 변화가 있을 것이다."라고 했다. 이렇게 '다문화 세계'로 변화하는 시대적 상황 속에서 어린이들이 다문화 세계를 잘 살아갈 수 있도록 하는 적절한 교육방법을 찾는 것이 매우 중요하다.

다문화교육은 다른 인종, 성, 사회계층, 언어 및 문화적 배경의 사람들을 존중하도록 함으로써 다양한 문화의 세계에서 영유아들이 공동의 목표를 향해 생활하고 학습하며 의사소통하고 생활할 수 있도록 준비하는 교육을 말한다. 우리나라의 유아교육에서 다문화교육과정에 대한 관심은 1990년대 초에 나타나기 시작했다. 이 교육과정의 목적은 모든 영유아들이 획일성을 지양하고 다양성을 존중하며 상호작용하고, 특정 문화나 집단, 개인의 소외나 불이익을 거부하며, 바람직한 방향에서의 공존을 모색하는 것이다. 아울러 불공평한 상황에 직면할 때 자신은 물론 다른 사람을 지지해 주는 비판적 생각과 기술을 발달시키는 데 있다(윤희경 외, 2005).

최지영(2014)은 유아 다문화교육의 방향을 다음과 같이 제시하고 있다.

첫째, 다양한 관점에서의 이해이다.

다문화교육의 가장 중요한 목적은 다양한 문화적 관점을 발달시킴으로써 다수 집단 중심으로 편향되어 있는 성향들을 바로 잡는 것이다. 다문화 관점은 자신의 문화뿐만 아니라 타 문화를 수용하고 존중하는 문화적 유능성을 강조하고, 사회 속에서 존재하는 편견과 고정관념을 벗어나게 함으로써 세계 구성원으로의 역할을 다할 수 있는 가치와 태도를 습득하고 이해하는 데 있다.

둘째, 문화적 의식의 함양이다.

문화적 의식이란 자신의 세계관이 보편적이지 않으며, 다른 나라나 민족집단의 구성원들이 가지고 있는 세계관과 다르다는 점을 인정하는 것이다. 즉, 인간사회에 다양한 사고방식이 존재한다는 점을 이해하고, 자신의 생각과 행동이 다른 나라나 민족에게 어떻게 이해될지에 대해 이해하며 다양한 문화의 수용과 존중이 이루어져야 한다.

셋째, 간문화적 역량 개발이다.

간문화적 역량이란 자신과 다른 표상적 의사소통(언어, 기호, 몸짓)과 무의식적인 신호들(신체언어), 문화적 관습들을 해석할 수 있는 능력으로 공감과 의사소통이 중요하다.

넷째, 인종차별이나 성차별 또는 모든 형태의 편견과 차별에 대해 투쟁하기이다.

성에 대한 편견이나 인종에 대한 오해, 그리고 자신의 문화와 다르다는 점 때문에 만들어지거나 형성된 부정적인 태도나 행동을 줄여나가는 것을 의미한다.

다섯째, 지구의 현 상태와 전 세계적 역동성에 대한 이해 증진이다.

지구의 현재 상태와 보편적인 변화 경향, 발전과정을 인식하는 것이다. 전 세계는 밀접하게 연계되어 있는 거대한 생태계로서, 작은 사건들에 의해 심각한 영향을 받을 수도 있다는 점을 이해하는 것이다.

여섯째, 사회적 행동기술 개발이다.

사회적 행동기술이란 지구의 미래와 인류의 행복을 위협하는 문제들을 해결하는 데 필요한 지식과 태도, 행동을 의미한다. 특히, 전 지구적으로 생각하고 지역적으로 행동하는 것을 강조한다. 그리고 개인적인 효능감과 세계 시민으로서의 책임의식을 발달시키고, 그에 기초하여 사회구성원으로서 적극적으로 참여하도록 하는 데 있다.

현재까지 개발된 다문화 프로그램은 '유아를 위한 세계이해 및 다문화교육활동 자료'(교육과학기술부, 2007), '다문화가정 영유아 사회정서발달 증진 프로그램'(보건복지부, 2009), '다문화보육 프로그램'(경기도, 2011), '취약보육 프로그램'(한국보육진흥원, 2014) 등이 있다.

특히, 한국보육진흥원(2014)에서 개발된 취약보육 프로그램은 다양한 문화와 가족 유형 등 국제화와 다원화된 사회 속에서 성장발달하고 있는 유아들이 편견 없이 나와 다른 사람과의 차이를 존중하며 협력하고 조화를 이루며 살아가는 능력과 태도를 키우는 것은 민주시민의 기초를 형성하는 데 필요한 요소이며, 편견 없는 사고와 태도, 행동은 타고나는 것이 아니라 편견 없는 성인을 통해 자연스럽게 모방할 뿐 아니라 편견적 사고에 대한 비판적 성찰과 문제해결식 활동을 통한 의도적 교육을 통해 형성되므로 유아와 교사로 하여금 편견 없는 사고와 태도, 행동을 함양할 수 있는 4가지 주제-편견 없는 보육 프로그램, 다문화보육 프로그램, 장애아보육 프로그램, 시간연장형 보육 프로그램-로 구성되어 있다.

이 프로그램에서는 상황주제활동을 제시하고 있다. 상황주제활동이란 편견을 가지고 있기 때문에 발생하는 상황이나 특별한 요구를 가진 영유아가 있는 어린이집에서 빈번하게 접할 수 있는 상황을 활동의 주제로 택하여 유아가 교사와 함께 그 상황에 대해서 깊이 알아보고 다양한 해결방법을 생각하며 가장 합리적인 문제해결방법을 선택해 가는 활동을 해봄으로써 문제해결력을 키우도록 하는 방법이다. 또한 교사가 미리 정한 활동의 주제와 방법을 유아들이 따라하도록 하는 교사주도적 프로그램 운영이 아니라 어떤 문제나 주제에 대해 유아가 주도적으로 탐구해가도록 하는 프로젝트식 접근법을 적용하도록 한 것이다.

다문화보육을 위해 개발된 상황주제활동의 내용은 〈표 1-4〉와 같다.

| 표 1-4 | **다문화보육 상황주제 활동내용의 예**

상황주제	내용
1) 서로 다른 놀이(다양성, 문화)	놀이의 소개와 공유, 그리고 새로운 놀이의 창출 내용으로 구성
2) 축제는 재미있어요(다양성, 편견)	여러 나라의 문화에 대한 호기심과 존중, 그리고 경험과 협력으로 구성
3) 서로 다른 표시, 서로 같은 표시(편견, 정체성)	세계 여러 나라의 다양한 시각적 자료 경험을 통해 세계 여러 나라의 공통점과 차이점을 인식하고 이 과정을 통해 문화를 존중하는 내용으로 구성
4) 우리랑 옷이 달라요(다양성, 문화, 정체성)	흥미로워할 수 있는 옷이라는 매체를 통해 문화의 다양성과 공통성을 인식하도록 구성
5) 서로 도와요(다양성, 문화, 정체성)	세계가 하나 되고 서로 도움을 주고받아야 함에 대한 인식과 경험을 제공하도록 구성
6) 표현은 달라도 마음은 같아요(문화, 편견, 협력)	나라가 다르고 문화가 달라도 의사소통하는 방법이 다소 다를 뿐 마음은 같음을 전달하는 내용으로 구성
7) 하나가 되어요(문화, 편견, 협력)	세계 여러 나라가 하나의 스포츠를 통해 협력하고 같은 목표를 가지고 행동할 수 있음을 인식하는 내용으로 구성
8) 우리나라 옆에도 나라가 있어요(문화, 다양성, 협력)	다른 나라를 소개하는 활동이 아니라 해당 나라에 사는 사람들의 관점에서 그 문화를 경험하고 이해하도록 하는 내용으로 구성

출처: 한국보육진흥원(2014). 취약프로그램 II. p. 21

구체적인 교육활동의 예는 부록에 수록하였다(PP. 247~259).

(3) 창의성 교육

21세기 정보화사회에서는 4Cs(의사소통: Communication, 계산능력: Compution, 창의적 사고력: Creative Thinking, 컴퓨터 조작능력: Computer)를 중요시 여기고 있다. 이에 '개정

2019 개정 교육과정'에서도 창의적인 사람을 추구하는 인간상으로 제시하며, 호기심과 탐구심을 가지고 상상력과 창의력을 기르는 것을 목표로 강조하고 있다.

창의성이란 파옹구아(破甕救兒)—옹기 항아리를 깨뜨려 아이를 구한다는 뜻으로 기능적 고착에 사로잡혀 있지 않고 정형화된 틀을 부셔 버리는 것을 의미한다. 즉, 창의성이란 일상생활에서 직면하는 문제를 민감하게 인식하고 유창하고 융통성 있게 그리고 독창적으로 정교하게 해결하여 새로운 것을 만드는 과정이며 행위라고 할 수 있다. 창의성을 쉽게 말하자면 자신의 생각을 그대로 표현하는 것이다. 다른 사람의 눈치나 틀리면 어떻게 하나 걱정하지 않고 자신의 생각을 말할 수 있는 것도 포함된다.

창의성은 천재아나 몇몇의 아이들에게만 있는 능력이 아니라 모든 유아가 보편적으로 가지고 있는 능력이다. 특히, 4세~4세 반까지 증가하지만 초등학교에 들어가면서 경직된 학교제도, 교육과정 운영 및 사회문화, 인적 영향들 때문에 5세쯤부터 감퇴되기 시작한다. 따라서 호기심과 탐구심을 자발적으로 표현시키기 위한 창의성 교육은 유아기가 가장 바람직한 시기라고 볼 수 있다.

유아 창의성교육의 필요성을 살펴보면 다음과 같다(김수영, 김수임, 정정희, 2013, 재인용).

첫째, 창의성은 모든 유아들이 가지고 있는 보편적 특성이기 때문이다. 유아들은 태어나면서부터 상상력, 자신감, 탐구력 등과 같은 창의적 자질을 가지고 태어난다(Hill, 1992).

둘째, 창의성은 교육이나 훈련을 통해 계발될 수 있는 것이기 때문이다.

미도우와 파네스(Meadow&Parnes, 1960)는 버팔로 대학생을 상대로 창의성 프로그램을 이수한 학생과 그렇지 않은 학생들을 비교해 본 결과, 창의성 프로그램을 마친 학생들이 그렇지 않은 학생들보다 94%나 더 많은 아이디어를 내었다. 뿐만 아니라 창의성 프로그램을 이수한 학생들은 자신감, 진취적 태도, 통솔력 등과 같은 성격특성에서도 뚜렷한 변화가 일어났다.

크로플리(Cropley, 1995) 역시 창의성은 학습될 수 있는 것이라고 하면서 창의성 훈련과 교사-유아, 유아-부모 간의 상호작용을 통한 발문방법, 통찰력을 촉진시켜 주는 방법 등의 중요성을 강조하였다.

셋째, 유아기는 창의성발달에 있어 중요한 시기이다. 토랜스(Torrance, 1963)는 창의적 상상력이 4~4세 반 사이에 절정에 이른다고 하였다. 창의성은 전 생애를 통해 발달하지만, 전조작적 사고를 하는 유아기가 전통적 생각과 관념에 집착하지 않고 새로운 관계를 형성하며 지식을 구성해 가는 시기이므로 여러 학자들에 의해 중요한 시기로 고려되고 있다(임미혜 외, 2013, 재인용).

넷째, 사회적 · 시대적 필요성 때문이다. 오늘날 사회 전반에서 또한 지식 정보화 시대의 특성에 따라서 창의적인 능력을 가진 사람들을 길러내는 것이 학교교육의 중요한 목표가 되고 있다. 따라서 창의성교육을 위한 변화는 유아교육에서부터 시작되어야만 하는 것이다.

(4) 인성교육

현재 우리나라 사회의 모습은 전통적 공동체 사회에서 개인주의 산업화 사회, 새로운 시민사회, 참여공동체로 변화하는 모습을 보여 주고 있다. 그리고 여전히 사회의 구조상 전통적, 개인주의적, 새로운 공동체의 모습들이 혼재 또는 미분리되어 나타나 사회현상 파악에 상당한 혼란을 가중시키고 있다(한국아동청소년안전교육협회, 2016, 재인용). 이러한 사회 변화에 적절히 대응하기 위해서 상대를 배려하고, 서로 상생하는 공동체 문화를 형성하기 위한 인성교육을 강화해야 한다는 목소리가 점차 높아지고 있다.

이에 우리나라 교육부는 바른 인성 함양의 중요성이 사회적으로 강조됨에 따라 범국민적인 인성교육을 활성화하기 위해 2013년부터 「인성교육 프로그램 인증제」를 도입 · 운영하고 있다. 인증 프로그램은 인성교육범국민실천연합 누리집(www.insungedu.or.kr)에서 누구나 쉽게 무료로 활용할 수 있도록 자세히 안내하고 있다.

2015년 7월부터는 인성교육진흥법(법률 제14396호 일부개정 2016. 12. 20)을 시행하고 있다(교육부 http://www.moe.go.kr). 이에 따라 유치원에서도 바람직한 한국인 양성을 위해 과거보다 포괄적이면서도 실천적인 인성교육(Character Education)을 강조하고 있다.

① 인성교육의 개념 및 필요성

인성은 영어로 'personality'로 '인격' 혹은 '성격'과 혼용되기도 한다. 인성이라는 용어가 추상적이고 포괄적인 의미를 지니고 있기 때문에 한 마디로 인성의 개념을 정의하기에 어려움이 있다. 인성에 대한 학자들의 정의는 〈표 1-5〉와 같다.

| 표 1-5 | **인성에 대한 정의**

학자	인성의 개념
이윤옥(1998)	다른 사람에게 주는 그 사람의 전체적인 인상으로 성품, 기질, 개성, 인격 등 가치개념의 의미를 내포
한국교육학회(1998)	사람의 마음의 바탕이 어떠하며, 사람된 모습이 어떠하다는 것을 말하는 개념으로 사람의 마음과 사람됨이라는 두 가지 요소로 구성
조연순(2008)	자신의 내면적 요구와 사회 · 환경적 필요를 지혜롭게 잘 조화시킴으로써 세상에 유익함을 미치는 인간의 특성
조난심(2010)	인성은 태어나면서 지니고 있는 성격이나 특질이 아니라, 의도적 교육이나 학습에 의해 습득하거나 변화가 가능한 인간의 성품을 지칭하는 것

출처: 조난심(2010). 창의 · 인성교육의 방향과 과제: 초등교육과 교육을 중심으로, 한국초등도덕교육 하계학술대회, 9-30.

여러 학자들의 정의를 종합하면, 인성은 성격이나 개성과 같은 개인의 활동이나 행동 그 자체보다는 어떤 성향을 뜻하는 것이라는 것으로 이해할 수 있다. 인성은 타고난 것이라기보다는 어떤 경험을 했느냐 즉, 환경과 학습의 영향을 더 많이 받으므로 인성을 향상시키기 위한 교육이 필요하다. 이를 인성교육이라고 하는 것으로, 자신의 내면을 바르고 건전하게 가꾸고, 타인 · 공동체 · 자연과 더불어 살아가는 데 필요한 인간다운 성품과 역량을 기르는 것을 목적으로 하는 교육을 말한다(인성교육 진흥법 제2조).

특히 인성은 점진적이고 연속적으로 이루어지며, 성장 초기일수록 환경과 학습에 영향을 더 많이 받으므로 유아기는 인성교육의 적기라고 할 수 있다. 유아 인성교육 역시 유아가 하나의 독립된 개인으로서 타인과 더불어 행복하게 살아갈 수 있도록 돕는 교육으로, 인간다운 인간을 기르기 위해 인간다운 품성을 함양시키는 것을 목적으로 한다.

② 인성교육의 내용

인성교육은 모든 아동을 대상으로, 전인교육에 충실해야 하며, 건강한 신체에 건강한 정신이 깃든다는 말과 같이 심신의 조화로운 발달은 물론 지성과 감성의 조화로운 발달도 이루어질 수 있는 좋은 경험이 될 수 있는 프로그램을 마련하여 바른 행동과 함께 더불어 삶의 체험을 많이 할 수 있도록 해야 한다(한국아동청소년안전교육협회, 2016).

인성교육을 통해 길러야 할 인성덕목과 관련하여 인성교육의 내용으로는 신뢰, 존중, 책임감, 정의감, 배려 그리고 시민의식을 들 수 있다(한국교육과정평가원, 2012). 제1차 인성교육포럼(2016.6.23)에서는 예(禮), 효(孝), 정직, 책임, 존중, 배려, 소통, 협동으로 제시하였다.

유아 인성교육은 기본 생활습관, 개인생활, 집단생활, 감성계발교육 등 네 가지 측면에서 이루어질 수 있다. 각각의 구체적인 내용을 간략히 살펴보면 다음과 같다.

• 기본 생활습관

기본 생활습관 측면에서는 예절 바르게 생활하기, 질서 지켜 생활하기, 아껴서 생활하기가 있다. 즉, 식사나 의복, 언어, 인사에 대한 예절을 알고, 자기물건을 정리정돈하며, 차례 지키기를 통해 지속적인 생활 경험으로 연계되어 실천하도록 지도할 수 있다.

또 물건을 간수하고 물이나 전기 등을 아껴 쓰며, 옷이나 놀잇감을 물려주고 물려받는 것을 통해 아껴 쓰는 지혜를 생활화할 수 있다.

• 개인생활

개인생활 측면에서는 나에 대해 긍정적으로 생각하기, 감정과 욕구 조절하기, 자기 일을 계획하고 실천하기 등을 들 수 있다. 즉, 자신에 대해 긍정적으로 생각하는 유아가 자신감과 안정감을 가지고 다른 사람과 원만한 생활을 유지할 수 있으며, 새로운 일에도 도전할 수 있기 때문이다. 또 마음대로 하면 안 되는 것이 무엇인지 알아보고 자신의 감정을 조절하여 적절하게 표현함으로써 자신의 감정과 욕구를 조절하는 경험이 필요하다. 이는 더불어 스스로 해야 할 일을 알고 실천함으로써 자율성과 독립심을 형성할 수 있게 된다.

• 집단생활

집단생활 측면에서는 다른 사람을 이해하고 존중하기, 공공규칙을 이해하고 지키기, 두레의 소중함을 알고 협력하기 등이 있다. 즉, 친구와 사이좋게 지내고 나와 다른 사람의 의견에 차이가 있음을 알아 서로를 인정하고 존중할 수 있는 마음을 갖게 하는 것이 중요하다. 또한 공공장소에서 지켜야 할 규칙을 알아보고 지킴으로써 규칙의 필요성을 인식하고 즐겁고 편리함을 경험해 보는 기회를 갖게 한다. 마지막으로, 집단에 참여하고 협력하며 나누고 양보하는 경험을 통하여 공동체의 구성원으로서 인정받게 되며, 자신도 만족감을 느끼고 집단생활에 적극적으로 참여하게 된다.

• **감성계발교육**

감성계발교육의 측면에서는 자기감정을 인식하고 자기감정관리, 자기 동기화, 감정이입, 대인관계기술 등의 정서적 경험의 계발이 요청된다. 이는 유아들이 자연스럽게 감정을 표현하고 수용하며, 생각을 나누고, 감정 조절의 방식을 배우며, 서로 격려하고 어울려 지내는 경험을 통해 키워질 수 있다.

공모전을 통해 채택된 유아 인성교육 프로그램은 '바른말 고운말을 사용하는 유아인성 프로그램(2013)', '소리숲 인성학교'(2013)', '책 읽어주기 유아 인성 프로그램'(2013), 성품으로 그려나가는 세상의 빛(2013), '세 남매 똘똘 하늘빛 사랑해요'(2014), '초록별 self-leader를 기르는 세교 바르미'(2015) 등이 있다.

구체적인 교육활동의 예는 부록에 수록하였다(PP. 260~277).

인성교육진흥법(법률 제14396호 일부개정 2016. 12. 20)

인성교육을 의무로 규정한 법이다. 건전하고 올바른 인성을 갖춘 시민을 육성하여 국가사회의 발전에 이바지함을 목적으로 한다. 2014년 12월 국회를 통과해 2015년 7월부터 시행되고 있다.
인성교육이란 자신의 내면을 가꾸고 타인이나 공동체와 더불어 살아가는 데 필요한 역량을 기르는 교육이다. 국가와 지방자치단체는 「인성교육진흥법」에 따라 인성교육에 관한 장기적이고 체계적인 정책을 수립해 시행하는 한편, 학생의 발달단계와 학교 상황에 적합한 인성교육 시책을 마련해야 한다.
「인성교육진흥법」에서는 인성교육의 기본방향을 '가정과 학교, 사회에서 모두 장려되고 인간의 전인적 발달을 고려해 장기적 차원에서 계획되어야 하며 다양한 사회적 기반을 활용해 전국적으로 시행되어야 한다'는 세 가지로 규정한다. 인성교육과 관련된 구체적인 사항은 기본방향에 따라 수립되어야 한다.

교육부 장관은 「인성교육진흥법」에 따라 인성교육 종합계획을 5년마다 수립한다. 종합계획에는 인성교육의 목표나 계획, 홍보, 재원조달 · 관리방안, 핵심 가치와 덕목 등이 포함된다. 지방자치단체 교육감은 종합계획에 따라 연도별 인성교육시행계획을 수립해 교육부 장관에게 통보한다. 교육부 장관과 교육감은 종합계획이나 시행계획을 수립할 때 공청회를 열어 시민과 전문가에게 의견을 듣고 타당할 경우 계획에 반영해야 한다.
「인성교육진흥법」에서는 인성교육 관련 심의를 위해 인성교육진흥위원회를 둘 것을 규정하고 있다. 인성교육위원회가 심의하는 사항에는 인성교육정책의 추진방향이나 종합계획 수립 관련 사항, 인성교육 실적 점검 및 평가, 인성교육 지원 협력이나 조정에 관한 사항 등이다. 위원회는 위원장을 포함해 20명 이내의 위원으로 구성한다. 위원은 교육부 차관과 문화체육관광부 차관, 보건복지부 차관, 여성가족부 차관, 국회의장이 추천하는 사람 3명, 인성교육에 관해 학식이나 경험이 풍부한 사람 중에서 교육부 장관이 임명하되 공무원이 아닌 사람이 과반수가 되게 구성해야 한다. 위원장은 위원 중에서 공무원이 아닌 사람이 맡는다.
교육부 장관과 교육감은 1년마다 인성교육활동에 대한 평가를 시행한다. 교사는 인성교육 관련 연수를 일정 시간 이수해야 하며 사범대학이나 교육대학 등 교원 양성기관 역시 인성교육 과목을 필수로 개설해 운영해야 한다.

출처: 다음백과(http://100.daum.net/encyclopedia)

(5) 전통문화교육

우리나라는 동쪽에 사는 예의 바른 흰옷을 즐겨 입는 백의민족으로 한반도에서 오천년이 넘는 오랜 역사 이래 여러 세대를 거치면서 풍요로운 전통문화를 꽃피워 왔다. 특히, 유네스코에 등록된 석굴암, 불국사, 종묘, 수원화성, 조선왕릉, 해인사, 훈민정음, 팔만대장경, 동의보감, 난중일기 등 우리나라의 세계 문화유산은 대한민국이라는 민족 정체성과 우리 전통문화에 대한 자긍심을 느끼게 해 준다. 그러나 우리나라에 훌륭하고 다양한 전통문화가 있음에도 불구하고 우리 한국의 전반적 분위기는 의식적 · 무의식적으로 외래 문화, 특히 서구 문화를 한국 문화보다 우월하게 여기거나 추종하는 경향이 있으며, 한국 문화를 계승하거나, 변형하거나 재창조하는 데는 노력을 그다지 기울이지 않고 있다. 이와 같은 맥락 속에 유아교육 분야에서 뿐만 아니라 모든 교육 분야에서 우리 문화교육의 개념과 방법을 정립하거나 그 구체적 교육방법을 연구하려는 시도도 매우 희박하였다.

21세기는 국제화 · 세계화 시대이다. 각기 다른 모습과 목소리를 내는 국제 세계 속에서 자기 모습과 자기 목소리가 없는 민족은 하나의 주체적 민족으로 설 수 없을 뿐만 아니라 언젠가는 지구상에서 문화는 물론이고 그 민족 자체가 사라질 수도 있을 것이다. 그러므로 유아기부터 21세기 사회가 추구하는 인간, 즉 한민족의 정체성을 확립하고 국제화 시대에 개성과 창의성이 풍부한 인간으로 성장할 수 있도록 한국 전통문화의 개념을 이해시키고 더 나아가 전통문화에 기반을 두고 새로운 전통문화를 재창출할 수 있도록 하는 전통문화교육은 반드시 필요하다. 이에 누리과정에서 추구하는 인간상은 우리 문화에 대한 이해의 토대 위에 새로운 가치를 창조하는 사람, 제3차 표준보육과정에서 추구하는 인간상도 자연과 우리문화를 사랑하는 사람으로 제시하고 있어 전통문화교육을 강조하고 있다.

전통문화교육은 우리의 전통문화를 영유아들이 쉽게 이해할 수 있도록 전통놀이, 전통음악, 전통의복, 전통가옥, 전통춤 등 주제별 활동으로 소개할 수 있다(임미혜, 2014).

구체적인 교육활동의 예로 「영유아 예절 및 전통보육 프로그램」(문미옥, 이혜상, 임미혜, 민행란, 류칠선, 2000)에 제시된 활동들을 발췌하여 부록에 수록하였다(PP. 278~292).

chapter 2

우리나라 유아교육과정의 변천과정은 어떠한가

1___ 유아교육과정

2___ 표준보육과정

교육과정은 각 시대의 변천에 따라 그 성격과 내용이 달라져 왔으며, 그 시대의 요청과 필요를 반영한 소산물로서 교육의 핵심을 이루어 왔다. 교육과정이 그 나라 교육의 방향을 규정하고, 나아가 그 나라의 미래와 직결된다고 보기 때문에 각 국가들은 현대사회의 계속적인 변화와 변혁을 반영하는 교육과정의 개발과 개선에 꾸준한 노력을 기울이고 있다.

교육과정이 주기적으로 개정되어야 하는 이유는 첫째, 급격한 사회 변화 속에서 각 개인이 그 사회의 문화와 가치를 내면화하고, 사회구성원으로서의 역할을 학습함으로써 유능한 사회성원이 될 수 있도록 하기 위해서이다. 둘째, 오늘날 과학의 발달과 더불어 학문영역의 지식과 기능 그리고 제반 기술이 폭발적으로 증가하며 가속적으로 변화하고 있으므로, 개인에게 변화하는 학문의 지식체계와 탐구방법을 습득하게하여 이를 활용할 수 있도록 하기 위함이다. 마지막으로 사회와 학문이 변하고 발전함에 따라 개인이 가지는 모든 욕구와 가치에도 상당한 변화가 오게 되기 때문이다(신세호, 1980).

우리나라의 유아교육과정은 국가수준의 교육과정으로, 의도된 교육목표와 이의 달성을 위하여 선정된 내용을 담은 문서로서의 교육과정이라고 할 수 있다. 유치원 교육과정은 1969년 처음으로 제정 · 공포된 이후, 사회적 · 정치적 · 학문적 변화와 요구를 민감하게 수용하여 1979년, 1981년, 1987년, 1992년, 1998년, 2007년, 2013년, 2019년에 이르기까지 아홉 차례에 걸쳐 개정이 이루어졌다. 특히 2013년도 3월부터는 보건복지부와 교육과학기술부가 2012년 '만 5세 누리과정' 제정에 이어 만 3~5세 유아를 대상으로 하는 '3~5세 연령별 누리과정'을 고시하여 어린이집과 유치원 어디에 다니든지 만 3~5세 유아는 동일하게 제공받고 있다.

한편, 표준보육과정은 어린이집의 질적 향상을 위한 사회적 요구에 따라 개발되어 2007년 1월 3일 여성가족부 고시 제2007-1호로 고시되어 시행된 이후, 2012년 2월 29일 제2차 표준보육과정, 2013년 1월 21일에 제3차 표준보육과정을 고시하였다.

이 장에서는 유치원의 유아교육과정과 어린이집의 표준보육과정의 변천과정에 대해 간략히 살펴보고자 한다.

01 유아교육과정

1) 제1차 유치원교육과정(1969. 2. 19. 문교부령 제 207호)

제1차 유치원 교육과정은 우리나라에 유치원이 소개된지 70여 년이 지나고, 광복 후 대한민국 정부가 수립되어 1949년 교육법이 제정되고서도 20년이 지난 1969년에야 문교부령으로 제정 · 공포되었다. 교육법에서는 처음으로 유치원 교육의 목적과 목표, 그리고 교육 대상 등을 구체적으로 명시하였다. 1960년대 들어와 수적으로 급격히 증가되는 유치원들을 정비하기 위해 유치원 시설기준령이 공포되었고, 이는 유치원 교육 환경을 개선하는 법적 근거가 되었다. 이러한 법령들을 기초로 유치원 교육의 외적 정비가 이루어지기 시작하자(교육부, 1998) 문교부는 유치원 교육의 혼란을 바로잡고 유치원 교육을 정상화시키기 위한 노력의 일환으로 1969년 2월 19일 우리나라 최초의 '제1차 유치원 교육과정'을 공포하였다.

제1차 유치원 교육과정 제정의 취지는 유아의 바람직한 인격 형성을 위하여 유아의 욕구와 흥미에 알맞은 환경을 만들어 주고자 하는 데 있었다. 건강한 신체와 건전한 정신으로 행복하게 생활할 수 있는 유능한 한국 국민이 될 기초 닦음을 목적으로 설정하고, 유치원 교육의 특수한 목적을 구현하기 위해서 초등학교와 같은 교과 중심의 교육은 피하고 종합적인 교육을 계획 · 실천하도록 교육과정을 조직하였다. 즉, 유치원 교육과정은 곧 유아들이 유치원 교육을 통하여 경험하는 모든 학습활동의 총화를 의미하는 것으로 보았으며, 교육과정의 구성을 생활영역을 중심으로 건강, 사회, 자연, 언어, 예능 등 5개 영역으로 나누어 학습 내용을 선정하였다. 이에 따라 유치원 교육의 구체적 목적은 튼튼한 몸과 마음, 기초적인 생활습관, 올바른 사회적 태도와 도덕성, 과학적이고 민주적인 사고력, 심미적 태도, 창조적인 표현능력을 기르고, 자연 및 사회의 제 현상에 관심을 가지는 것이었다. 비로소 유치원교육이 활기를 띠기 시작했다.

유치원 교육일수는 연간 200일 이상, 하루의 교육시간은 3시간(180분)을 기준으로 하여 각 유치원에서 기후, 계절, 유아의 발달 정도, 학습 경험, 학습 내용의 성질 등을 감안하여 실정에 맞추어 조정하도록 하였다. 교육과정 운영에서는 일반적인 기준만 제시하고 그것을 구체적으로 적용함에 있어서는 각 유치원에서 지역사회 실정에 맞는 교육과정을 창의적으로 재구성할 수 있는 충분한 융통성과 신축성을 부여하였다. 각론에서는 건강, 사회, 자연, 언어, 예능의 지도목표 및 지도 내용, 지도상의 유의점을 제시하고 있다.

교육방법으로는 유아의 흥미 중심, 놀이 중심 교육과 개인차에 따른 교육이 이루어지도록 강조하였으며, 유아의 학습 특성을 고려하여 5개 생활영역과 하루 일과의 통합적 운영, 다양하고 균형 있는 활동, 가정과의 긴밀한 협력 등을 강조하였다.

한편, 제1차 유치원 교육과정이 표방하는 교육철학은 듀이(Dewey)의 영향을 받은 경험 중심 교육과정이라고 볼 수 있다(전선옥, 1996). 이기숙(2006) 역시 바람직한 인격 형성, 건강과 위생, 신체발달을 강조하는 것을 볼 때 미국의 1920년 이후 아동연구 운동과 듀이로 대표되는 진보주의 개념에 의해 형성된 개혁 유치원 교육과정과 같이 생활 중심 교육과정을 나타낸다고 볼 수 있다고 하였다.

이러한 교육과정은 미국에서 발달한 교육 내용을 그대로 수용해 왔고 특별한 이론구성의 단계를 밟지 않고 이미 성립된 내용을 그대로 받아들였기 때문에 내용 구성에 있어서 발달과정을 설명할 자료를 갖지 못하였다. 그 뿐만 아니라 세부운영지침 및 교수 · 학습자료를 충분히 마련하지 못해 교육과정 제정의 취지는 구현할 수 없었고, 일선 교육현장에서도 형식적으로 이 교육과정령을 따르고 있었다(최옥련, 2006).

2) 제2차 유치원교육과정(1979. 3. 1, 문교부 고시 제424호)

1970년대로 접어들면서 우리 사회는 경제발전에 의한 국민들의 생활 안정과 사회구조 및 가족기능의 변화로 인해 유치원 교육에 대한 정부와 국민들의 관심이 높아지게 되었고, 그 결과 유아교육은 그 이전과 비교해 볼 때 상당히 획기적으로 발달되어 감을 알 수 있다. 또한 1975년 4월 한국 유아교육교수협의회, 1975년 10월 한국유아교육학회가 조직되었고, 1976년 부산에 1개, 서울에 4개의 공립유치원이 설치되어 공교육화의 움직임도 일기 시작하였다. 공립유치원 설립이 시행되면서 문교부는 교육의 장기 종합계획을 마련하게 되었다. 장기종합계획심의회는 취학전 교육의 교육적 의미를 중요시하고 지금까지 전적으로 가정에 의존해 왔던 취학전 교육을 보다 의도적이고 조직적으로 전환하도록 한다고 하였다(전선옥, 1996, 재인용). 1970년대 중반의 공립유치원 설립과 유아교육 부분에 대한 장기종합계획의 수립은 정부의 유아교육에 관한 관심을 유발시켜 1979년에 유치원 교육과정이 개정되도록 하는 계기가 되었다고 볼 수 있다.

더욱이 초등학교를 비롯한 중 · 고등학교의 교육과정은 1954년 제정되고 1963년에 개정된 후, 1969년도에는 전면적이고 단계적인 개정계획과 개편준비를 통하여 1973년 2월 14일 초등학교 교육과정부터 학문 중심 교육과정으로 경향이 바뀌었기 때문에 뒤이어 개정이 이루어졌던 1979년도 유치원 교육과정도 이러한 영향을 받지 않을 수 없었다.

이에 1969년에 제정된 유치원 교육과정은 제정된지 10년이 지난 1979년 3월 1일에 문교부 고시 제424호로 처음으로 개정 · 고시되었다. 이는 시대 · 사회적 변화에 대응하고, 유아교육의 새로운 이론적 체계를 반영하여 유치원교육이 공교육화에 대비하고 각급학교 교육과 유기적인 연계성을 가지기 위하여 개정되었다.

제2차 유치원 교육과정에서는 국민교육헌장의 이념 아래 1972년 유신이념 등을 기초로 국민적 자질의 함양, 인간교육의 강조, 지식 · 기술교육의 쇄신을 기본방침으로 하고, 학교교육의 일반목표는 자아실현, 국가발전 및 민주적 가치의 강조를 제시하였다. 이러한 방침 설정은 우리 사회가 20세기에 들어오면서 과학기술이 급속도로 발달되었고 고도 산업사회로 발전되어감에 따라 지식 · 기술교육이 당면한 과제로 됨에 따라 인간소외현상과 비인간화 현상을 극복하기 위해 인간교육의 강화 및 자아실현을 부각시키려고 한 것이다.

교육과정의 영역은 1969년 제1차 교육과정영역이 교과목 형식의 5개 생활영역이었던 데에 반해, 전인적인 발달을 강조하는 명칭 즉, 사회 · 정서발달영역, 인지발달영역, 언어발달영역, 신체발달 및 건강영역 등 4개 발달영역별로 구분하였다. 이와 같이 생활영역을 발달영역으로 개정된 것은 세계적인 추세가 인지발달을 강조하게 된 것에 기인하는 것이며, 경험 중심, 생활 중심 교육과정에서 학문 중심 교육과정으로 개정된 것이라고 할 수 있다.

유치원의 연간 교육일수는 200일, 하루 학습시간은 3~4시간으로 하고, 유아와 지역사회, 학교의 실정에 적합한 계획과 운영, 통합적 학습, 유아의 흥미 중심, 놀이 중심, 개인차에 의한 학습, 가정과의 연계 등을 운영 방침으로 제시하였다(교육부, 1998).

이상에서 살펴 본 바와 같이 1979년 제2차 유치원 교육과정은 당시 우리나라의 전체적인 교육과정 변화의 흐름에 따라 학문 중심 교육과정으로 변화하였으며, 그 변화에 이론적 배경으로는 피아제(Piaget)의 인지발달이론에 영향을 받아 교육과정의 교육 내용은 주로 기초적인 개념의 이해로 구성되어 있다는 것을 알 수 있다.

그러나 인지발달 내용으로 소개된 교육 내용들은 일선 교육현장에서 너무나 추상적이고 난해했기 때문에 그것을 전인교육이라는 개념 안에서 어떻게 통합적으로 지도할 수 있는지 이해하기가 무척 어려웠다. 따라서 교육현장에서는 인지발달영역의 지도는 피아제의 인지발달을 실험하는 것으로 오해하거나 아예 적용하지 않는 경우가 많았다(최옥련, 2006). 따라서 실제 교육현장에서 교육과정을 실천하는 데 보다 많은 도움을 줄 수 있도록 하기 위해 교육과정의 내용에 맞추어 유치원 교사용 지도서를 개발하여 보급하기 시작하였다(교육부, 1998).

3) 제3차 유치원교육과정(1981. 12. 31, 문교부 고시 제442호)

제3차 유치원 교육과정은 제5공화국이 들어서면서 유신 말기의 정책 의지가 강하게 반영되어 있던 기존의 교육과정을 전면적으로 새롭게 개정하려는 의도로 제2차 유치원 교육과정이 개정, 시행된 지 2년 뒤인 1981년 12월 문교부 고시 제422호로 다시 개정 · 공포되었다.

이 교육과정 개정은 그 이전과 달리 유치원에 한해서 이루어진 것이 아니라 처음으로 초 · 중등학교 교육과정의 개정에 발 맞추어 상호연계성 속에서 함께 개정되었다는 데 의의가 있다. 유치원교육은 항상 교육의 맥락 속에서 특수교육의 영역으로 취급되거나 소외된 영역으로 전문적인 연구가 부진한 상태였으나, 초 · 중등 교육과정과 함께 집중적으로 연구되고 개정되었다는 사실은 유아교육 80년 역사를 통해서 발전의 기초가 되는 사실이라고 할 수 있었다(이기숙, 2006). 또한 종래와는 달리 문교부가 교육 전문 연구기관인 한국교육개발원에 교육과정의 연구 · 개발을 위탁하여 체계적인 연구에 의해 교육과정을 개정하였다.

교육과정 개정의 기본방침은 국민정신교육의 체계화, 전인교육의 강화, 진로교육의 충실화에 두고 개정되었으며, 교육과정 구성의 방향은 건전한 심신의 육성, 지력과 기술의 배양, 도덕적인 인성의 형성, 민족공동체의식의 고양에 역점을 두고 구성되었다.

제3차 유치원교육과정은 크게 두 부분으로 나뉘어진다. 즉, 유치원, 초등학교, 중학교, 고등학교 등 각급학교 교육과정에서 공통적으로 제시되는 교육과정 전문인

제1장 교육과정 구성의 방향과 제2장 유치원 교육과정이다. 제1장에서는 1980년 당시 제5공화국 정부가 국정지표로 밝힌 민주주의의 토착화, 정의사회의 구현, 복지사회의 건설을 통하여 이룩한 민주사회, 고도 산업사회, 건전한 사회, 문화사회, 통일조국을 미래사회로 전망하고 이 사회에서 기대되는 인간상인 건강한 사람, 심미적인 사람, 능력 있는 사람, 도덕적인 사람, 자주적인 사람을 길러내는 데 부합되는 방향으로 교육과정을 구성할 것을 제시하였다.

한편, 제3차 교육과정부터는 듀이(Dewey)를 중심으로 하는 진보주의나 피아제를 중심으로 하는 인지이론과 같은 어느 한 이론이 두드러지게 강조되며 영향을 미쳤다고 보기 어렵다. 오히려 과거에서부터 현재에 이르기까지 유아교육이 발전을 이룩하면서 축적해 온 다양한 아동 중심 유아교육이론들이 골고루 영향을 미쳤고, 거기에 한국사회에서 요구되는 독특한 교육 내용들이 계속적으로 첨가되어 왔다고 볼 수 있다(전선옥, 1996). 교과 중심 · 경험 중심 · 학문 중심 등의 한 사조나 이념을 반영하는 교육과정이 아닌 '통합(integration)교육 과정'을 지향하고 있음을 알 수 있다. 결국 유아를 전인적으로 조화롭게 발달시키기 위해서는 유아의 발달영역이 서로 통합되어야 하고, 교과영역도 분리되어 가르칠 수 없으며, 환경구성으로서의 여러 흥미영역도 통합적으로 이루어져야만 한다는 것이다. 이를 통해 1980년대 이후 우리나라의 유치원 교육과정은 이러한 국내 · 외의 추세를 반영하여 인간 중심 교육과정, 통합 중심 교육과정 등을 강조하고 있음을 알 수 있다.

교육목표는 유치원 유아에게 알맞은 교육환경을 마련해 줌으로써 그들이 전인적으로 성장할 수 있도록 도와주는 것이었다. 교육과정의 편제는 신체, 정서, 언어, 인지, 사회성발달 등 5개 발달영역별로 편성하였다. 이는 제2차 교육과정의 사회 · 정서영역을 둘로 나누어 정서영역의 내용을 더 강조하고, 신체발달 및 건강영역에서 건강영역을 제외하고 신체발달영역만을 남긴 것이었으며, 각 발달영역별로 구체적인 교육 내용을 제시하였다.

운영지침에서는 융통성 있는 교육과정 운영계획, 유원장 및 교육자료의 확보 · 활용, 다양한 학습활동 등을 강조하였으며 발달영역의 통합적 지도, 개인차와 흥미에 따른 놀이중심지도, 가정과의 연계를 지도방법으로 제시하였다. 처음으로 평가에 대한 지침도 제시하였고, 문교부는 새로 개정된 교육과정을 해설하기 위하여 한국교육개발원의 도움을 얻어 「유치원 새 교육과정 개요」도 발간하였다(교육부, 1998).

특히 제3차 유치원교육과정에서는 학습자로서의 유아요인이 신중하게 고려되고, 그들의 흥미와 요구, 발달수준과 개인차, 학습특성 등이 반영되어 유치원의 연간교육일수를 200일에서 180일로 축소 조정하였다. 즉, 유아의 주의집중력, 흥미도, 신체발달수준에 비추어 또한 교사의 무리한 수업계획 및 평가 등 과중한 교무부담에 비추어 조정된 것이다. 또 하루의 교육시간은 3~4시간을 기준으로 하되, 지역사회의 특성, 유아의 발달수준, 흥미, 기후, 계절 및 특성 등을 고려하여 그 실정에 맞도록 조정할 수 있게 되어 교사의 전문성과 자율성이 반영되어 교육과정을 운영할 수 있음을 알 수 있다.

1981년 제3차 유치원 교육과정은 체제상 중복되고 산만했던 1979년 제2차 유치원 교육과정에 비해 잘 정리되었고, 전체적으로 조화를 잘 이루고 있다고 볼 수 있다. 그러나 2년 만에 개정되었기 때문에 제2차 유치원 교육과정의 기본 방향이나 내용이 유사하다(최옥련, 2006).

4) 제4차 유치원교육과정(1987. 6. 30, 문교부 고시 제87-9호)

1980년대에 들어와 우리나라는 정치 · 경제 · 사회 · 문화 각 분야에서 다른 어느 시기보다도 큰 변화가 있었다. 1982년 3월 26일 정부는 유아교육을 정부의 주요 개혁시책으로 채택하고, 유아교육의 중요성에 대한 인식을 전제로 보다 활성화된 유아교육의 육성을 위하여 「유아교육진흥법」을 수립하였다. 동법은 다른 수준의 교육에서는 찾아볼 수 없는 단일수준의 교육에 관한 법적인 명문화를 꾀한 것으로서 유아교육에 대한 정부의 정책적 의지를 구체적으로 반영하였다는 데 매우 의의가 큰 것이다(신종철, 1991).

이러한 정부의 관심과 정책에 따라 교육부 내에 유아교육 담당부서가 생겨 유아교육 행정의 효율성을 기하게 되면서 유아교육이 양적, 질적으로 많은 발전을 이루게 되었다. 이에 따라 1980년대 말에는 유아교육 내부의 이러한 많은 변화에 알맞은 새로운 교육과정의 개정이 필요하게 되었다.

제4차 유치원 교육과정은 1986년 세 번째로 개정 작업을 거쳐 1987년 6월에 고시되어 1989년 3월 1일부터 시행되었다. 이는 주기적인 교육과정 개정의 필요와 시대적 · 사회적 변화에 따른 교육과정의 개정요구, 제3차 유치원 교육과정의 내용 및 운영상에 나타나는 문제점 개선 등을 위하여 개정하게 되었다. 즉, 교육목표의 재구성 및 조정, 교육 내용 선정 및 구성의 융통성 확대, 교육자료의 풍부화 및 다양화, 평가활동의 정상화 등 구체적인 방향에 따라 이루어졌다(전선옥, 1996).

이 교육과정 역시 우리나라의 전반적인 교육과정 변화의 흐름과 마찬가지로 전인교육을 강조하는 인간 중심 교육과정과 통합교육과정의 성격을 띠고 있다. 전인발달을 위한 교육을 더욱 강조하기 위하여 각 발달영역별 내용을 제시하지 않았고, 각 영역별로 일반목표와 하위목표로 구성하였다. 이는 교육목표를 지침으로 교사들이 교육 내용을 자율적으로 설정할 수 있게 함으로써 다양성을 가질 수는 있었으나, 일정수준의 질적 수준을 유지하기가 힘든 단점을 드러냈다(신의숙, 2004). 그 밖에도, 제1차와 제2차에는 있었으나 제3차에서는 제외되었던 '지도상의 유의점' 난을 다시 첨가하여 유치원 교육과정 운영에서 생겨날 수 있는 문제들을 해결할 수 있게 하였다.

제4차 유치원교육과정에서는 유아의 발달수준과 관련하여 편제와 시간에서 많은 변화가 이루어졌다. 즉, 제2차와 제3차 교육과정이 모두 유치원의 하루 교육시간을 3~4시간을 기준으로 하고 조정이 가능하도록 한 데 비해, 제4차 교육과정에서는 하루의 교육시간을 3시간으로 하되, 유아의 발달수준, 지역사회의 실정, 유치원의 특성, 활동 내용 및 계절 등을 고려하여 조정 · 운영할 수 있도록 하였다. 유아의 발달수준에 보다 적합한 하루 교육시간 운영을 위하여 조정이 되었음을 알 수 있다. 운영지침에서도 유아의 발달영역별 발달에 기초한 교육계획과 지도의 중요성을 언급하였다. 그 밖에도 제4차 교육과정에는 학습자로서의 유아요인이 신중하게 고려되어 유아의 흥미와 요구, 발달수준과 개인차, 학습특성 등이 꾸준하게 반영되어 개정되었다.

5) 제5차 유치원교육과정(1992. 9. 30, 교육부 고시 제1992-15호)

제4차 유치원 교육과정이 개정되고 난 이후, 1980년대 말부터 1990년대 초기에는 유아교육은 제5공화국의 유아교육 진흥정책에 따라 양적 · 질적인 측면에서 변화를 추구하고자 하는 움직임이 많이 나타났다. 특히, 1990년 문교부가 처음으로 전국 시 · 군 · 구 교육(청)에 유아교육 전담 장학사 배치, 교수-학습방법의 개선을 위해 시범유치원 운영, 다양한 유아교육자료 개발 · 보급 · 활용한 점은 질적 향상을 위한 노력이라고 할 수 있다.

또한 급격한 취업모의 증가로 1991년 1월 14일 보건사회부가 주축이 되어 「영유아보육법」이 제정됨에 따라 유치원 종일반 운영을 강조함으로써 사회적 요구를 교육과정에 반영하고, 유아의 발달 특징에 알맞은 읽기 · 쓰기 교육에 관한 지침을 구체적으로 제시하여 학부모의 요구도 교육과정에 반영하고자 노력하였으며, 교육 현장의 요구를 수용하기 위하여 교육과정의 모든 영역에서 다른 사람과 더불어 사는 지식, 기술, 태도를 익힐 수 있는 사회적 관계와 기본생활습관을 강조하였다.

한편, 1991년에는 문교부가 교육부로 개칭되었고, 같은 해 12월 31일에는 교육법 개정으로 유치원 입학 연령이 만 4세, 5세에서 만 3세, 4세, 5세로 조정됨으로써

1992년 3월부터 유치원 입학 연령은 3세가 되었다.

이상과 같이 1992년 9월 30일에 개정 · 공포된 제5차 유치원 교육과정은 유치원 교육현장의 요구, 사회여건 및 지식의 변화, 유아교육이론의 발전 등 교육과정 주기적 개정의 필요성에 의해 개정되었으며, 한국교육학회 유아교육연구회가 주축이 되어 유아교육 전문가, 초등교육 전문가, 각 영역 교과 전문가, 현장교사 등의 상당한 심의를 거쳐 개정되었다.

교육과정의 구성 방향은 유아기 기본생활습관 형성과 전인적인 성장발달을 돕는 교육에 두고 첫째, 기본생활교육, 둘째, 개별화 교육, 셋째, 놀이 중심 교육, 넷째, 전인교육 실현에 중점을 두었다.

교육과정영역은 제2, 3, 4차 교육과정이 발달영역별로 구성되었던 것과는 달리 건강, 사회, 표현, 언어, 탐구 등 생활영역으로 구성되었다. 이는 그동안 교육과정을 현장에 적용하면서 발달영역의 목표들을 직접 교육활동으로 연결시키는 데 어려움이 있었던 교사들에게 지침과 명료성을 부여하기 위한 것이었다. 즉, 교육목표는 전인적 발달의 방향에서 구분하되, 교육 내용은 생활영역에서 선정하여 제공한 것이었다. 교육과정의 내용은 유아의 연령, 발달수준을 고려하여 조정할 수 있도록 Ⅰ수준과 Ⅱ수준으로 나누어 제시하였다. 교육일수는 연간 180일을 기준으로 하되, 유아의 연령을 고려하여 180분을 기준으로 하는 등 시간 기준을 명확히 제시하였다. 또한 유치원의 교수 · 학습방법에 대한 지침으로 교육활동의 통합적 운영, 민주적이고 수용적인 활동 분위기의 조성, 균형 있는 일과활동, 실물을 통한 직접 경험, 부모와의 연계 등을 강조하였고, 구체적인 평가의 내용과 방법, 유의점 등에 대해서도 간략하게 제시하였다.

6) 제6차 유치원교육과정(1998. 6. 30, 교육부 고시 제1998-10호)

대통령 자문기구인 교육개혁위원회는 1995년 5월 31일 세계화 · 정보화 시대에 대비하여 신교육 체제 수립을 위한 교육 개혁 방안을 발표하였다. 이에 따라 3세 이상 초등학교 취학 전 유아들의 교육을 공교육체제 안에 원칙적으로 포함하고, 교육과 보육서비스가 함께 제공되도록 유아교육체제를 구축하며, 저소득층 유아에게 교육의 기회를 우선 제공하여 교육 기회의 형평성을 유지할 것을 제안하였다. 즉 유아교육을 그동안 특수교육 내지는 사교육의 차원에서 보던 것에서 탈피하여 공교육체제를 확립하고, 초 · 중등교육과 맥을 같이하는 보편화된 교육체제로 발전시키려는 것이다. 이러한 신교육체제 수립을 위한 교육 개혁의 과정에서 유치원의 공교육체제를 확립하기 위해서는 유치원 교육과정의 개정이 그 어느 것보다도 가장 근본적이고도 우선적인 개혁사업이라고 할 수 있었다. 이에 1998년 6월 30일 제6차 유치원교육과정이 개정 · 공포되었다. 다양화를 지향하는 교육체제의 변화와 급격한 사회 변동, 과학기술과 학문의 급격한 발전, 경제 · 산업 · 취업구조 등의 변화, 교육수요자의 요구와 필요의 변화, 교육여건 및 환경의 변화 등 교육을 둘러싸고 있는 내 · 외적인 체제 및 환경, 수요의 대폭적인 변화가 개정의 요인이라 할 수 있다(교육부, 1998).

앞으로 유아들이 살아나갈 21세기의 미래사회는 정보화 · 세계화의 시대이며, 교육의 체제는 공급자 중심보다는 '수요자 중심'으로 이루어질 것이다. 따라서 제6차 유치원 교육과정 개정의 기본 방향은 초 · 중등학교 교육과정과 같이 '21세기의 세계화 · 정보화 시대를 주도할 자율적이고 창의적인 한국인 육성'으로 설정하고, ① 기초 · 기본 교육의 충실, ② 자기주도적 능력의 신장, ③ 유아 중심 교육의 실천, ④ 지역 및 유치원의 자율성 확대에 중점을 두었다.

이 교육과정 개정에서 중점을 둔 사항은 ① 학습 내용의 선정 및 수준별 적절성 도모, ② 교육시간 운영의 다양화 추구, ③ 기본생활습관 및 협동적인 생활태도 강조, ④ 감성계발교육의 강조, ⑥ 창의성과 정보능력 함양교육의 강조, ⑦ 세계화에 대비한 전통문화교육의 충실이다.

한편, 추구하는 인간상은 이전까지의 단순한 인간상 제시방식을 탈피하여 '복합적이고 다면적인 인간상'을 설정하였다는 데 특색이 있다. 즉, 전인적 성장의 기반 위에 개성을 추구하는 사람, 기초능력을 토대로 창의적인 능력을 발휘하는 사람, 우리 문화에 대한 이해의 토대 위에 새로운 가치를 창조하는 사람, 민주시민의식을 기초로 공동체의 발전에 공헌하는 사람 등이다.

교육과정영역과 교육일수, 하루 시간은 제5차 유치원 교육과정영역과 동일하다. 그러나 제6차 유치원 교육과정은 교육목표의 명확한 진술이 미흡하고 내용체계의 논리성 확보에 문제가 있다는 지적이 있었다(교육과학기술부, 2008).

| 표 2-1 | 제1차~제 6차 유치원교육과정 개정 시의 주요 변화 내용

	1차(1969년)	2차(1979년)	3차(1982년)	4차(1987년)	5차(1992년)	6차(2000년)
일반목표	1. 건강한 신체 및 정신으로 생활하는 유능한 한국인 양성	1. 자아 실현 2. 국가발전을 위한 주체의식 확립 및 사명감 인식 3. 민주적 가치의 강조 – 국가관에 대한 인식이 나타남	1. 건전한 심신의 육성 2. 지력과 기술의 배양 3. 조화로운 인격의 형성 4. 공동체의식의 고양, 진술의 구체화, 명료화	1. 건강한 사람 배양 2. 자주적인 사람 배양 3. 창조적인 사람 배양 4. 도덕적인 사람 배양	1. 건강한 심신의 육성 2. 지력과 기술의 배양 3. 도덕적인 인격의 형성 4. 민족공동체의식의 고양	1. 전인적인 성장의 기반 위에 개성을 추구하는 사람 육성 2. 창의적인 능력자 배양 3. 우리 문화의 토대 위에 새로운 가치 창조하기 4. 민주시민을 육성
구체적 교육목표	1. 건강 및 안전 교육 2. 기초의 생활 습관 획득 3. 자연현상관찰, 과학적이고, 민주적인 사고력 배양 4. 듣기와 말하기 바로 하기 5. 심미적 태도와 창조성 기르기	1. 사회화에 필요한 경험 습득하기 2. 자연 현상에 대한 흥미를 갖고 표현하기 3. 탐구력과 적응력 기르기 4. 언어습관 및 태도 기르기 5. 신체건강 및 안전에 대한 습관 및 태도 기르기 – 인지발달특성에 관한 것이 보완됨	1. 감각운동기능 및 신체발달 도모하기 2. 긍정적 자아개념 형성과 창의적으로 표현하기 3. 언어적 기초 기능 습득하기 4. 자연 및 사회 현상에 대한 기초적 이해와 문제해결능력 습득하기 5. 가족과 이웃을 사랑하는 태도 습득 및 일상생활에 필요한 기본적 예절과 규범 습득하기 – 발달영역별 특성이 구체화 됨 – 국민 정신교육의 보완 – 개인적 수준에서 국가적 수준으로 배열	1. 건강 및 안전 교육과 감각·운동 기능 및 신체 발달 도모하기 2. 언어적 기초 기능 습득하기 3. 탐구력과 적응력 기르기 4. 긍정적 자아개념 형성과 창의적으로 표현하기 5. 일상 생활에 필요한 예절습관과 가족과 이웃을 사랑하는 태도 습득하기	1. 기본 생활 교육을 강조하기 2. 유아의 요구와 흥미, 개별성을 존중하기 3. 놀이 중심 교육하기 4. 유아의 전인적 성장 발달 도모하기	좌동

	1차(1969년)	2차(1979년)	3차(1982년)	4차(1987년)	5차(1992년)	6차(2000년)
교육과정의 조직	(생활영역에 의한 구분) – 위의 5개 목표와 연관하여 구분함 – 건강, 사회, 자연, 언어, 예능	(발달영역에 의한 구분) 1. 사회 · 정서 발달영역 2. 인지발달영역 3. 언어발달영역 4. 신체발달 및 건강영역	(4개영역에서 5개 영역으로 세분화) 1. 신체 발달 영역 – 지각+초보적운동, 건강+안전 통합 2. 정서발달영역 3. 언어발달영역 – 발음교육, 문자기초기능 교육 보충 4. 인지발달영역 – 표상능력 내용이 많은 부분은 논리, 수리적 개념으로 흡수 · 조정 5. 사회성발달영역 – 자기로부터 국가, 세계로 개념 확대 – 국민정신교육의 보충	1. 신체 발달 영역 2. 언어발달영역 3. 인지발달영역 4. 정서발달영역 5. 사회성발달영역	1. 건강생활영역 2. 사회생활영역 3. 표현생활영역 4. 언어생활영역 5. 탐구생활영역	1. 건강생활영역 2. 사회생활영역 3. 표현생활영역 4. 언어생활영역 5. 탐구생활영역
교육일수와 시간	연간 200일 이상이며, 하루 3시간교육을 기준함	연간 200일, 일일 3~4시간, 주 6일간, 교육내용 구성상 특성에 따른 융통성 있음	연간 180일 이상, 하루 3~4시간, 수업시간은 융통성 있음, 영역별 시간 배당 융통성 있음	연간 180일 이상, 하루 3시간, 유아의 발달 수준, 지역사회의 실정, 유치원의 특성, 활동내용 및 계절 등에 융통성 있음	3~5세아를 1수준과 2수준으로 나눔, 일과운영을 반일제와 종일제로 나눔	좌동
학문적 영향	듀이의 교육철학, 진보주의 이론	피아제의 인지발달이론 및 타일러타바의 교육 과정 이론			다학문적인 배경 (듀이, 피아제, 매슬로, 아이즈너 등)	
교육과정의 형태	경험 중심	학문 중심 교육과정			인간 중심 교육과정	
학습형태	생활 · 경험 · 흥미 중심	놀이 · 경험 중심, 흥미 고려	활동 · 놀이 · 생활 중심, 개별화 · 통합교육	흥미 · 경험 · 놀이 중심, 개별 지도, 통합 구성	통합적 운영, 능동적 학습, 흥미 · 경험 중시	통합적 운영, 수준별 운영, 놀이중심, 상호작용 중심

7) 제7차 유치원교육과정 (2007. 12. 19. 교육인적자원부 고시 제2007-153호)

2007년 12월 19일 제7차 유치원교육과정이 개정 · 공포되었다. 유치원교육과정의 배경은 제6차 교육과정 고시 이후 9년이 경과함에 따라 사회 환경의 변화를 반영한 교육 내용 개편이 필요하게 되었기 때문이다. 즉, 시기적으로는 지식 정보화 시대의 도래, 국가적으로는 저출산 문제해결을 위한 가치관의 반영이라는 시대적 요구에서 비롯되었다. 현대 인류가 처한 인간성 황폐화 문제와 심각한 환경문제, 우리나라의 저출산이라는 심각한 문제를 해결하기 위해서는 잠재능력과 창의성 개발을 뛰어 넘어 사람과 자연존중의 가치관으로 전환이 우선적으로 요청되고 있다.

그밖에도 개정의 배경으로 종일제 운영의 확대 실시와 유아교육법 제정(2004. 1)을 계기로 각계각층에서 제기한 교육과정 개정 요구를 반영할 필요가 생긴 점, 그리고 2007년 2월에 고시된 2007년 개정 초 · 중등학교 교육과정과의 연계를 도모해야 하는 점, 마지막으로 제6차 유치원교육과정의 문제점 개선 등으로 요약할 수 있다(교육과학기술부, 2008).

종일제 유치원 운영을 위한 교육과정 개선, 교육과정체계의 개선, 교육 내용의 개선 및 적정화, 문자 기초교육의 강화, 유치원과 초등학교교육과정의 연계성 강화 등에 중점을 두고 개정되었으며, 개정의 기본 방향은 제6차 유치원 교육과정의 기본 철학과 체계 유지, 초 · 중등학교 교육과정과의 연계성 강화, 단위 유치원의 자율성 강화로 설정하였다. 구체적인 내용은 다음과 같다(경상북도교육청, 2008).

첫째, 인간을 존중하고 자연을 사랑하는 세계관을 기저로 한다.

둘째, 영역별 교수-학습방법은 지식과 개념교육에 편중되지 않고, 생활과 관련된 내용, 생활을 통한 방법으로 구성한다.

셋째, 교육과정에 반드시 포함되어야 할 핵심적인 내용만 선정하고 논리적 체계를 구축하여 구성한다.

넷째, 교육과정의 영역은 6차 교육과정의 영역 구분을 계승하여 건강, 사회, 표현, 언어, 탐구의 5개 생활영역으로 제시한다.

다섯째, 교육 내용은 I, II 수준으로 제시한다. 단, 공통수준은 I 수준의 내용이 II 수준까지 지속되는 것을 나타낸다.

여섯째, 대한민국 전통문화의 장점을 전 교육과정영역에서 강조하며, 세계 문화를 이해하고 수용하는 내용과 서로 잘 융합되도록 한다.

일곱째, 기본생활습관과 창의성은 적용 가능한 모든 영역에서 강조하여 구성한다.

여덟째, 사회 변화에 부응하여 반일제, 시간연장제, 종일제 등 다양한 교육과정 운영이 가능하도록 한다.

아홉째, 유아의 성, 종교, 가족배경, 신체적 특성, 민족배경으로 인한 편견을 가지지 않도록 구성한다.

열째, 유아교육법 제정 취지에 따라 유치원교육의 정체성을 확고히 하도록 하며 상급학교 간의 연계를 도모하여 구성한다.

8) 3~5세 연령별 누리과정

2011년 정부는 유아단계에서 양질의 교육 · 보육을 제공하고 교육 · 보육비 부담을 완화하기 위한 대책으로 만 5세 공통과정인 「5세 누리과정」을 도입하였다. 이는 유치원과 어린이집으로 이원화되어 있는 교육 · 보육과정을 통합해 만 5세의 모든 유아들이 새로운 공통과정을 배울 수 있도록 하고 유치원비 · 보육비의 지원을 차차 늘려 젊은 부부의 경제적 부담을 경감하는 데 의의가 있다(교육과학기술부, 2011).

그 후 2013년 3월부터는 연령을 확대하여 3세부터 5세 유아를 대상으로 하는 '3~5세 연령별 누리과정'이 도입되어 시행되고 있다. 이로써 만 5세에게만 적용되던 유치원과 어린이집의 누리과정이 만 3~4세까지 연계된 공통과정으로 완성됨으로써 만 3~5세 유아 모두가 생애 초기의 공정한 출발선을 보장받게 되었다.

'3~5세 연령별 누리과정'은 만 3~5세의 발달특성을 고려하여 연령별로 구성되며 심신의 건강과 조화로운 발달을 도와 바른 인성을 갖춘 민주시민의 기초를 형성하는 것을 목적으로 한다. 따라서 기본생활습관과 인성교육을 강화하고 인터넷 · 미디어 중독 예방, 녹색성장교육 및 다른 문화에 대한 이해의 내용을 추가하였다. 또한 0~2세를 위한 어린이집 표준보육과정과 초등교육과정과의 연계를 강화하였다(교육과학기술부, 2012).

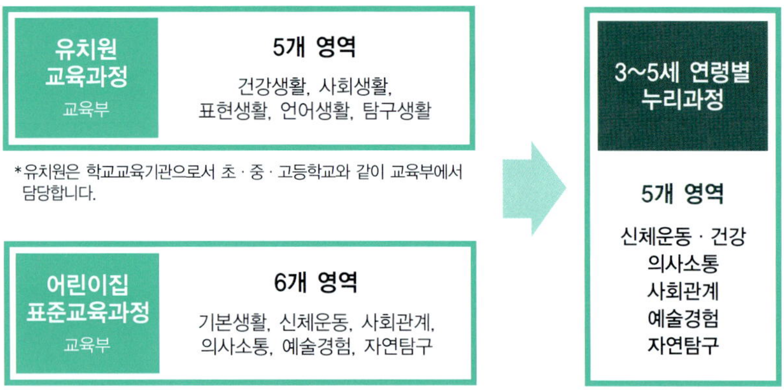

〈그림 2 – 1〉 3~5세 연령별 누리과정

앞에서 살펴 본 우리나라 유아교육과정의 변천과정을 정리하면 〈표 2–2〉와 같다.

| 표 2-2 | 유아교육과정의 변천

연도	구분	특징
1969	1차 유치원 교육과정	• 진보주의 이론의 영향 • 생활습관, 사회 · 정서발달 강조 • 5개 생활영역으로 구성
1979	2차 유치원 교육과정	• 유신이념을 기초로 국가발전의 사명감 강조 • 브루너, 피아제 영향으로 학문 중심 교육과정 • 4개 발달영역으로 구성
1981	3차 유치원교육과정	• 다양한 아동 중심 교육이론의 영향 • 5개 발달영역으로 구성 • 수업일수 축소 : 200일 → 180일
1987	4차 유치원 교육과정	• 교육 내용의 자율성, 다양성 강조 • 평가의 정상화 • 시간 운영의 자율화 : 반일, 시간연장, 종일
1992	5차 유치원 교육과정	• 5개 생활영역으로 구성 • 만 3세로 유치원 취원연령 하향화 • 교육 내용의 수준별 제시 • 유치원 교육과정 지역화 : 시 · 도 교육청 및 학급의 자율성 확대
1998	6차 유치원 교육과정	• 세계화, 정보화 시대의 미래지향적인 유아교육의 방향 제시 • 기본생활습관, 사회 · 정서교육 중시 • 창의성과 정보능력 함양 강조 • 다양한 아동 중심 이론의 영향
2007년 개정 (2007. 12. 19)	2007 개정 유치원 교육과정	• 인간을 존중하고 자연을 사랑하는 세계관 • 우리나라 전통문화를 전 영역에서 강조 • 다문화교육과 반편견교육을 강조 • 각 시 · 도 교육청 및 유치원의 자율권을 확대

연도	구분	특징
2012 (2011. 9. 5)	5세 누리과정	• 만 5세아의 교육과 보육에 대한 국가적 • 만 5세아의 보육 · 교육과정 통합 • 만 5세아의 기본생활습관, 배려, 협력 등 인성교육 중점 • 전인발달이 고루 이루어진 창의적 인재육성 중점 • 5개 영역(신체운동 · 건강, 의사소통, 사회관계, 예술경험, 자연탐구)으로 구성 • 초등학교 교육과정과의 연계성 고려 • 놀이 중심의 통합과정 구성
2013 (2012. 3. 10)	만 3~5세 연령별 누리과정	• 유치원 교육과정과 표준보육과정을 통합하여 교육과 보육을 제공 • 기본생활습관과 창의 · 인성지도 강조 • 인터넷 · 미디어 중독 예방, 녹색성장교육, 다른 문화에 대한 이해 등의 내용 추가 • 3~5세 연령별로 구성 • 어린이집 표준보육과정 및 초등학교 교육과정과의 연계성 고려 • 5개 영역으로 구성 • 1일 3~5시간 운영을 기준으로 함

9) 2019 개정 누리과정

2013년 3월부터 시행되어 왔던 '3~5세 연령별 누리과정'은 교육과정 구성체계 보완의 필요성 및 과다한 연령별 교육내용과 현장 적용의 동일성 등에 대한 문제가 제기되어 2018년부터 육아정책연구소의 주관으로 개정작업이 이루어져 2019년 7월 19일에 '2019 개정 누리과정'을 확정 · 발표하였다(교육부 · 보건복지부, 2019).

2020년 3월 1일부터 시행하게 되는 '2019 개정 누리과정' 혁신 방향은 개별 유아의 다양한 특성을 고려, 유아의 자유놀이 권장, 현장의 자율성 확대 등에 두었다. 이는 교육부가 2017년 국정운영 5개년 계획인 '유아교육 혁신방안(2017.12.27.)에서 제시했던 주요 내용 중 하나인 '유아가 중심이 되고 놀이가 살아나는 유아중심 · 놀이 중심'을 실현하기 위한 것이다.

'2019 개정 누리과정'의 주요 특징을 살펴보면 다음과 같다(교육부, 2019.7.19.).

① 유아중심 · 놀이중심 교육과정

교사주도 활동을 지양하며, 유아가 충분한 놀이경험을 통해 몰입과 즐거움 속에서 자율 · 창의성을 신장하고, 전인적인 발달과 행복을 추구할 수 있도록 하였다.

② 국가수준 교육과정으로서 구성 체계 확립

국가수준 공통 교육과정으로서 미래사회 핵심 역량을 반영한 인간상과 목표를 밝혀 구성 체계를 확립하였다.

③ 내용구성 간략화를 통한 현장 자율성 확대

교육과정의 5개 영역은 유지하되, 연령별 세부내용(369개)을 연령통합(59개)으로 간략화하고 다양한 교육방식이 발현될 수 있도록 현장 자율성을 확대하였다.

④ 교사의 누리과정 실행력 지원

교사의 과다한 일일교육계획 작성을 경감하고, 주제와 유아 놀이를 일치시켜야 하는 부담감 등을 완화해 교사의 자신감 회복을 도우며 자율성과 책무성을 강조하여 누리과정 실행력을 지원하는 데 중점을 두었다.

'2019 개정 누리과정' 구성의 중점은 다음과 같다.

가. 3~5세 모든 유아에게 적용할 수 있도록 구성한다.

나. 추구하는 인간상 구현을 위한 지식, 기능, 태도 및 가치를 반영하여 구성한다.

다. 신체운동 · 건강, 의사소통, 사회관계, 예술경험, 자연탐구의 5개 영역을 중심으로 구성한다.

라. 3~5세 유아가 경험해야 할 내용으로 구성한다.

마. 0~2세 보육과정 및 초등학교 교육과정과의 연계성을 고려하여 구성한다.

그러나 교육과정 구성 체계 보완의 필요성과 과다한 연령별 교육내용, 현장 적용의 획일성 등에 대한 문제가 제기되어 교육부는 2017년 국정운영 5개년 계획에서 국정과제로 '교실혁명을 통한 공교육 혁신'을 명시하였고, 세부과제 중 하나로 '학생 중심의 교육과정 개편'을 제시하였다. 2019년 개정 누리과정의 혁신 방향에는 개별 유아의 다양한 특성을 고려하며 유아의 자유놀이 권장, 현장의 자율성 확대 등이 포함되었다.

「3~5세 연령별 누리과정」과 「2019 개정 누리과정」의 구성체계를 비교하면 다음과 같다(표 2-3).

| 표 2-3 |

2015 누리과정 구성체계	2019 개정 누리과정 구성체계
제1장 누리과정의 총론 Ⅰ. 구성방향 Ⅱ. 목적과 목표 1. 목적 2. 목표 Ⅲ. 편성과 운영 1. 편성 2. 운영 3. 교수 · 학습 4. 평가	누리과정의 성격(신설) 제1장 총론 Ⅰ. 누리과정의 구성방향 1. 추구하는 인간상(신설) 2. 목적과 목표 3. 구성의 중점 Ⅱ. 누리과정의 운영 1. 편성 · 운영 2. 교수 · 학습 3. 평가

2015 누리과정 구성체계	2019 개정 누리과정 구성체계
제2장 연령별 누리과정 제1절 3~5세 연령별 누리과정의 영역별 목표 Ⅰ. 신체운동 · 건강 Ⅱ. 의사소통 Ⅲ. 사회관계 Ⅳ. 예술경험 Ⅴ. 자연탐구 제2절 3~5세 연령별 누리과정의 영역별 내용 Ⅰ. 3세 누리과정 Ⅱ. 4세 누리과정 Ⅲ. 5세 누리과정	제2장 영역별 목표 및 내용 Ⅰ. 신체운동 · 건강 1. 목표 2. 내용 Ⅱ. 의사소통 1. 목표 2. 내용 Ⅲ. 사회관계 1. 목표 2. 내용 Ⅳ. 예술경험 1. 목표 2. 내용 Ⅴ. 자연탐구 1. 목표 2. 내용

02 표준보육과정

우리나라 보육사업은 1921년 서울 태화기독교사회관에서 빈민아동을 위한 구제사업의 일환으로 단순 보호의 목적으로 운영되어 보육의 제 기능을 수행하지 못하였다. 그 후 1982년 '유아교육진흥 종합계획', 1991년 '영유아보육법'이 제정되면서 종전의 단순 보호와 탁아 중심에서 보호와 교육을 통한 보육사업으로 확대 발전되었다. 2004년에는 영유아보육법을 전면 개정함으로써 보육서비스와 질적 수준 향상, 보육에 대한 공적 책임 강화를 국가적 차원에서 책임지게 됨으로써 보육사업이 발전하게 되었다(표 2-4).

표준보육과정이란 유치원 교육과정, 초 · 중등학교 교육과정처럼 국가적 차원에서 우리나라 보육의 바람직한 방향을 설정하여 그에 따른 보육내용을 제시하고 있는 국가수준의 보육과정을 의미한다. 즉, 표준보육과정에서는 어린이집 영유아의 보육목적과 목표를 달성하기 위한 국가수준의 보육과정이며, 어린이집에서 운영해야 할 보편적 보육 내용을 제시한 것이다.

어린이집에서는 2007년 제1차 표준보육과정이 제정 · 공포된 이래 2012년 제 2차 표준보육과정, 2013년 제3차 표준보육과정으로 보육이 이루어지고 있다.

| 표 2-4 | 보육사업의 역사

보육사업의 역사	내용
구빈적, 직장여성 지원을 위한 탁아사업 (1921~1991)	• 1921년 태화기독교사회관에서 저소득층 자녀 위주의 탁아사업 • 1962~1981년 아동복리법에 위해 보건복지부가 탁아관리 • 1982년 유아교육진흥법 제정으로 어린이집, 새마을 협동유아원 및 농번기 탁아소를 새마을 유아원으로 흡수 · 통합 • 법 제정 및 장학지도는 교육인적자원부에서, 시설운영 및 행정지도는 내무부에서, 보건의료는 보건사회부에서 담당 • 1987년 노동부에서 남녀고용평등법에 따라 직장탁아제 도입
영유아보육법 제정으로 탁아에서 보육으로 발전 (1991~2004)	• 제정목적: 보육시설의 조속한 확대, 아동의 건전한 보호 · 교육 및 보육자의 경제적 · 사회적 활동 지원 • 보육사업 주관부처를 보건복지부로 일원화 • 법 제정 당시(1991년 1월)에는 인가제(가정보육시설만은 신고제)였으나, 1987년 7월 신고제로 완화하고 2004년 1월 인가제로 다시 강화
보육업무를 여성가족부로 이관 (2004. 2)	• 보건복지부 영유아보육과(1과)에서 1국(보육정책국) 3과(보육정책 · 재정 · 지원팀)로 개편

보육사업의 역사	내용
참여정부의 육아지원정책 (2004. 6~2008. 2)	• 제1차 육아지원정책(2004. 6): 고령화 및 미래사회위원회에서 "보육 및 육아교육 지원의 공공성 확대(공약사항)"에 대한 대책발표 – 육아부담을 소득에 따라 50% 경감, 1년간 육아휴직 포함, 평가인증제 도입, 보육국가자격제도 시행 • 제2차 육아지원정책(2005. 5): 고령화 및 미래사회위원회에서 "출산율 제고 및 여성경제활동 참가"에 대한 대책을 발표 – 표준보육료 · 교육비 산정, 영아기본보조금제도 시범 도입(2005) • 새싹플랜(2006. 7): 여성가족부에서 공보육 강화를 위한 제1차 중장기 보육계획인 새싹플랜(2006~2010)을 발표 – 국공립 보육시설을 2010년까지 2배, 이용아동 30% 수준까지 확충, 기본보조금 확대 지원, 차등보육료를 평균소득 130% 이하까지 확대(2009) • 새로마지 플랜(2006. 8): 저출산고령사회위원에서 세계최저의 저출산문제해결을 위해 새로마지 플랜 2010을 발표 – 국공립시설을 30% 확충, 영아기본보조금 도입, 차등보육료 확대, 만 5세 무상보육 확대, 아동수당 도입검토
보육정책이 보건복지가족부로 이관 (2008. 3)	• 여성가족부의 보육정책국이 보건복지가족부의 보육정책관실로 이관 • 보건복지가족부는 양적으로 큰 성장을 이룬 보육정책을 질적 수준 향상, 수요자 중심 정책으로 전환 추구

1) 제1차 어린이집 표준보육과정

보육의 질적 향상을 위한 사회적 요구에 따라 개발된 국가수준의 제1차 어린이집 표준보육과정은 2007년 1월 3일 여성가족부 고시 제2007-1호로 제정되어 고시되었다. 이는 영유아의 보육을 위한 시대적 요구를 반영하는 일로, 국가적 수준에서의 개발이라는 점과 실천이라는 점에서 의미가 매우 크다고 할 수 있다.

표준보육과정의 목적은 영유아의 전인적인 성장과 발달을 돕고 민주시민으로서의 자질을 길러 영유아가 심신이 건강하고 조화로운 사회구성원으로 자랄 수 있도록 하는 데 있다. 표준보육과정을 통해 추구하는 인간상은 다음과 같이 제시하였다.

첫째, 스스로 노력하는 자율적인 인간을 기른다.

미래사회는 세계화, 정보화, 다양화, 첨단기술화가 더 강화될 것이며 이러한 사회에서 유능한 인간으로서 역할을 다하기 위해서는 자율적인 능력을 습득하고 새로운 환경이나 문제에 당면하였을 때 스스로 노력하고자 하는 특성이 있어야 한다.

둘째, 건전한 인성을 가진 창의적 인간을 기른다.

영유아기는 이후 인간의 기본 자질과 태도 및 품성의 기초를 이루는 중요한 시기이다. 자신의 독특한 생각과 탐색을 즐기되 집단환경이나 타인과의 관계에서 기본 예절을 지키고 인간존중을 우선으로 하는 태도를 갖추도록 함은 중요하다.

셋째, 사회에 기여하는 민주적 인간을 기른다.

영유아가 성장하며 사회에 소속되어 적극적 역할을 담당함으로써 사회에 기여할 수 있어야 한다. 이는 자기 자신에 대한 높은 자존감이 있고 타인과 긍정적 관계를 형성할 수 있으며 민주적 의사결정능력이 있을 때 가능하다.

넷째, 자신의 문화를 사랑하되 새로운 가치를 추구하는 인간을 기른다.

21세기의 세계화, 전문화, 개성화를 추구하는 미래사회에서 심신이 안정되고 자신만의 독특한 생각과 느낌을 즐기며 새로운 가치를 추구하는 사람이 될 수 있도록 한다.

표준보육과정은 2세 미만 영아, 2세 영아, 3~5세 영아의 세 연령집단으로 구분되어 사회관계, 의사소통, 자연탐구, 예술경험, 신체운동 및 기본생활 등 6개 영역으로 구성되어 있고, 각 영역은 연령별 목표와 내용이 구분되어 기술되며, 각 영역별 내용은 1~3 수준까지 세분화하여 세 연령집단의 보육목표와 내용을 계열성 있게 경험하도록 제시하였다. 이는 보육교사들이 자신이 맡은 연령집단의 보육목표와 내용에 대한 수준을 명확히 알고 쉽게 사용할 수 있게 하고자 함이다.

2) 제2차 어린이집 표준보육과정

보건복지부는 영유아보육법 제29조 보육과정에 근거하여 2012년 2월 29일자로 제2차 표준보육과정을 제정 · 고시하였다. 제1차 표준보육과정에서는 0~5세를 대상으로 한 것과는 달리 제2차 표준보육과정에서는 0~4세를 대상으로 하였다. 이는 2012년에 유치원과 어린이집 통합교육의 일환으로 발표된 '5세 누리과정'을 적용하게 되었기 때문이다.

제2차 표준보육과정은 2세 미만, 2세, 3~4세의 연령집단으로 구분하고, 3~4세 보육과정은 5세 누리과정과 연계가 이루어지도록 고려하였다. 또 각 연령집단별 보육 내용은 2세 미만의 경우 1, 2, 3, 4수준으로, 2세는 1, 2수준으로, 3, 4세는 1, 2수준으로 구분하여 제시하였다.

교육 내용은 제1차 표준보육과정과 동일하게 사회관계, 의사소통, 자연탐구, 예술경험, 신체운동 및 기본생활 등 6개 영역으로 구성하였다. 추구하는 인간상은 자연을 사랑하는 마음을 추가하여 지속 가능한 생태환경의 중요성을 강조하였다.

3) 제3차 어린이집 표준보육과정

제3차 어린이집 표준보육과정은 2013년 1월 21일 보건복지부 고시 제2013-8호로 발표되어 2013년 3월부터 적용되고 있다. 제3차 표준보육과정은 어린이집을 이용하는 모든 영유아를 대상으로 하여 0~1세 보육과정, 2세 보육과정, 3~5세 보육과정(누리과정)으로 구성되어 있다.

제3차 어린이집 표준보육과정의 목적은 영유아의 심신의 건강과 전인적 발달을 도와 행복을 도모하며 민주시민의 기초를 형성하는 것에 두고 있으며, 표준보육과정을 통해 추구하는 인간상은 다음과 같이 제시하고 있다.

첫째, 심신이 건강하고 행복한 사람

건강한 신체와 심리적 안정감을 유지하고 주변 상황과 생활에서 행복감을 느끼는 사람이 되도록 한다.

둘째, 자율적이고 창의적인 사람

자신이 하고자 하는 일을 스스로 선택하며 실천하고, 기존과 다른 관점에서 자신의 독특한 생각과 탐색을 즐기는 사람이 되도록 한다.

셋째, 자신과 타인을 존중하고 배려하는 사람

자신과 다른 사람의 생각과 느낌을 존중하고 배려하며 기본 예절을 지키는 사람이 되도록 한다.

넷째, 자연과 우리 문화를 사랑하는 사람

주변의 자연환경과 자원을 사랑하고 아끼며 우리나라 문화에 대한 이해를 바탕으로 소중함을 알고, 자긍심을 가지는 사람이 되도록 한다.

다섯째, 다양성을 인정하는 민주적인 사람

열린 사고를 바탕으로 외모, 종교, 성, 연령, 가족구조, 출신지역, 사회 · 경제적 지위, 장애, 문화 등에 대한 편견 없이 서로의 다름을 인정하고 사회공동체가 추구하는 가치를 인정하는 사람이 되도록 한다.

앞에서 살펴 본 제1차, 제2차, 제3차 표준보육과정의 세부 내용을 비교해 보면 〈표 2- 5〉와 같다.

| 표 2-5 | **표준보육과정의 비교**

구분	제1차 표준보육과정	제2차 표준보육과정	제3차 표준보육과정
고시	2007.1 여성가족부 고시	2012. 2. 29 보건복지부 고시	2013. 1. 21 보건복지부 고시
보육과정 구분	2세 미만 보육과정 2세 보육과정 3~5세 보육과정	총론 2세 미만 보육과정 2세 보육과정 3~4세 보육과정 5세 누리과정	총론 0~1세 보육과정 2세 보육과정 3~5세 보육과정(누리과정)
영역명과 영역 수	• 모든 보육과정(6개 영역): 기본생활, 신체운동, 의사소통, 사회관계, 예술경험, 자연탐구	• 2세 미만, 2세, 3~4세 보육과정(6개 영역) : 기본생활, 신체운동, 의사소통, 사회관계, 예술경험, 자연탐구 • 5세 누리과정(5개 영역): 신체운동 · 건강, 의사소통, 사회관계, 예술경험, 자연탐구	• 0~1세, 2세 보육과정(6개 영역): 기본생활, 신체운동, 의사소통, 사회관계, 예술경험, 자연탐구 • 3~5세 보육과정(5개): 신체운동 · 건강, 의사소통, 사회관계, 예술경험, 자연탐구
내용범주	• 2세 미만, 2세 보육과정: 총 18개 • 3~5세 보육과정: 총 20개	• 2세 미만, 2세 보육과정: 총 18개 • 3~4세 보육과정, 5세 누리과정: 총 20개	• 0~1세, 2세 보육과정: 총 18개 • 3~5세 보육과정(누리과정): 총 20개
세부 내용	• 2세 미만 보육과정: 3수준 • 2세 보육과정: 2수준 • 3~5세 보육과정: 3수준	• 2세 미만 보육과정: 4수준 • 2세 보육과정: 2수준 • 3~4세 보육과정 : 2수준 • 5세 누리과정: 연령별	• 0~1세 보육과정:4수준 • 2세 보육과정:2수준 • 3~5세보육과정(누리과정): 연령별

chapter 3

'2019 개정 누리과정'의 교육 내용은 어떠한가

유아교육과정에서 교육 및 보육목표가 설정되면 그것을 달성하기 위해 교육 및 보육 내용에 대한 계획이 마련되어야 한다. 내용을 선정하는 일은 교육 및 보육 대상인 영유아의 발달특성, 사회문화적 맥락, 그리고 지식의 차원 등을 고려해야 한다. 교육 및 보육 내용을 효율적으로 조직하기 위해서는 다음과 같은 내용을 적용하여야 한다(임미혜 외, 2008, 재인용).

첫째, 영유아에게 한 가지 목표 달성을 위해 한 번의 활동을 제공하는 것이 아니라 다양하고 지속적인 경험을 제공하도록 교육 및 보육 내용을 조직한다.

둘째, 동일한 목표의 활동일지라도 영아에 비해 4세 혹은 5세 유아의 활동 내용은 더욱 심화된 활동이어야 한다. 즉, 연령이 어릴수록 단순하고 구체적인 활동에서 점차 추상적이고 복잡한 활동으로 그 내용을 조직해야 한다.

셋째, 교육 및 보육목표의 달성을 위해 교육과정의 여러 영역에서 반복적으로 내용을 경험하도록 하고 일상생활 속에서 경험이 확장될 수 있는 기회를 제공하도록 조직한다.

넷째, 영유아를 위해 통합적이면서도 균형적으로 조직되어야 한다. 즉, 전인적인 발달을 위해 통합적으로 활동이 조직되고, 실내와 실외, 개별과 대 · 소집단, 정적 활동과 동적 활동 간의 균형이 고려되어야 한다.

2013년 3월부터는 우리나라 모든 만 3~5세 유아들에게 유아교육 · 보육과정이 통합된 국가수준 공통과정인 「3~5세 연령별 누리과정」이 도입되어 취학 전 교육의 질을 제고하고, 생애 초기 출발점 평등을 보장받을 수 있게 되었다(교육과학기술부 · 보건복지부, 2012). 이로써 우리나라 국가수준의 유아교육과정은 「2019 개정 누리과정」과 어린이집 0~2세 영아를 위한 「제3차 표준보육과정」으로 구분할 수 있다.

따라서 유치원 및 어린이집 영유아 교사는 미래 인적자원 양성을 목적으로 유아

발달 및 사회, 문화적 변화를 고려하여 영유아에게 적합한 교육 내용의 선정과 방법의 조직에 대한 유아교육의 청사진인 「2019 개정 누리과정」과 「제3차 표준보육과정」의 내용에 대해 충분히 숙지하고 있어야 발달에 적합한 유아교육과정을 계획 · 운영할 수 있게 될 것이다.

이 장에서는 「2019 개정 누리과정」과 「제3차 표준보육과정」의 교육 내용에 대해 구체적으로 살펴보고자 한다.

01 교육과정 구성

1) 교육과정의 추구하는 인간성

'2019 개정 누리과정'이 추구하는 인간상은 다음과 같다.

- 건강한 사람
- 자주적인 사람
- 창의적인 사람
- 감성이 풍부한 사람
- 더불어 사는 사람

2) 목적과 목표

(1) 목적

누리과정의 목적은 유아가 놀이를 통해 심신의 건강과 조화로운 발달을 이루고 바른 인성과 민주 시민의 기초를 형성하는 데에 있다.

(2) 목표

이를 실현하기 위한 목표는 다음과 같다.

- 자신의 소중함을 알고, 건강하고 안전한 생활 습관을 기른다.
- 자신의 일을 스스로 해결하는 기초능력을 기른다.
- 호기심과 탐구심을 가지고 상상력과 창의력을 기른다.
- 일상에서 아름다움을 느끼고 문화적 감수성을 기른다.
- 사람과 자연을 존중하고 배려하며 소통하는 태도를 기른다.

3) 편성과 운영

다음의 사항에 따라 누리과정을 편성 · 운영한다.

- 1일 4~5시간을 기준으로 편성한다.
- 일과 운영에 따라 확장하여 편성할 수 있다.
- 누리과정을 바탕으로 각 기관의 실정에 적합한 계획을 수립하여 운영한다.
- 하루 일과에서 바깥 놀이를 포함하여 유아의 놀이가 충분히 이루어지도록 편성하여 운영한다.
- 성, 신체적 특성, 장애, 종교, 가족 및 문화적 배경 등으로 인한 차별이 없도록 편성하여 운영한다.
- 유아의 발달과 장애 정도에 따라 조정하여 운영한다.
- 가정과 지역사회와의 협력과 참여에 기반하여 운영한다.
- 교사 연수를 통해 누리과정의 운영이 개선되도록 한다.

4) 교수 · 학습

교사는 다음 사항에 따라 유아를 지원한다.

- 유아가 흥미와 관심에 따라 놀이에 자유롭게 참여하고 즐기도록 한다.
- 유아가 놀이를 통해 배우도록 한다.
- 유아가 다양한 놀이와 활동을 경험할 수 있도록 실내외 환경을 구성한다.
- 유아와 유아, 유아와 교사, 유아와 환경 간에 능동적인 상호작용이 이루어지도록 한다.
- 5개 영역의 내용이 통합적으로 유아의 경험과 연계되도록 한다.
- 개별 유아의 요구에 따라 휴식과 일상생활이 원활히 이루어지도록 한다.
- 유아의 연령, 발달, 장애, 배경 등을 고려하여 개별 특성에 적합한 방식으로 배우도록 한다.

5) 평가

평가는 다음 사항에 중점을 두고 실시한다.

- 누리과정 운영의 질을 진단하고 개선하기 위해 평가를 계획하고 실시한다.
- 유아의 특성 및 변화 정도와 누리과정의 운영을 평가한다.
- 평가의 목적에 따라 적합한 방법을 사용하여 평가한다.
- 평가의 결과는 유아에 대한 이해와 누리과정 운영 개선을 위한 자료로 활용할 수 있다.

02 '2019 개정 누리과정'의 영역별 목표 및 내용

1) 신체운동 · 건강

(1) 목표

실내외에서 신체활동을 즐기고, 건강하고 안전한 생활을 한다.

① 신체활동에 즐겁게 참여한다.

② 건강한 생활습관을 기른다.

③ 안전한 생활습관을 기른다.

(2) 내용

내용 범주	내용
신체활동 즐기기	신체를 인식하고 움직인다.
	신체 움직임을 조절한다.
	기초적인 이동운동, 제자리 운동, 도구를 이용한 운동을 한다.
	실내외 신체활동에 자발적으로 참여한다.
건강하게 생활하기	자신의 몸과 주변을 깨끗이 한다.
	몸에 좋은 음식에 관심을 가지고 바른 태도로 즐겁게 먹는다.
	하루 일과에서 적당한 휴식을 취한다.
	질병을 예방하는 방법을 알고 실천한다.
안전하게 생활하기	일상에서 안전하게 놀이하고 생활한다.
	TV, 컴퓨터, 스마트폰 등을 바르게 사용한다.
	교통안전 규칙을 지킨다.
	안전사고, 화재, 재난, 학대, 유괴 등에 대처하는 방법을 경험한다.

2) 의사소통

(1) 목표

일상생활에 필요한 의사소통 능력과 상상력을 기른다.

① 일상생활에서 듣고 말하기를 즐긴다.

② 읽기와 쓰기에 관심을 가진다.

③ 책이나 이야기를 통해 상상하기를 즐긴다.

(2) 내용

내용범주	내용
듣기와 말하기	말이나 이야기를 관심 있게 듣는다.
	자신의 경험, 느낌, 생각을 말한다.
	상황에 적절한 단어를 사용하여 말한다.
	상대방이 하는 이야기를 듣고 관련해서 말한다.
	바른 태도로 듣고 말한다.
	고운 말을 사용한다.
읽기와 쓰기에 관심 가지기	말과 글의 관계에 관심을 가진다.
	주변의 상징, 글자 등의 읽기에 관심을 가진다.
	자신의 생각을 글자와 비슷한 형태로 표현한다.
책과 이야기 즐기기	책에 관심을 가지고 상상하기를 즐긴다.
	동화, 동시에서 말의 재미를 느낀다.
	말놀이와 이야기 짓기를 즐긴다.

3) 사회관계

(1) 목표

자신을 존중하고 더불어 생활하는 태도를 가진다.

① 자신을 이해하고 존중한다.

② 다른 사람과 사이좋게 지낸다.

③ 우리가 사는 사회와 다양한 문화에 관심을 가진다.

(2) 내용

내용범주	내용
나를 알고 존중하기	나를 알고 소중히 여긴다.
	나의 감정을 알고 상황에 맞게 표현한다.
	내가 할 수 있는 것을 스스로 한다.
더불어 생활하기	가족의 의미를 알고 화목하게 지낸다.
	친구와 서로 도우며 사이좋게 지낸다.
	친구와의 갈등을 긍정적인 방법으로 해결한다.
	서로 다른 감정, 생각, 행동을 존중한다.
	친구와 어른께 예의 바르게 행동한다.
	약속과 규칙의 필요성을 알고 지킨다.
사회에 관심 가지기	내가 살고 있는 곳에 대해 궁금한 것을 알아본다.
	우리나라에 대해 자부심을 가진다.
	다양한 문화에 관심을 가진다.

4) 예술경험

(1) 목표

아름다움과 예술에 관심을 가지고 창의적 표현을 즐긴다.

① 자연과 생활 및 예술에서 아름다움을 느낀다.

② 예술을 통해 창의적으로 표현하는 과정을 즐긴다.

③ 다양한 예술 표현을 존중한다.

(2) 내용

내용범주	내용
아름다움 찾아보기	자연과 생활에서 아름다움을 느끼고 즐긴다.
	예술적 요소에 관심을 갖고 찾아본다.
창의적으로 표현하기	노래를 즐겨 부른다.
	신체, 사물, 악기로 간단한 소리와 리듬을 만들어 본다.
	신체나 도구를 활용하여 움직임과 춤으로 자유롭게 표현한다.
	다양한 미술 재료와 도구로 자신의 생각과 느낌을 표현한다.
	극놀이로 경험이나 이야기를 표현한다.
예술 감상하기	다양한 예술을 감상하며 상상하기를 즐긴다.
	서로 다른 예술 표현을 존중한다.
	우리나라 전통 예술에 관심을 갖고 친숙해진다.

5) 자연탐구

(1) 목표

탐구하는 과정을 즐기고, 자연과 더불어 살아가는 태도를 가진다.

① 일상에서 호기심을 가지고 탐구하는 과정을 즐긴다.

② 생활 속의 문제를 수학적, 과학적으로 탐구한다.

③ 생명과 자연을 존중한다.

(2) 내용

내용범주	내용
탐구과정 즐기기	주변 세계와 자연에 대해 지속적으로 호기심을 가진다.
	궁금한 것을 탐구하는 과정에 즐겁게 참여한다.
	탐구과정에서 서로 다른 생각에 관심을 가진다.
생활 속에서 탐구하기	물체의 특성과 변화를 여러 가지 방법으로 탐색한다.
	물체를 세어 수량을 알아본다.
	물체의 위치와 방향, 모양을 알고 구별한다.
	일상에서 길이, 무게 등의 속성을 비교한다.
	주변에서 반복되는 규칙을 찾는다.
	일상에서 모은 자료를 기준에 따라 분류한다.
	도구와 기계에 대해 관심을 가진다.
자연과 더불어 살기	주변의 동식물에 관심을 가진다.
	생명과 자연환경을 소중히 여긴다.
	날씨와 계절의 변화를 생활과 관련짓는다.

chapter 4

제3차 표준보육과정의 교육 내용은 어떠한가

영유아보육과정은 유아교육과정과 마찬가지의 의미로 사용되나, 보육과정에서는 교육활동을 강조하는 것 외에 보호적인 측면을 중요시하고 있다. 즉, 영유아가 건강하고 안전하게 보호되고, 전인적인 발달이 이루어지도록 교사가 목적과 목표를 세우고, 그 목표에 맞는 보육 내용을 선택하여 운영 및 활동을 전개하고 평가하도록 하는 일련의 과정을 의미한다.

01 보육과정 구성

1) 추구하는 인간상

- 심신이 건강하고 행복한 사람
- 자율적이고 창의적인 사람
- 자신과 타인을 존중하고 배려하는 사람
- 자연과 우리 문화를 사랑하는 사람
- 다양성을 인정하는 민주적인 사람

2) 표준보육과정의 기본 전제

- 영유아는 개별적인 특성을 지닌 고유한 존재이다.
- 영유아는 연령에 따라 발달적 특성이 질적으로 다르다.
- 영유아는 그 자체로서 존중받아야 하는 존재이다.
- 영유아는 직접적으로 경험할 때 의미 있는 지식, 기술 및 바람직한 태도를 형성해 간다.

- 영유아는 일상생활이 편안하고 학습과 경험이 놀이 중심으로 이루어질 때, 최대의 능력이 발휘된다.
- 영유아는 민감하고 반응적인 성인과의 신뢰로운 관계 속에서 최적의 발달을 이룬다.
- 영유아가 속한 가정, 지역사회가 함께 협력할 때 영유아에게 가장 긍정적인 영향을 미친다.

3) 구성 방향 및 체계

(1) 구성 방향

- 영유아의 발달특성과 개인차를 고려하여 연령 및 수준별로 구성한다.
- 어린이집에서 편안하고 행복한 일상생활이 되도록 중점을 두어 구성한다.
- 질서, 배려, 협력 등 기본생활습관과 바른 인성을 기르는 데 중점을 두어 구성한다.
- 자율성과 창의성을 기르는 데 중점을 두고, 전인발달을 이루도록 구성한다.
- 사람과 자연을 존중하고, 우리 문화를 이해하는 데 중점을 두어 구성한다.

(2) 구성체계

- 어린이집 표준보육과정은 0~1세 보육과정, 2세 보육과정, 3~5세 보육과정으로 구성한다.
- 어린이집 표준보육과정은 영역, 내용 범주, 내용, 세부 내용으로 구분하고, 내용 간에 연계가 이루어지도록 구성한다.
- 세부 내용이라 함은 0~1세 보육과정, 2세 보육과정에서는 수준별 세부 내용을

의미하고 3~5세 보육과정에서는 연령별 세부 내용을 의미한다.

- 0~1세 보육과정은 기본생활, 신체운동, 의사소통, 사회관계, 예술경험, 자연탐구의 6개 영역을 중심으로 구성한다.
- 2세 보육과정은 기본생활, 신체운동, 의사소통, 사회관계, 예술경험, 자연탐구의 6개 영역을 중심으로 구성한다.
- 3~5세 보육과정은 신체운동 · 건강, 의사소통, 사회관계, 예술경험, 자연탐구의 5개 영역을 중심으로 구성한다.
- 3~5세 보육과정은 초등학교 교육과정과의 연계성을 고려하여 구성한다.

4) 목적과 목표

(1) 목적

영유아의 심신의 건강과 전인적 발달을 도와 행복을 도모하며 민주시민의 기초를 형성하는 것을 목적으로 한다.

(2) 목표

① 0–1세 보육과정

- 건강하고 안전한 일상생활을 경험한다.
- 감각 및 기본 신체운동능력을 기른다.
- 말소리를 구분하고 의사소통의 기초를 마련한다.
- 친숙한 사람과 관계를 형성한다.
- 아름다움에 관심을 가진다.
- 보고, 듣고, 만지면서 주변 환경에 관심을 가진다.

② 2세 보육과정

- 건강하고 안전한 생활습관의 기초를 마련한다.
- 감각, 신체조절 및 기본 운동능력을 기른다.
- 의사소통능력의 기초를 기른다.
- 나를 인식하고 다른 사람과 더불어 생활하는 경험을 한다.
- 아름다움에 관심을 가지고 예술경험을 즐긴다.
- 주변 환경에 호기심을 갖고 탐색하기를 즐긴다.

5) 편성과 운영

(1) 편성

- 어린이집의 운영시간에 맞추어 편성한다.
- 표준보육과정에 제시된 각 영역의 내용을 균형 있게 통합적으로 편성한다.
- 영유아의 발달특성 및 개인차, 경험을 고려하여 놀이를 중심으로 편성한다.
- 영유아의 일과 중 일상생활을 포함하여 편성한다.
- 어린이집과 보육실의 특성에 따라 융통성 있게 편성한다.
- 성별, 종교, 신체적 특성, 가족 및 민족 배경 등으로 인한 편견이 없도록 편성한다.

(2) 운영

- 보육계획(연간, 월간, 주간, 일일 계획 등)에 의거하여 운영한다.
- 실내 · 외 환경을 다양한 흥미영역으로 구성하여 운영한다.

- 영유아의 능력과 장애 정도에 따라 조정하여 운영한다.
- 부모와 각 기관의 실정에 따라 부모교육을 실시한다.
- 가정과 지역사회와의 협력과 참여에 기반하여 운영한다.
- 교사 재교육을 통해 어린이집 표준보육과정 운영을 개선해 나간다.

(3) 교수 · 학습방법

- 주도적인 놀이를 중심으로 교수 · 학습활동이 이루어지도록 한다.
- 흥미를 중심으로 활동을 선택하고 지속할 수 있도록 한다.
- 생활 속 경험을 소재로 하여 지식, 기술, 바람직한 태도를 기르도록 한다.
- 교사와 신뢰감을 형성하고 개별적인 활동이 이루어지도록 한다.
- 교사, 환경, 또래와 능동적인 상호작용이 이루어지도록 한다.
- 주제를 중심으로 여러 활동이 통합적으로 이루어지도록 한다.
- 만 0~1세아, 만 2세아는 일상생활 및 개별 활동, 휴식 등이 균형 있게 이루어지도록 한다.
- 만 3~5세아는 실내 · 실외활동, 정적 · 동적 활동, 대 · 소집단활동 및 개별 활동, 일상생활 및 휴식 등이 균형 있게 이루어지도록 한다.

(4) 평가

① 운영 평가

- 어린이집 표준보육과정의 목표와 내용에 근거하여 보육 내용이 적절히 편성 · 운영되는지 평가한다.
- 어린이집 표준보육과정의 운영 내용 및 활동이 영유아의 발달수준과 흥미, 요구에 적합한지 평가한다.

- 영유아의 발달수준, 흥미, 요구에 적합한 경험 및 학습을 촉진할 수 있는 다양한 활동과 교수학습방법이 계획되고 통합적으로 운영되는지 평가한다.
- 일과 운영 및 보육활동 구성 시 놀이활동과 일상생활활동의 양과 내용이 영아 및 유아 각 연령의 발달에 적합하게 계획되고 운영되는지 평가한다.
- 만 0~1세아, 만 2세아는 집단활동보다 개별적인 상호작용과 교수법을 중심으로 상호작용이 진행되는지를 평가한다.
- 어린이집 표준보육과정 운영 평가 결과를 수시로 반영하여 보육과정 운영 계획을 수정 · 보완하거나 다음 연도의 계획 수립 및 운영에 반영하는지 평가한다.

② 영유아 평가

- 어린이집 표준보육과정의 목표와 내용에 근거하여 영유아의 특성과 변화 정도를 평가한다.
- 지식, 기술, 태도 등을 평가한다.
- 일상생활과 보육과정활동 전반에 걸쳐 평가한다.
- 관찰, 활동 결과물 분석, 부모면담 등 다양한 방법을 사용하여 종합적으로 평가하고, 그 결과를 기록한다.
- 평가 결과는 영유아에 대한 이해와 어린이집 표준보육과정 운영 개선 및 부모 면담자료로 활용한다.

02 제3차 표준보육과정의 내용

0~2세를 위한 제3차 표준보육과정의 내용은 기본생활, 신체운동, 의사소통, 사회관계, 예술경험, 자연탐구의 6개 영역으로 구성되어 있다.

1) 내용체계

관련 영역	0~1세 보육과정의 목표	2세 보육과정의 목표
기본생활	건강하고 안전한 일상생활을 경험한다.	건강하고 안전한 생활습관의 기초를 마련한다.
신체운동	감각 및 기본 신체운동능력을 기른다.	감각, 신체조절 및 기본 운동능력을 기른다.
의사소통	말소리를 구분하고 의사소통의 기초를 마련한다.	의사소통능력의 기초를 기른다.
사회관계	친숙한 사람과 관계를 형성한다.	나를 인식하고 다른 사람과 더불어 생활하는 경험을 한다.
예술경험	아름다움에 관심을 가진다.	아름다움에 관심을 가지고 예술경험을 즐긴다.
자연탐구	보고, 듣고, 만지면서 주변 환경에 관심을 가진다.	주변 환경에 호기심을 갖고 탐색하기를 즐긴다.

2) 세부 내용

(1) 기본 생활영역

기본 생활영역은 '건강하게 생활하기', '안전하게 생활하기'의 두 가지 내용범주로 구성되어 있다. '건강하게 생활하기'에서는 건강, 영양, 위생적인 생활을 강조하며 영아기 신체의 청결과 위생, 수면과 휴식, 건강한 일상생활을 위한 올바른 습관을 기르도록 하여 발달을 촉진하고 심신을 건강하게 한다.

'안전하게 생활하기'에서는 안전사고 예방, 대처능력의 향상을 강조하며 영아가 안전하게 놀이하는 방법과 위험한 상황을 알고 위험한 상황에 처하게 되었을 때 침

착하고 적절하게 대처하여 자신의 안전뿐만 아니라 타인의 안전을 배려하는 안전생활을 습관화하도록 한다.

| 표 4 – 1 | 기본 생활영역의 연령별 보육목표

0~1세 목표	2세 목표
건강하고 편안한 일상생활을 경험한다.	건강한 생활습관의 기초를 경험한다.
안전한 생활을 경험한다.	안전한 생활습관의 기초를 경험한다.

| 표 4 – 2 | 기본생활 영역의 연령별 세부 내용

<table>
<tr><th rowspan="2">내용
범주</th><th colspan="5">1세</th><th colspan="3">2세</th></tr>
<tr><th>내용</th><th>1수준
세부 내용</th><th>2수준
세부 내용</th><th>3수준
세부 내용</th><th>4수준
세부 내용</th><th>내용</th><th>1수준
세부 내용</th><th>2수준
세부 내용</th></tr>
<tr><td rowspan="6">건강
하게
생활
하기</td><td rowspan="3">몸을
깨끗이
하기</td><td colspan="4">몸이 깨끗해졌을 때 기분이 좋음을 안다.</td><td rowspan="3">몸을
깨끗이
하기</td><td colspan="2">스스로 손과 몸 씻기를 시도한다.</td></tr>
<tr><td colspan="4">도움을 받아 손을 씻는다.</td><td colspan="2" rowspan="2">스스로 이 닦기를 시도한다.</td></tr>
<tr><td></td><td colspan="3">도움을 받아 이를 닦는다.</td></tr>
<tr><td rowspan="3">즐겁게
먹기</td><td>편안하게 안겨서 우유(모유)를 먹는다.</td><td>이유식에 적응한다.</td><td>고형식에 적응한다.</td><td>다양한 음식을 먹어본다.</td><td rowspan="3">바르게
먹기</td><td colspan="2">음식을 골고루 먹어본다.</td></tr>
<tr><td colspan="2"></td><td colspan="2">도구로 음식을 먹어본다.</td><td colspan="2">도구를 사용하여 스스로 먹는다.</td></tr>
<tr><td colspan="4">즐겁게 먹는다.</td><td colspan="2">정해진 자리에서 먹는다.</td></tr>
</table>

<table>
<tr><td rowspan="6">건강하게 생활하기</td><td rowspan="6">건강한 일상생활하기</td><td colspan="4" rowspan="2">수면을 충분히 취한다.</td><td rowspan="4">건강한 일상생활하기</td><td colspan="2">일과에 따라 규칙적으로 잠을 잔다.</td></tr>
<tr><td colspan="2">정해진 시간에 알맞게 휴식한다.</td></tr>
<tr><td colspan="4" rowspan="2">편안하게 쉰다.</td><td colspan="2">하루 일과에 즐겁게 참여한다.</td></tr>
<tr><td>정해진 곳에서 배변한다.</td><td>화장실에서 배변한다.</td></tr>
<tr><td colspan="4">하루 일과에 편안하게 참여한다.</td><td rowspan="2">질병에 대해 알기</td><td colspan="2" rowspan="2">질병의 위험을 알기</td></tr>
<tr><td colspan="2"></td><td colspan="2">배변 의사를 표현한다.</td></tr>
<tr><td rowspan="5">안전하게 생활하기</td><td rowspan="3">안전하게 지내기</td><td colspan="3">안전한 상황에서 놀이한다.</td><td>놀잇감을 안전하게 사용한다.</td><td rowspan="2">안전하게 놀이하기</td><td colspan="2">놀이기구나 놀잇감을 안전하게 사용한다.</td></tr>
<tr><td colspan="4">안전한 장소에서 놀이한다.</td><td colspan="2">안전한 장소에서 놀이한다.</td></tr>
<tr><td colspan="4">차량 승하차 시 안전 장구를 착용한다.</td><td>교통안전 알기</td><td colspan="2">교통수단의 위험을 알고 조심한다.</td></tr>
<tr><td rowspan="2">위험한 상황에 반응하기</td><td rowspan="2"></td><td rowspan="2">위험하다는 말에 반응을 보인다.</td><td colspan="2" rowspan="2">위험하다고 알려주면 주의한다.</td><td rowspan="2">위험한 상황 알기</td><td colspan="2">위험한 상황과 위험한 것을 알고 조심한다.</td></tr>
<tr><td colspan="2">위험한 상황 시 어른의 지시에 따른다.</td></tr>
</table>

(2) 신체운동

신체운동영역은 '감각과 신체 인식하기', '신체조절과 기본 운동하기', '신체활동 참여하기'의 세 가지 내용범주로 구성되어 있다.

'감각과 신체 인식하기'에서는 영아가 감각능력을 기르고 감각기관을 활용하여 자신의 신체를 긍정적으로 인식하도록 한다.

'신체조절과 기본 운동하기'에서는 영아기 협응력과 신체조절능력을 기르고 신체 균형 감각을 익히며 이동운동, 제자리운동 등의 기본 운동능력을 습득하여 자신의 신체를 유연하고 활발하게 움직이는 의지와 능력을 키우도록 한다.

'신체활동 참여하기'에서는 영아기 신체활동을 할 때 적극적으로 참여하고 다양한 기구를 활용하여 안전하고 즐겁게 신체활동을 하는 경험을 통해 기초체력을 형성하고 생활하면서 규칙적으로 운동할 수 있도록 한다.

| 표 4 - 3 | **신체운동영역의 연령별 세부목표**

0~1세 목표	2세 목표
감각기능을 발달시키고 자신의 신체를 탐색한다.	감각기능을 기르고, 자신의 신체 움직임을 탐색한다.
대소근육을 조절하고 걷기 등의 능력을 기른다.	대소근육을 조절하고 걷기 등의 능력을 기른다.
규칙적으로 신체활동에 참여한다.	규칙적으로 신체활동에 참여한다.

| 표 4 – 4 | 신체운동영역의 연령별 세부 내용

<table>
<tr><th rowspan="2">내용범주</th><th colspan="5">0~1세</th><th colspan="3">2세</th></tr>
<tr><th>내용</th><th>1수준 세부 내용</th><th>2수준 세부 내용</th><th>3수준 세부 내용</th><th>4수준 세부 내용</th><th>내용</th><th>1수준 세부 내용</th><th>2수준 세부 내용</th></tr>
<tr><td rowspan="5">감각과 신체 인식하기</td><td rowspan="2">감각적 자극에 반응하기</td><td colspan="4">시각, 청각, 촉각, 후각, 미각으로 자극을 느낀다.</td><td rowspan="2">감각능력 기르기</td><td colspan="2" rowspan="2">다양한 감각적 차이에 반응한다.</td></tr>
<tr><td colspan="4">시각, 청각, 촉각, 후각, 미각으로 자극에 반응한다.</td></tr>
<tr><td>감각기관으로 탐색하기</td><td colspan="4">감각기관으로 주변 환경을 탐색한다.</td><td>감각기관 활용하기</td><td colspan="2">감각기관으로 주변 환경을 탐색한다.</td></tr>
<tr><td rowspan="2">신체 탐색하기</td><td rowspan="2">손과 발 등을 바라보며 탐색 한다.</td><td colspan="3" rowspan="2">주요 신체 부분의 움직임을 탐색한다.</td><td rowspan="2">신체를 인식하고 움직이기</td><td colspan="2">신체 각 부분의 명칭을 안다.</td></tr>
<tr><td colspan="2">신체 각 부분의 움직임을 탐색한다.</td></tr>
<tr><td rowspan="5">신체조절과 기본 운동하기</td><td>신체 균형 잡기</td><td>몸의 균형을 잡기 위한 자세를 시도한다.</td><td>붙잡고 서 있기 등의 자세를 취한다.</td><td colspan="2">안정되게 서 있기 등의 자세를 시도한다.</td><td>신체 균형 잡기</td><td colspan="2">안정된 자세를 취하려고 시도한다.</td></tr>
<tr><td>대근육 조절하기</td><td>뒤집기 등 몸을 조절하여 위치를 바꾼다.</td><td colspan="3">누웠다 앉기 등 몸의 움직임을 조절한다.</td><td>대근육 조절하기</td><td colspan="2">팔, 다리, 목, 허리 등 움직임을 조절한다.</td></tr>
<tr><td>소근육 조절하기</td><td>보이는 물체에 손을 뻗는다.</td><td colspan="3">눈과 손을 협응하여 소근육을 활용해 본다.</td><td>소근육 조절하기</td><td colspan="2">눈과 손을 협응하여 소근육을 조절해 본다.</td></tr>
<tr><td rowspan="2">기본 운동하기</td><td>배밀이 등 이동운동을 시도한다.</td><td>기기, 걷기 등 이동운동을 시도한다.</td><td colspan="2">걷기 등 이동운동을 시도한다.</td><td rowspan="2">기본 운동하기</td><td colspan="2">걷기, 계단 오르기 등 이동운동을 한다.</td></tr>
<tr><td colspan="2">팔 다리 뻗기, 흔들기 등 제자리 운동을 시도한다.</td><td colspan="2">서 있기, 앉기 등 제자리 운동을 시도한다.</td><td colspan="2">제자리에서 몸을 움직여본다.</td></tr>
<tr><td rowspan="3">신체활동에 참여하기</td><td>몸 움직임 즐기기</td><td colspan="2">몸을 활발히 움직인다.</td><td colspan="2">몸의 움직임을 다양하게 시도한다.</td><td>신체 활동에 참여하기</td><td colspan="2">신체활동에 자발적으로 참여해 본다.</td></tr>
<tr><td>바깥에서 신체 움직이기</td><td colspan="2">규칙적으로 바깥환경을 경험한다.</td><td colspan="2">규칙적으로 바깥에서 신체활동을 한다.</td><td>바깥에서 신체 활동하기</td><td colspan="2">규칙적으로 바깥에서 신체활동을 한다.</td></tr>
<tr><td>기구를 이용하여 신체활동 시도하기</td><td></td><td colspan="3">간단한 기구를 이용하여 신체활동을 시도한다.</td><td>기구를 이용하여 신체활동 하기</td><td colspan="2">간단한 기구를 이용하여 신체활동을 한다.</td></tr>
</table>

(3) 의사소통영역

의사소통영역은 '듣기', '말하기', '읽기', '쓰기'의 네 가지 내용범주로 구성되어 있다. '듣기'에서는 영아가 주변의 말소리를 듣고 구분할 수 있고 운율이 있는 이야기나 노랫말을 즐겁게 듣는 경험을 통해 영아가 말을 들을 때에는 말하는 사람에게 주의를 기울일 수 있으며, 자신이 들은 친숙한 짧은 문장을 이해할 수 있는 능력을 기르도록 한다.

'말하기'에서는 영아가 낱말과 간단한 문장을 말할 수 있으며 표정과 몸짓, 말소리로 자신의 의사를 적절하게 표현할 줄 알고 말을 할 때에는 자기가 말하는 순서에 따라 상대를 바라보며 말하는 경험을 할 수 있도록 한다.

'읽기'에서는 영아에게 좋아하는 내용을 읽어줄 때 이를 즐기고 영아 자신도 여러 가지 그림책과 친숙한 그림, 주변의 환경 인쇄물 등에 관심을 가지고 읽는 흉내를 내보는 등 그림과 글자가 나타내는 의미가 있다는 것에 흥미를 느낄 수 있도록 한다.

'쓰기'에서는 영아가 끼적거리는 행위에 관심을 가지고 이를 해보면서 쓰기의 느낌을 경험하고 의미를 나타내고자 의도적으로 끼적이기를 함으로써 쓰기 모방을 통해 자신의 의사를 표현하는 것에 흥미를 느낄 수 있도록 한다.

| 표 4 – 5 | 의사소통영역의 연령별 보육목표

0~1세 목표	2세 목표
주변의 소리와 말소리 듣기에 관심을 보인다.	다른 사람의 말과 짧은 이야기 듣는 것을 즐긴다.
표정, 소리, 몸짓으로 자신의 생각과 느낌을 표현한다.	자신의 생각과 느낌을 말로 주고받기를 즐긴다.
짧은 그림책이나 친숙한 환경 인쇄물에 관심을 가진다.	그림책이나 환경 인쇄물에 관심을 가지며 글의 내용에 흥미를 가진다.
끼적이기에 관심을 가진다.	글자 형태 끼적이기에 관심을 가진다.

| 표 4 – 6 | **의사소통영역의 연령별 세부 내용**

<table>
<tr><th rowspan="2">내용 범주</th><th colspan="5">0~1세</th><th colspan="3">2세</th></tr>
<tr><th>내용</th><th>1수준 세부 내용</th><th>2수준 세부 내용</th><th>3수준 세부 내용</th><th>4수준 세부 내용</th><th>내용</th><th>1수준 세부 내용</th><th>2수준 세부 내용</th></tr>
<tr><td rowspan="7">듣기</td><td rowspan="3">주변의 소리와 말소리 구분하여 듣기</td><td colspan="3">여러 가지 소리와 말소리 듣기에 흥미를 보인다.</td><td>친숙한 낱말의 발음에 흥미를 보인다.</td><td rowspan="2">말소리 구분하여 듣고 의미 알기</td><td>친숙한 낱말의 발음에 흥미를 보인다.</td><td>친숙한 낱말의 발음에 관심을 가지고 듣는다.</td></tr>
<tr><td colspan="4">익숙한 목소리를 듣고 그것에 반응한다.</td><td colspan="2">다양한 말소리의 차이를 구분한다.</td></tr>
<tr><td colspan="2"></td><td colspan="2">높낮이와 세기 등 말소리의 차이에 반응한다.</td><td rowspan="3">짧은 문장 듣고 알기</td><td>낱말을 듣고 친숙한 사물과 사람을 찾아본다.</td><td>일상생활과 관련된 친숙한 낱말을 듣고 뜻을 이해한다.</td></tr>
<tr><td rowspan="2">경험과 관련된 말 듣고 알기</td><td colspan="4">눈앞에 보이는 경험과 관련된 말에 반응한다.</td><td colspan="2" rowspan="2">친숙한 짧은 문장을 듣고 반응한다.</td></tr>
<tr><td></td><td colspan="3">자신의 이름이 불리면 듣고 반응한다.</td></tr>
<tr><td>운율이 있는 말 듣기</td><td colspan="4">운율이 있는 짧은 말소리를 관심 있게 듣는다.</td><td>짧은 이야기 듣기</td><td colspan="2">짧은 이야기와 노랫말 등을 즐겁게 듣는다.</td></tr>
<tr><td>말하는 사람을 보기</td><td colspan="2">말하는 사람의 눈을 마주 바라본다.</td><td colspan="2">말하는 사람의 표정, 몸짓을 관심 있게 본다.</td><td>말하는 사람을 보기</td><td colspan="2">말하는 사람의 표정, 몸짓, 억양 등을 주의깊게 보고 듣는다.</td></tr>
</table>

<table>
<tr><th rowspan="3">내용 범주</th><th colspan="5">0~1세</th><th colspan="3">2세</th></tr>
<tr><th rowspan="2">내용</th><th>1수준</th><th>2수준</th><th>3수준</th><th>4수준</th><th rowspan="2">내용</th><th>1수준</th><th>2수준</th></tr>
<tr><th>세부 내용</th><th>세부 내용</th><th>세부 내용</th><th>세부 내용</th><th>세부 내용</th><th>세부 내용</th></tr>
<tr><td rowspan="6">말하기</td><td rowspan="3">발성과 발음으로 소리 내기</td><td colspan="2" rowspan="2">여러 가지 소리를 내고 옹알이를 한다.</td><td colspan="2">여러 말소리를 즐겁게 내 본다.</td><td rowspan="3">낱말과 간단한 문장으로 말하기</td><td>눈앞에 보이는 친숙한 사물의 이름을 발음해 본다.</td><td>친숙한 사물의 낱말을 발음해 본다.</td></tr>
<tr><td colspan="2">의미 있는 음절을 내 본다.</td><td colspan="2">일상생활에서 경험한 새로운 낱말에 관심을 가진다.</td></tr>
<tr><td colspan="2">옹알이와 말소리에 대해 말로 반응해 주면 모방하여 소리 낸다.</td><td colspan="2">교사의 말을 모방하여 발음한다.</td><td colspan="2">일상생활의 반복적인 일이나 친숙한 상황을 한두 낱말이나 간단한 문장으로 말해본다.</td></tr>
<tr><td rowspan="2">표정, 몸짓, 말소리로 말하기</td><td rowspan="2">표정과 소리로 의사 표현을 한다.</td><td rowspan="2">표정, 몸짓, 소리로 의사 표현을 한다.</td><td colspan="2" rowspan="2">표정, 몸짓, 말소리로 의사표현을 한다.</td><td rowspan="2">자신이 원하는 것을 말하기</td><td colspan="2">표정, 몸짓, 말소리로 의사표현을 한다.</td></tr>
<tr><td>자신이 원하는 것을 한두 낱말로 말해본다.</td><td>자신이 원하는 것을 낱말이나 짧은 문장으로 말해 본다.</td></tr>
<tr><td>말할 순서 구별하기</td><td colspan="4">말할 순서에 따라 표정, 몸짓, 말소리로 반응한다.</td><td>상대방을 바라보며 말하기</td><td colspan="2">말할 순서에 상대방을 바라보며 말을 주고받는다.</td></tr>
<tr><td rowspan="3">읽기</td><td rowspan="3">그림책과 환경 인쇄물에 관심 가지기</td><td colspan="4">다양한 감각 책을 탐색해 본다.</td><td rowspan="3">그림책과 환경 인쇄물에 흥미 가지기</td><td colspan="2">그림책과 환경 인쇄물에 있는 그림과 내용에 관심을 가진다.</td></tr>
<tr><td></td><td></td><td colspan="2">사물과 주변의 친숙한 환경 인쇄물에 관심을 가진다.</td><td colspan="2">친숙한 그림과 환경 인쇄물을 보고 읽는 흉내를 내 본다.</td></tr>
<tr><td colspan="4">읽어주는 짧은 그림책에 관심을 가진다.</td><td colspan="2">선호하는 그림책들을 읽어주면 집중해서 듣는다.</td></tr>
<tr><td rowspan="2">쓰기</td><td rowspan="2">끼적이기</td><td rowspan="2"></td><td colspan="3" rowspan="2">끼적이기에 관심을 가진다.</td><td rowspan="2">끼적이며 즐기기</td><td colspan="2">의도적으로 끼적인다.</td></tr>
<tr><td colspan="2">자기 이름 끼적이기에 관심을 가진다.</td></tr>
</table>

(4) 사회관계영역

사회관계영역은 '나를 알고 존중하기', '나와 다른 사람의 감정 알기', '더불어 생활하기'의 세 가지 내용범주로 구성되어 있다.

'나를 알고 존중하기'에서는 영아가 자신이 개별적인 존재임을 인식하고 자신의 선호를 알며 자신에 대해 존중감을 가질 수 있도록 한다.

'나와 다른 사람의 감정 알기'에서는 영아가 자신의 감정을 말과 행동으로 표현하고 다른 사람의 감정표현에 주의를 기울여 이에 반응을 보일 수 있도록 한다.

'더불어 생활하기'에서는 영아가 주 양육자, 가족, 또래 등 주변 사람들과의 관계를 이해하고 기본적인 사회적 가치를 경험해 볼 수 있다.

| 표 4-7 | **사회관계영역의 연령별 보육목표**

0~1세 목표	2세 목표
자신과 타인을 구별된 존재로 인식한다.	자기 존중감을 확고하게 형성한다.
분화된 기본 정서를 표현하고 타인의 감정에 주의를 기울인다.	자신의 감정을 알고 타인의 감정에 반응을 보인다.
안정적인 애착을 형성하고 또래나 교사와 함께 지낸다.	가족을 사랑하고 또래, 교사와 즐겁게 지내며 간단한 규칙 등을 지킨다.

| 표 4－8 | **사회관계영역의 연령별 세부 내용**

<table>
<tr><th rowspan="2">내용
범주</th><th colspan="5">0~1세</th><th colspan="3">2세</th></tr>
<tr><th>내용</th><th>1수준
세부 내용</th><th>2수준
세부 내용</th><th>3수준
세부 내용</th><th>4수준
세부 내용</th><th>내용</th><th>1수준
세부 내용</th><th>2수준
세부 내용</th></tr>
<tr><td rowspan="3">나를 알고
존중하기</td><td>나를 구별하기</td><td colspan="2">거울 속의 나에게 관심을 가진다.</td><td colspan="2">거울 속의 나를 알아본다.</td><td>나를 구별하기</td><td colspan="2">나와 다른 사람을 구별한다.</td></tr>
<tr><td rowspan="2">나의 것 인식하기</td><td colspan="4">자기 이름을 부르는 소리에 반응한다.</td><td rowspan="2">좋아하는 것 해보기</td><td colspan="2">내가 좋아하는 것을 찾아본다.</td></tr>
<tr><td colspan="2"></td><td colspan="2">친숙한 자기 물건을 안다.</td><td>좋아하는 놀잇감을 선택해 본다.</td><td>스스로 선택한 놀이나 놀잇감을 즐긴다.</td></tr>
<tr><td rowspan="2">나와 다른
사람의
감정 알기</td><td>나의 감정을 나타내기</td><td colspan="4">나의 욕구와 감정을 나타낸다.</td><td>나의 감정을 나타내기</td><td colspan="2">여러 가지 감정을 말과 행동으로 나타낸다.</td></tr>
<tr><td>다른 사람에게 주의 기울이기</td><td></td><td>다른 사람의 말과 표정, 몸짓에 주의를 기울인다.</td><td colspan="2">다른 사람이 나타내는 여러 가지 감정에 주의를 기울인다.</td><td>다른 사람의 감정에 반응하기</td><td colspan="2">다른 사람이 나타내는 여러 가지 감정에 반응을 보인다.</td></tr>
<tr><td rowspan="4">더불어
생활하기</td><td rowspan="2">안정적인 애착 형성하기</td><td>양육자와 시선을 맞춘다.</td><td colspan="3">양육자에게 적극적으로 관심과 욕구를 표현한다.</td><td rowspan="2">내 가족 알기</td><td rowspan="2">내 가족에게 애정을 표현한다.</td><td rowspan="2">내 가족에게 다른 사람과 구별된 특별한 감정을 갖는다.</td></tr>
<tr><td colspan="2">주변의 친숙한 사람의 얼굴과 목소리를 인식한다.</td><td colspan="2">주변의 친숙한 사람에게 애정을 표현한다.</td></tr>
<tr><td rowspan="2">또래에 관심 갖기</td><td colspan="4" rowspan="2">다른 영아와 함께 지내는 것을 경험한다.</td><td rowspan="2">또래에 관계하기</td><td>또래에 관심을 보인다.</td><td>또래의 모습과 행동을 모방한다.</td></tr>
<tr><td>또래의 이름을 안다.</td><td>또래가 있는 곳에서 놀이를 한다.</td></tr>
</table>

<table>
<tr><th rowspan="2">내용 범주</th><th colspan="5">0~1세</th><th colspan="3">2세</th></tr>
<tr><th>내용</th><th>1수준 세부 내용</th><th>2수준 세부 내용</th><th>3수준 세부 내용</th><th>4수준 세부 내용</th><th>내용</th><th>1수준 세부 내용</th><th>2수준 세부 내용</th></tr>
<tr><td rowspan="5">더불어 생활하기</td><td>자신이 속한 집단 알기</td><td colspan="2">담임교사를 구별한다.</td><td colspan="2">자기 반에서 지내며 안정감을 가진다.</td><td>자신이 속한 집단 알기</td><td>자신이 속한 반과 교사를 안다.</td><td>자신이 속한 반의 활동에 즐겁게 참여한다.</td></tr>
<tr><td rowspan="4">사회적 가치 알기</td><td colspan="2" rowspan="2"></td><td colspan="2" rowspan="2">친숙한 물건의 자리를 안다.</td><td rowspan="4">사회적 가치 알기</td><td>도움을 받아 물건을 정리한다.</td><td>스스로 물건을 정리한다.</td></tr>
<tr><td>자기 순서를 안다.</td><td>순서를 기다린다.</td></tr>
<tr><td colspan="4" rowspan="2">만나고 헤어지는 인사를 해본다.</td><td colspan="2">바른 태도로 인사한다.</td></tr>
<tr><td colspan="2">간단한 약속은 지킨다.</td></tr>
</table>

(5) 예술경험영역

예술경험영역은 '아름다움 찾아보기', '예술적 표현하기', '예술 감상하기'의 세 가지 내용범주로 구성되어 있다.

'아름다움 찾아보기'에서는 영아가 주변의 친근한 자연이나 생활환경에서 음악, 움직임, 미술요소와 모방 행동에 관련된 현상이나 사물을 흥미롭게 보며 집중하여 탐색하도록 한다.

'예술적 표현하기'에서는 영아가 음악, 움직임, 미술, 모방경험을 마음껏 시도하고 표현하며 자유롭게 즐기도록 한다.

'예술 감상하기'에서는 친근한 소리나 노래, 아름다운 사물이나 환경에서, 움직임, 미술작품, 상상놀이를 즐기며 생활에서 예술에 대해 지속적으로 흥미를 가지도록 한다.

| 표 4-9 | **예술경험영역의 연령별 보육목표**

0~1세 목표	2세 목표
자신의 신체와 주변의 감각 자극에 호기심을 가지고 반응한다.	주변 생활에서 예술적 요소를 발견하고 흥미롭게 탐색한다.
소리와 움직임으로 반응하고, 단순한 미술을 경험하며, 모방 행동을 즐긴다.	간단한 리듬이나 노래, 움직임과 춤, 단순한 미술활동을 자유롭게 시도하고 모방이나 상상놀이로 표현한다.
친근한 소리나 노래를 즐겨 듣고, 자연물, 사물, 주변 환경에 관심을 가진다.	주변의 환경과 자연 및 다양한 표현에서 예술적 요소를 관심있게 보고 즐긴다.

| 표 4-10 | **예술경험영역의 연령별 세부 내용**

<table>
<tr><th rowspan="2">내용 범주</th><th colspan="5">0~1세</th><th colspan="3">2세</th></tr>
<tr><th>내용</th><th>1수준 세부 내용</th><th>2수준 세부 내용</th><th>3수준 세부 내용</th><th>4수준 세부 내용</th><th>내용</th><th>1수준 세부 내용</th><th>2수준 세부 내용</th></tr>
<tr><td rowspan="2">아름다움 찾아보기</td><td rowspan="2">예술적 요소에 호기심 가지기</td><td colspan="4">주변의 소리와 움직임에 호기심을 가진다.</td><td rowspan="2">예술적 요소 탐색하기</td><td colspan="2">주변 환경에서 나는 다양한 소리와 움직임을 탐색한다.</td></tr>
<tr><td colspan="4">주변 환경에서 색, 모양에 호기심을 가진다.</td><td colspan="2">주변 환경에서 색, 모양을 탐색한다.</td></tr>
<tr><td rowspan="6">예술적 표현하기</td><td rowspan="2">리듬 있는 소리로 반응하기</td><td colspan="2">리듬 있는 소리에 관심을 가진다.</td><td colspan="2">노래를 부분적으로 따라 부른다.</td><td rowspan="2">리듬 있는 소리와 노래로 표현하기</td><td colspan="2">친근한 노래를 따라 부른다.</td></tr>
<tr><td colspan="2">리듬과 노래에 소리로 반응한다.</td><td colspan="2">리듬과 음높이에 맞추어 소리를 낸다.</td><td colspan="2">신체, 사물, 리듬악기 등을 이용하여 간단한 리듬과 소리를 만든다.</td></tr>
<tr><td rowspan="2">움직임으로 반응하기</td><td colspan="4">손발 흔들기와 몸 움직임으로 반응한다.</td><td rowspan="2">움직임으로 표현하기</td><td colspan="2">노래나 리듬에 맞춰 몸으로 표현한다.</td></tr>
<tr><td colspan="2"></td><td colspan="2">간단한 도구를 활용하여 움직인다.</td><td colspan="2">간단한 도구를 활용하여 몸으로 표현한다.</td></tr>
<tr><td>단순한 미술경험하기</td><td colspan="2"></td><td colspan="2">감각적으로 단순한 미술경험을 한다.</td><td rowspan="2">자발적으로 미술활동하기</td><td colspan="2">자발적으로 그리기, 만들기를 한다.</td></tr>
<tr><td>모방행동 즐기기</td><td colspan="2">소리나 얼굴 표정, 몸 움직임 등을 모방한다.</td><td colspan="2">단순한 모방행동을 놀이처럼 즐긴다.</td><td colspan="2">간단한 도구와 미술재료를 다룬다.</td></tr>
</table>

<table>
<tr><th rowspan="2">내용 범주</th><th colspan="5">0~1세</th><th colspan="3">2세</th></tr>
<tr><th>내용</th><th>1수준 세부 내용</th><th>2수준 세부 내용</th><th>3수준 세부 내용</th><th>4수준 세부 내용</th><th>내용</th><th>1수준 세부 내용</th><th>2수준 세부 내용</th></tr>
<tr><td rowspan="4">예술 감상하기</td><td rowspan="4">아름다움 경험하기</td><td colspan="2">일상생활에서 반복되는 소리와 노래에 관심을 가진다.</td><td colspan="2">일상생활에서 리듬있는 소리와 노래를 즐겨 듣는다.</td><td>모방과 상상놀이하기</td><td>모방 행동을 놀이처럼 즐긴다.</td><td>일상 생활 경험을 상상 놀이로 즐긴다.</td></tr>
<tr><td colspan="4" rowspan="3">일상생활에서 자연이나 사물의 아름다움을 경험한다.</td><td rowspan="3">아름다움 즐기기</td><td colspan="2">자연이나 생활의 소리, 움직임, 친근한 음악과 춤을 관심있게 듣거나 본다.</td></tr>
<tr><td colspan="2">일상생활에서 자연이나 사물의 아름다움에 관심을 가지고 즐긴다.</td></tr>
<tr><td colspan="2">자신과 또래가 표현한 노래, 춤, 미술품 등에 관심을 가지고 즐긴다.</td></tr>
</table>

(6) 자연탐구영역

자연탐구영역에서는 '탐구하는 태도 기르기', '수학적 탐구하기', '과학적 탐구하기'의 세 가지 내용범주로 구성되어 있다.

'탐구하는 태도 기르기'에서는 영아가 주변의 사물과 자연환경에 대하여 관심을 가지고 보고, 듣고, 느끼고, 궁금해 하며 탐색을 시도하는 경험을 하도록 한다.

'수학적 탐구하기'에서는 영아가 일상생활에서 감각을 통해 수량과 공간에 관심을 가지고 인식하며 사물의 차이에 관심을 가지고 구분하는 등 수학적 기초를 탐색하도록 한다.

'과학적 탐구하기'에서는 영아가 주변의 사물, 생명체, 자연환경에 대하여 관심을 가지고 탐색하는 과정에서 과학적 기초를 경험하도록 한다.

| 표 4 – 11 | **자연탐구영역의 연령별 보육목표**

0~1세 목표	2세 목표
주변 사물에 대한 탐색을 시도한다.	호기심을 가지고 주변 세계에 대해 다양하게 탐색한다.
주변에서 일어나는 수학적 상황을 지각한다.	주변에서 경험하는 수학적 상황을 인식한다.
감각과 조작을 통하여 주변 사물과 자연환경에 대해 지각한다.	다양한 탐색을 통하여 주변 사물과 자연환경을 인식한다.

| 표 4 – 12 | **자연탐구영역의 연령별 세부 내용**

<table>
<tr><th rowspan="2">내용
범주</th><th colspan="5">0~1세</th><th colspan="3">2세</th></tr>
<tr><th>내용</th><th>1수준
세부 내용</th><th>2수준
세부 내용</th><th>3수준
세부 내용</th><th>4수준
세부 내용</th><th>내용</th><th>1수준
세부 내용</th><th>2수준
세부 내용</th></tr>
<tr><td rowspan="2">탐구하는 태도 기르기</td><td>사물에 관심 가지기</td><td></td><td colspan="3">주변 사물에 관심을 가진다.</td><td>호기심 가지기</td><td colspan="2">주변 사물과 자연세계에 호기심을 가진다.</td></tr>
<tr><td>탐색 시도하기</td><td>나와 주변 사물을 감각으로 탐색한다.</td><td colspan="3">주변의 사물에 대해 의도적인 탐색을 시도한다.</td><td>반복적 탐색 즐기기</td><td colspan="2">관심 있는 사물을 반복하여 주도적으로 탐색하기를 즐긴다.</td></tr>
<tr><td rowspan="5">수학적 탐구하기</td><td rowspan="3">수량 지각하기</td><td rowspan="3"></td><td rowspan="3">있고 없는 상황을 지각한다.</td><td rowspan="3">'있다'와 '없다'를 구별한다.</td><td rowspan="3">'한 개'와 '여러 개'를 구별한다.</td><td rowspan="3">수량 인식하기</td><td colspan="2">많고 적음을 구별한다.</td></tr>
<tr><td>두 개 가량의 수 이름을 말해 본다.</td><td>세 개가량의 구체물을 말하며 세어본다.</td></tr>
<tr><td colspan="2">구체물을 일대일로 대응해 본다.</td></tr>
<tr><td rowspan="2">주변 공간 탐색하기</td><td></td><td colspan="3">도움을 받아 주변의 공간을 탐색한다.</td><td rowspan="2">공간과 도형에 관심 가지기</td><td colspan="2">나를 중심으로 익숙한 위치, 장소를 인식한다.</td></tr>
<tr><td colspan="4">주변 사물의 모양을 지각한다.</td><td colspan="2">주변 사물의 모양에 관심을 가진다.</td></tr>
</table>

<table>
<tr><th rowspan="2">내용
범주</th><th colspan="5">0~1세</th><th colspan="3">2세</th></tr>
<tr><th>내용</th><th>1수준
세부 내용</th><th>2수준
세부 내용</th><th>3수준
세부 내용</th><th>4수준
세부 내용</th><th>내용</th><th>1수준
세부 내용</th><th>2수준
세부 내용</th></tr>
<tr><td rowspan="3">수학적
탐구
하기</td><td>차이를
지각
하기</td><td colspan="2"></td><td colspan="2">주변 사물의 차이를 지각한다.</td><td>차이에
관심
가지기</td><td colspan="2">주변 사물의 크기(속성의 차이)에 관심을 가진다.</td></tr>
<tr><td>간단한 규칙성 지각하기</td><td colspan="2"></td><td colspan="2">일상과 놀이에서 간단한 규칙성을 경험한다.</td><td>단순한
규칙성에
관심
가지기</td><td colspan="2">주변에서 단순하게 반복되는 규칙성에 관심을 가진다.</td></tr>
<tr><td></td><td colspan="4"></td><td>구분하기</td><td colspan="2">주변 사물의 같고 다름에 따라 구분한다.</td></tr>
<tr><td rowspan="6">과학적
탐구
하기</td><td>물체와
물질
탐색하기</td><td colspan="4">일상생활 주변의 몇 가지 친숙한 것들을 양육자와 함께 탐색한다.</td><td>물체와
물질
탐색하기</td><td colspan="2">친숙한 물체와 물질을 능동적으로 탐색한다.</td></tr>
<tr><td>주변 동식물에 관심 가지기</td><td colspan="2"></td><td colspan="2">주변 동식물의 모양, 소리, 움직임에 관심을 가진다.</td><td>주변 동식물에 관심 가지기</td><td colspan="2">주변 동식물의 모양, 소리, 움직임에 관심을 가진다.</td></tr>
<tr><td>주변 자연에 관심 가지기</td><td></td><td colspan="3">생활 주변의 자연물을 감각으로 느껴본다.</td><td></td><td colspan="2"></td></tr>
<tr><td colspan="2" rowspan="2"></td><td colspan="3" rowspan="2">바람, 햇빛, 비 등을 감각으로 느껴본다.</td><td rowspan="2">자연을
탐색하기</td><td colspan="2">돌, 물, 모래 등의 자연물을 탐색한다.</td></tr>
<tr><td colspan="2"></td></tr>
<tr><td rowspan="1">생활도구
탐색하기</td><td colspan="2"></td><td colspan="2">도움을 받아 생활도구를 탐색한다.</td><td>생활도구
사용하기</td><td colspan="2">생활 속에서 간단한 도구에 관심을 가진다.

간단한 도구를 사용한다.</td></tr>
</table>

chapter 5

유아교육과정을 어떻게 계획 · 운영할 것인가

1___ 주제의 선정과 조직하기
2___ 연간 교육계획하기
3___ 월간 교육계획하기
4___ 주간 교육계획하기
5___ 일일 교육계획하기
6___ 부분수업계획하기

Curriculum for Early Childhood Education Care

질 높은 유아교육의 실제는 풍부하고 자극적이며 반응적인 환경 안에서 유아의 탐색과 실험, 능동적 학습을 촉진시켜 준다. 따라서 유아에게 의미 있는 경험을 통하여 학습과 발달을 이룰 수 있도록 교육과정을 계획 · 운영하는 유아교사의 역할은 매우 중요하다(강숙현, 2000).

효율적인 프로그램을 계획하고 운영하기 위해서 고려해야 할 점으로 교육부(2000)에서는 다음과 같이 제시하였다.

첫째, 국가수준 유아교육과정에서 추구하는 교육이념, 인간상, 교육목표를 유념하여 프로그램의 교육목표를 설정하고 이에 부합하는 교육계획을 세워야 한다.

둘째, 교육활동계획 시에는 유아들의 발달수준을 고려함과 동시에 발달의 전 영역을 균형 있게 다뤄야 한다.

마지막으로 교육계획을 수립한 후 이에 따라 활동을 진행해야 하지만 상황에 따라 융통성 있게 수정하고, 변화를 주어 실시하도록 하고 있다.

한편, NAEYC(전미유아교육협회)는 0~8세 영유아를 위한 교육과정을 계획할 때 고려할 사항으로 다음과 같이 제시하였다(이기숙, 김정원, 이현숙, 전선옥, 2015, 재인용).

- 통합된 방식으로 발달의 모든 영역이 지원되는 교육과정을 계획한다.
- 어린이의 흥미와 발달과정에 대한 관찰과 기록을 토대로 교육과정을 계획한다.
- 성인, 또래, 아동, 교재, 교구와의 상호작용과 탐색을 격려하는 학습환경이 되도록 교육과정을 계획한다.
- 구체적이고, 실제적이며, 어린이의 삶과 관련성이 높은 활동과 교구 · 교재가 핵심이 되는 교육과정을 계획한다.
- 연령보다는 다양한 흥미와 능력에 있어서의 발달적 차이를 고려하는 교육과정을 계획한다.

• 다양한 활동과 교구 · 교재를 제공하고, 어린이들의 이해수준, 지식, 기술이 증가함에 따라 활동과 교구 · 교재의 난이도나 복합성을 증가시키는 교육과정을 계획한다.

일반적으로 유아교육과정의 구체적인 운영계획은 교육 · 보육목적 및 연령에 따라 주제를 선정한 뒤 연간 교육계획 → 월간 교육계획 → 주간 교육계획 → 일일 교육계획의 절차에 따라 계열성 있게 작성하는 것이 일반적인 절차이다.

이 장에서는 앞서 살펴본 「3~5세 연령별 누리과정」과 「제3차 표준보육과정」의 목표 및 내용을 바탕으로 주제의 선정과 조직하기, 연간 교육계획하기, 월간 교육계획하기, 주간 교육계획하기, 일일 교육계획하기, 수업계획안 작성하기 등 유아교육과정의 계획 · 운영방법에 대해 살펴보고자 한다.

01 주제의 선정과 조직하기

영유아를 위한 교육활동을 계획하기 위해서는 영유아가 무엇을 할 수 있는가보다 영유아가 무엇이 되어야 하고, 또 될 수 있다는 가치 정립에서부터 시작되어야 한다. 무엇보다 영유아의 발달수준과 흥미에 적합한 주제를 선정하는 것이 중요하다.

우리나라 국가수준의 유아교육과정은 교과 중심이 아닌 주제 중심의 교육활동을 지지하고 있다. 왜냐하면 주제 중심의 통합적 교육과정은 여러 교과와 생활영역이 통합적으로 다루어지게 함으로써 개개의 경험들이 상호 연결되어 학습자에게 보다 의미 있는 경험으로 다루어지기 때문이다.

교육과학기술부(2009)에서는 생활주제 중심 통합교육과정의 계획 및 운영방법을 〔그림 5-1〕과 같이 10단계로 제시하였다.

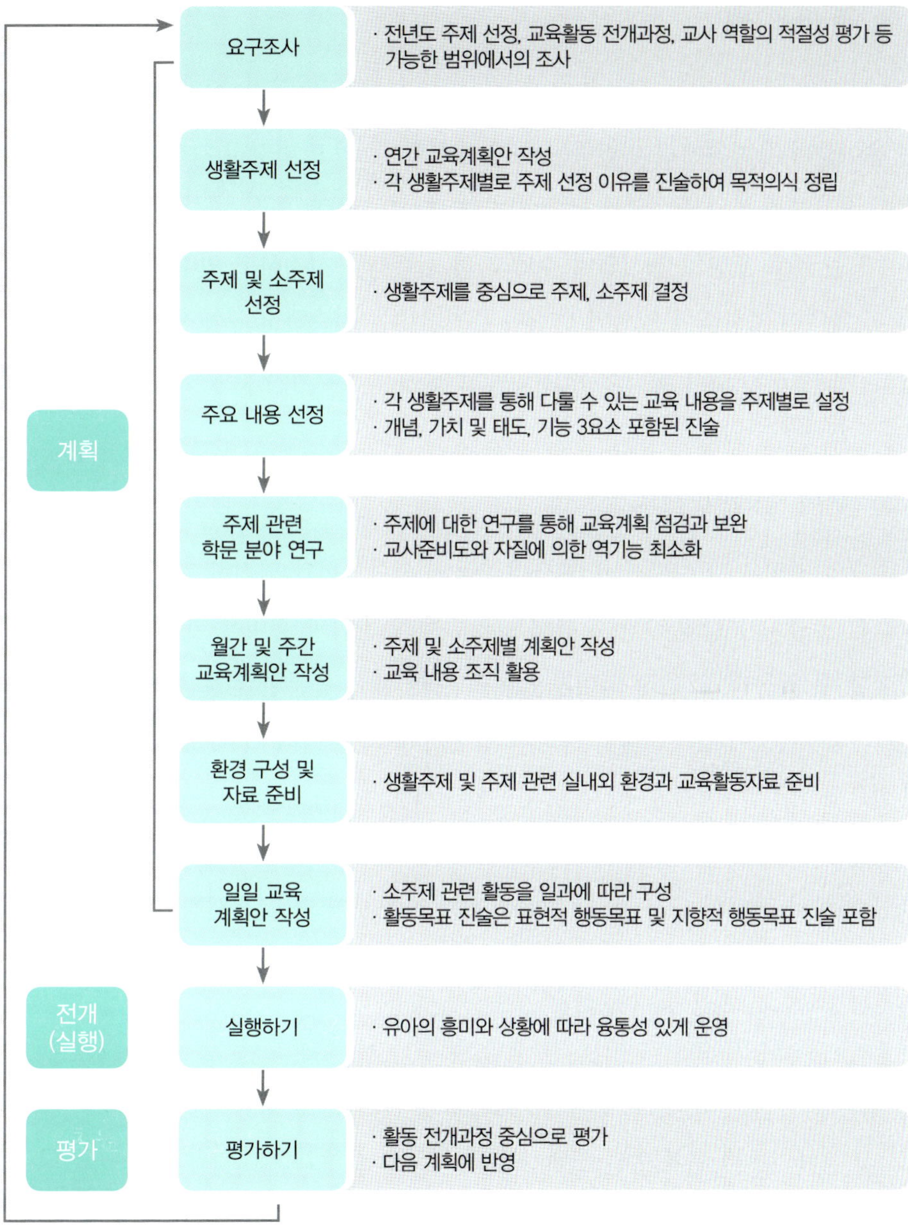

| 그림 5－1 | 생활주제 중심 통합교육과정의 계획 및 운영

출처: 교육과학기술부(2009)

1) 주제의 개념

유아교육기관에서는 생활주제, 주제, 소주제란 용어를 사용하고 있다. 생활주제는 유아들이 유치원에서 생활하는 동안 경험할 수 있고 마땅히 경험해야 하는 내용을 동질적인 특성을 중심으로 묶은 것이다(교육부, 1995).

주제는 주로 월별로 제시되며 주에 따라 소주제를 선정하고 있다. 또한 교육과정의 전 영역이 포함되어 있으며 연령이 증가할수록 친숙하고 구체적이며, 자주 경험하는 것에서부터 점차 멀어진 환경에 대한 주제가 포함되어 있다.

2) 주제 선정하기

주제의 선정은 그 주제를 통해 영유아들의 생활경험과 밀접한 것, 다양한 영역의 학습과 발달이 통합될 수 있으면서도 영유아가 관심과 흥미를 가지고 자발적으로 탐색할 수 있는지, 교육적 의미가 있는지 등에 대한 충분한 검토를 한 후에 이루어진다. 영유아들이 일상생활을 통해서 당면하게 되는 여러 가지 구체적인 상황들을 중심으로 선정할 수도 있다(김경철, 김영호, 엄익명, 조옥희, 2002).

한편, 캐츠(Katz)와 차드(Chard, 1989)는 주제 선정 시 영유아 생활과의 관련성, 필요한 자료나 장비의 유용성, 자원에의 접근 가능성이 가장 우선적으로 고려되어야 한다고 하였다. 차드(1994)는 연령이 어릴수록 주제가 보다 구체적이고, 현재에 관한 것, 소규모의 것이 되어야 함을 강조하였다(지옥정, 1997, 재인용).

주제 선정 기준을 살펴보면 다음과 같다.

- 영유아들의 일상생활, 직접 경험과 관련된 친숙한 주제인가?
- 주제와 관련된 실물이나 현장 견학 및 함께 활동할 수 있는 전문가 등을 주변에서 쉽게 찾을 수 있는 주제인가?

• 여러 교과영역이나 학문영역을 통합적으로 다룰 수 있도록 하는 주제인가?
• 영유아들 간에 서로 더 잘 이해하고 도울 수 있는 상호 협동의 기회를 제공하는 주제인가?
• 탐구와 조사활동, 문제해결을 위한 충분한 기회를 제공하는 주제인가?
• 다양한 표현활동(미술, 음악 및 동작, 소꿉, 언어 등)을 위한 아이디어를 제공하는 주제인가?
• 영유아들이 문자나 수의 가치를 인식하도록 하는 주제인가?
• 영유아들이 유아교육기관 밖에서도 쉽게 정보원을 찾을 수 있는 주제인가?
• 부모와의 의사소통을 촉진하는 주제인가?
• 교사의 입장에서도 관심과 흥미가 느껴지는 주제인가?

유아들이 관심을 갖는 주제라 하여도 유아교육기관에서 함께 탐색할 만한 가치가 있는지, 편협스런 주제는 아닌지, 국가수준의 유아교육과정에서 추구하는 것과 일관된 방향인지, 유아들이 속한 일반적 문화 및 지역사회 문화와도 관련성이 있는지, 다양한 활동으로 쉽게 연결할 수 있는 가능성이 있는 주제인지 등 여러 요인을 검토한 후에 결정해야 한다.

교육과학기술부와 보건복지부(2012)가 누리과정 교사용 지도서에 예시한 생활주제는 유치원/어린이집과 친구, 나와 가족, 우리 동네, 동식물과 자연, 건강과 안전, 생활도구, 교통기관, 우리나라, 세계 여러 나라, 환경과 생활, 봄 · 여름 · 가을 · 겨울 등이다.

교육과학기술부와 보건복지부(2012)에서 제시하고 있는 연간 주제를 연령별로 살펴보면 〈표 5-1〉~〈표 5-6〉과 같다.

| 표 5-1 | 0세를 위한 연간 주제

주제	소주제	주제	소주제
낯설어요	엄마와 함께 해요	**놀이는 재미있어요 I**	움직이는 놀잇감
	선생님을 만나요		구멍이 있는 놀잇감
	선생님을 만져봐요		굴러가는 놀잇감
	선생님과 놀아요		까꿍 놀잇감
	익숙해졌어요		소리가 나는 놀잇감
느껴보아요	씻으며 느껴요	**놀이는 재미있어요 II**	통 · 상자놀이
	입으며 느껴요		헝겊 천놀이
	먹으며 느껴요		공놀이
	놀며 느껴요		악기놀이
	자연을 느껴요		그릇놀이
움직여요	누워서 움직여요	**좋아해요**	마주봐요
	앉아서 움직여요		안아줘요
	기어요		같이 해봐요
	서고 걸어요		함께 웃어요
	잡아 보아요		사랑해요

| 표 5 – 2 | **만 1세를 위한 연간 주제**

순서	주제	주	소주제	순서	주제	주	소주제
1	새로운 것이 낯설어요	1	어린이집에 왔어요	4	나는 할 수 있어요	1	즐겁게 할 수 있어요
		2				2	
		3	만나고 친해져요			3	말할 수 있어요
		4				4	
		5	우리 반에 무엇이 있을까요?			5	찾을 수 있어요
		6				6	
		7	밖으로 나가 보아요	5	움직이는 것이 재미있어요	1	바깥놀이는 재미있어요
		8				2	
2	느낄 수 있어요	1	만져보아요			3	몸을 움직여요
		2				4	
		3	살펴보아요			5	
		4				6	움직이게 할 수 있어요
		5	들어보아요			7	
		6		6	좋아하는 놀이가 있어요	1	그림책으로 놀아요
		7	맡아보아요			2	
		8				3	춤추고 놀이해요
		9	맛보아요			4	
		10	온몸으로 느껴보아요			5	흉내 내요
3	놀이할 수 있어요	1	놀잇감은 재미있어요 1			6	
		2				7	
		3	놀잇감은 재미있어요 2			8	응가, 쉬 놀이가 좋아요
		4				9	
		5	물놀이는 재미있어요	7	새로운 것도 좋아요	1	함께 놀아요
		6				2	
		7	까꿍놀이는 재미있어요			3	선생님이 좋아요
		8				4	

| 표 5－3 | 만 2세를 위한 연간 주제

순서	주제	주	소주제
1	어린이집이 좋아요 (7주)	1	나는 ㅇㅇ반이에요
		2	엄마, 아빠와 헤어질 수 있어요
		3	우리 반 선생님과 친구들이에요
		4	재미있는 놀잇감이 있어요
		5	내가 좋아하는 놀잇감이에요
		6	편안하게 지내요
2	봄나들이 가요 (5주)	1	바깥놀이가 재미있어요
		2	안전하게 바깥놀이해요
		3	꽃구경은 즐거워요
		4	벌레가 꿈틀꿈틀해요
		5	봄나들이 갈까요
3	나는요 (5주)	1	나는 ㅇㅇㅇ이에요
		2	내 몸을 살펴보아요
		3	나는 느껴요
		4	내가 좋아하는 것이 있어요
		5	혼자서도 잘해요
4	재미있는 여름이에요 (7주)	1	날씨가 더워졌어요
		2	비가 많이 와요
		3	깨끗하게 씻어요
		4	물놀이가 재미있어요 1
		5	물놀이가 재미있어요 2
		6	여행을 가요
		7	여행을 가요
5	나는 가족이 있어요 (5주)	1	엄마 아빠가 좋아요
		2	우리 가족을 흉내 내요 1
		3	우리 가족을 흉내 내요 2
		4	우리 가족을 소개해요 1
		5	우리 가족을 소개해요 2

순서	주제	주	소주제
6	동물 놀이 해요 (6주)	1	여러 가지 동물이 있어요
		2	엄마동물 아기동물
		3	동물처럼 소리를 내어보아요
		4	동물처럼 움직여보아요
		5	ㅇㅇ반이 좋아하는 동물
		6	동물을 사랑해요
7	알록달록 가을이에요 (6주)	1	가을이에요
		2	가을나들이
		3	단풍이 물들어요
		4	자연물로 놀이해요
		5	알록달록 색깔나라
		6	재미있는 그리기 나라
8	겨울과 모양을 즐겨요 (5주)	1	여러 가지 모양이 있어요
		2	모양놀이해요
		3	즐거운 성탄이에요
		4	추워요
		5	따뜻하게 지내요
9	나는 친구가 있어요 (6주)	1	내 친구가 좋아요
		2	친구와 함께하는 놀이가 있어요
		3	우리는 ㅇㅇ살(설날)
		4	형 · 언니가 되었어요
		5	즐거웠던 우리반이에요
		6	즐거웠던 우리반이에요

| 표 5－4 | 만 3세를 위한 연간 주제

월	주제	주	소주제	월	주제	주	소주제
3	유치원/어린이 집과 친구	1	유치원/어린이집의 환경	8	교통기관	3	항공/해상 교통기관
		2	유치원/어린이집에서의 하루			4	즐거운 교통생활
		3	유치원/어린이집에서 만난 친구	9	우리나라	1	우리나라 사람들의 생활
		4	함께 놀이하는 어린이집			2	우리나라의 놀이와 예술
4	봄	1	봄의 날씨			3	우리나라의 역사와 자랑거리
		2	봄의 풍경	9~10	가을과 열매	1	가을 풍경(1권)
4~5	동식물과 자연	1	궁금한 동식물			2	가을의 변화
		2	동식물과 우리생활			3	풍성한 가을
		3	식물과 우리생활			4	추석과 놀이
		4	자연과 더불어 사는 우리			5	가을 나들이
5	나와 가족	1	나의 몸과 마음	11	환경과 생활	1	물과 우리생활
		2	소중한 나			2	돌 · 흙과 우리생활
		3	소중한 가족			3	바람 · 공기와 우리생활
		4	행복한 우리집			4	빛과 우리의 생활
6	우리동네	1	우리 동네 모습	12	겨울과 놀이	1	겨울 날씨(1권)
		2	우리 동네 생활			3	눈과 눈사람
		3	우리 동네 사람들			5	사랑을 나눠요
7	건강한 안전	1	즐거운 운동과 휴식	1	생활도구	1	다양한 생활도구
		2	깨끗한 나와 환경			2	생활도구를 움직이는 힘
		3	맛있는 음식과 영양			3	생활도구로서의 미디어
		4	안전한 놀이와 생활	2	형님이 되어요	1	많이 컸어요
8	여름	1	여름의 날씨			2	동생들에게 알려 주어요
		2	여름 꽃과 과일			3	형님이 될 준비를 해요
	교통기관	1	여러 가지 육상 교통기관			4	즐거웠던 우리 반
		2	고마운 육상 교통기관				

| 표 5-5 | 만 4세를 위한 연간 주제

월	주제	주	소주제	월	주제	주	소주제
3	유치원/어린이집과 친구	1	유치원/어린이집의 환경	8~9	우리나라	2	우리나라의 놀이와 예술
		2	유치원/어린이집에서의 하루			3	우리나라의 역사, 우리나라의 자랑거리
		3	유치원/어린이집에서 만난 친구	9	세계 여러 나라	1	세계 여러 나라 사람들의 생활
		4	함께 만드는 어린이집			2	세계 여러 나라의 문화유산
4	봄	1	봄의 변화			3	세계 여러 나라와의 교류, 세계의 자연과 사회현상
		2	봄의 풍경	10	가을과 열매	1	가을 풍경(1권)
4~5	동식물과 자연	1	동식물과 우리생활, 궁금한 동식물			2	가을의 변화
		2	식물과 우리생활 궁금한 동식물			3	풍성한 가을
		3	자연과 더불어 사는 우리			4	추석과 놀이
5	나와 가족	1	나의 몸과 마음			5	가을 나들이
		2	소중한 나	11	환경과 생활	1	물과 우리생활
		3	소중한 가족			2	돌 · 흙과 우리생활
		4	가족의 생활과 문화			3	바람 · 공기와 우리생활
6	우리동네	1	우리 동네 모습, 우리 동네 생활			4	빛과 우리의 생활, 소리와 우리의 생활
		2	우리 동네 사람들	12	겨울과 놀이	1	겨울 날씨(1권)
		3	우리 동네 전통과 문화			2	겨울 풍경(1권)
6~7	건강한 안전	1	즐거운 운동과 휴식 깨끗한 나와 환경			3	신나는 겨울놀이
		2	맛있는 음식과 영양			4	건강한 겨울나기
		3	안전한 놀이와 생활			5	감사와 사랑을 나눠요
7	여름	1	여름의 날씨와 물놀이	1	생활도구	1	다양한 생활 도구
		2	여름 풍경			2	생활도구를 움직이는 힘
7~8	교통기관	1	여러 가지 육상 교통기관			3	생활도구로서의 미디어, 미래의 생활도구
		2	고마운 육상 교통기관	2	형님이 되어요	1	많이 컸어요
		3	항공/해상 교통기관			2	동생들에게 알려 주어요
		4	즐거운 교통생활			3	형님이 될 준비를 해요
8~9	우리나라	1	우리나라 사람들의 생활			4	즐거웠던 우리 반

| 표 5－6 | 만 5세를 위한 연간 주제

월	주제	주	소주제	월	주제	주	소주제
3	즐거운 유치원/ 어린이집	1	새로 만난 우리 반	9	세계 속의 우리나라	1	우리나라의 생활
		2	새로 꾸민 우리 반			2	우리나라의 문화유산
		3	유치원 / 어린이집 탐험			3	세계 여러 나라와 사람들
		4	사이좋은 친구			4	세계 여러 나라의 생활
4	봄과 동식물	1	봄의 모습			5	함께하는 세계
		2	식물의 봄맞이	10	가을과 자연	1	가을의 변화
		3	동물들의 봄나들이			2	가을 곡식과 열매
		4	우리들의 봄 이야기			3	우리들의 가을 이야기–추석
5	소중한 가족	1	소중한 나			4	가을 나무와 숲
		2	나와 우리 가족	11	지구와 환경	1	우리가 사는 지구
		3	함께하는 가족놀이			2	지구의 변화
		4	여러 가족의 모습			3	고마운 지구
		5	사랑하는 우리 가족			4	지구의 보호
6	우리 동네	1	우리 동네 모습	12	겨울과 놀이	1	겨울의 모습
		2	우리 동네 기관 1			2	동식물의 겨울나기
		3	우리 동네 기관 2			3	겨울철 건강과 안전
		4	다양한 직업			4	이웃과 함께 하는 겨울
		5	함께하는 우리 이웃			5	새해맞이와 놀이
7	신나는 여름	1	여름의 모습	1	기계와 생활	1	편리한 생활도구
		2	건강하게 여름나기			2	우리 주변의 기계
		3	즐거운 물놀이 1			3	우리는 발명가
		4	즐거운 물놀이 2			4	미래의 생활
8	교통과 안전	1	내가 궁금한 교통수단	2	초등 학교에 가요	1	궁금한 초등학교
		2	편리한 교통시설			2	일학년이 되면
		3	미래의 교통수단			3	즐거웠던 유치원 / 어린이집 1
		4	안전한 교통문화			4	즐거웠던 유치원 / 어린이집 2

02 연간 교육계획하기

연간 교육계획안은 유아교육기관에서 1년 동안 월별로 이루어지는 생활주제로, 영유아들의 유아교육기관에의 적응기간, 발달단계, 흥미와 경험, 계절, 부모 참여, 특별행사 등 유아교육기관에서 이루어지는 교육의 전반적인 흐름을 보여 주는 중요한 문서이다. 즉, 연간 교육계획을 수립할 때는 유치원에서는 3, 4, 5세, 어린이집에서는 0~1세, 2세까지 각 연령에 적절한 주제를 검토하여 연령별로 적합한 주제의 난이도를 결정한다. 연간 주제를 선정할 때는 영유아가 친숙하게 접하고 있는 구체적인 환경에서 점차 멀리 떨어져 있는 환경 및 추상적 개념으로 확대시켜 나간다.

연간 교육계획안을 수립해서 좋은 점은 유아교육기관의 교육의 전체적인 흐름을 쉽게 파악할 수 있고, 부족한 내용을 신속하게 수정 · 보완할 수 있으며, 필요한 교구 · 교재를 미리 준비하여 안정적이고 충실한 교육을 할 수 있다(교육과학기술부, 2009)는 것이다.

1) 연간 교육계획안 작성하기

연간 교육계획안에는 월별로 생활주제, 그에 따른 주제, 활동 내용, 현장학습 및 행사 등을 계획하여 작성한다. 연간 교육계획안을 계획하고 운영할 때 고려할 점은 다음과 같다(교육과학기술부, 2009).

첫째, 연간 교육계획은 새 학년이 시작되기 전 2월 중순경에 전체 교사회의에서 수립한다. 연간 교육계획에는 전년도 연간 교육계획과 운영사항을 비교하고 평가한 내용을 반영한다. 생활주제 및 활동 내용이 적절했는지, 실시시점과 실시기간은 적절했는지 등에 대한 평가 내용도 고려해야 한다. 따라서 전년도에 계획 · 운영하였던 생활주제를 다른 생활주제로 변경할 수도 있고 실행기간을 더 길게 또는 짧게 변경할 수도 있다.

둘째, 교사용 지도서에 제시되어 있는 생활주제들을 중심으로 하되, 유아의 흥미, 유아교육기관 및 지역사회의 실정에 따라 이미 제시된 생활주제 및 주제들을 그대로 선정하여 배치하거나 새로운 주제를 첨가할 수도 있고, 두 개의 생활주제를 병행하여 구성할 수도 있다. 생활주제들은 엄격한 순서에 따라 제시되는 것이 아니라 유아의 연령, 흥미, 계절 등에 따라 다양하게 제시될 수 있다. 특히, 개별 유아교육기관의 행사는 월, 일까지 구체적으로 결정하여 연간 교육계획안에 명시하고, 이를 월간 및 주간 교육계획안에 반영한다.

셋째, 연간 교육계획으로 생활주제 및 주제들을 배열할 때는 유아들이 친숙하게 접하고 있는 구체적인 것부터 점차 추상적인 것으로 확대시켜 나간다. 예를 들면, 유치원 → 가족 → 이웃 → 우리나라 → 세계 여러 나라 등과 같이 유아와 직접적으로 관계있는 것부터 간접적인 것으로, 현재 유아에게 영향을 주는 것부터 장래 유아에게 영향을 주는 것으로 생활주제 범위를 확장시켜 나갈 수 있다.

넷째, 유아의 연령, 발달 정도, 유아교육기관의 경험 유무 등 유아의 특성을 고려하여 연간교육에 반영한다. 예를 들면, 유치원 교육을 처음 받는 만 3세 유아들의 경우 생활주제 '유치원과 친구' 소요기간을 보다 길게 잡아야 한다. 반면에 동일한 유치원에 다녔던 재원생들로 구성된 만 4, 5세 학급이라면 생활주제 '유치원과 친구'는 짧은 기간에 이루어지도록 계획할 수도 있고, '유치원과 친구' 생활주제 내의 여러 주제 중 특정 주제를 보다 확장하여 심도 있게 다룰 수도 있다. 예를 들어, 만5세 반에서는 '유치원의 역사' 주제를 좀 더 확장하여 심도 있게 다룰 수 있다.

다섯째, 국가나 지역사회에서 이루어지는 각종 행사는 교육적 필요를 고려하여 연간 교육계획에 생활주제로 포함시킬 수 있다. 즉, 올림픽이나 월드컵 등의 국가행사나 '도자기 축제', '나비축제' 등 각 지역사회에서 열리는 민속제, 전시회, 박람회 등을 생활주제로 선정하여 연간 교육계획에 포함시킬 수 있다. 연간 교육계획에 이러한 생활주제를 포함시키는 것은 유아교육기관과 사회를 좀 더 밀접하게 연관시키는 것이다.

여섯째, 생활주제와 관련하여 현장학습, 부모참여 등의 활동을 연계성 있게 계획한다. 생활주제 '동식물과 자연에서'는 철새 서식지, 동물원 또는 모내기하는 논 등으로 현장학습을 계획하고, 생활주제 '우리나라'에서는 민속촌이나 어린이 민속박물관 등으로 현장학습을 계획하여 현장학습 시기를 결정하고 연간 교육계획안에 반영할 수 있다.

일곱째, 만 3, 4, 5세의 연간 교육계획안이 서로 연계되도록 계획한다. 동일한 생활주제일지라도 주제는 연령에 따라 난이도가 다른 주제를 배치할 수도 있고, 만 3세에서는 다루지 않았던 생활주제를 4, 5세에서는 다룰 수 있다.

여덟째, 연간 교육계획안을 가정으로 보내 유아교육기관의 교육계획을 가정에 알린다. 이는 가정에 유치원이나 어린이집의 교육에 대한 이해와 협조를 구하고, 부모 또는 다른 가족이 일 년 동안의 행사에 참여할 수 있는 계획을 세울 수 있게 해 준다.

2) 연간 교육계획안의 예

연령별 연간 교육계획안의 예는 〈표 5-7〉~〈표 5-9〉 같다.

| 표 5-7 | **만 3세 연간 교육계획안**

월	국가수준 생활주제	생활주제	주제	주제별 견학
3	유치원과 친구	병아리반과 친구	· 병아리반의 환경 · 병아리반의 놀이영역 · 병아리반의 친구들 · 함께 놀이해요 · 안전하게 지내요	유치원 둘러보기
4	유치원과 친구 나와 가족 건강과 안전	나	· 나의 몸과 마음 · 소중한 나의 몸 (오감각, 몸의 구조와 기능) · 깨끗한 나의 몸 · 건강한 나의 몸	성교육
5	건강과 안전 나와 가족	나와 가족	· 서로 사랑하는 우리 가족 · 우리 가족이 사는 마을 · 소중한 가족 · 우리 가족이 이용하는 동네 기관	
6	동식물과 자연	동물	· 내가 좋아하는 동물 · 유치원에서 키우는 동물(토끼) · 동물의 생김새와 이름 · 동물과 환경	동물원
7	봄, 여름, 가을, 겨울 건강과 안전	여름	· 여름의 날씨 알기 · 즐거운 물놀이 · 건강한 여름 나기	
8	환경과 생활	물	· 물과 생활 · 물과 식물 · 물과 환경	

월	국가수준 생활주제	생활주제	주제	주제별 견학
9	우리나라	우리나라	· 옛날 사람들의 생활 · 우리나라의 놀이 · 우리나라의 춤과 노래	초가집
10	교통기관 건강과 안전	탈 것들	· 내가 이용하는 탈 것 · 우리를 도와주는 탈 것들 · 탈 것과 환경	유치원 버스의 구조 살펴보기 일산역
11	봄, 여름, 가을, 겨울 동식물과 자연 환경과 생활	가을	· 가을 날씨 알기 · 풍성한 가을 지내기 · 가을 풍경 즐기기	가을동산
12	봄, 여름, 가을, 겨울 환경과 생활 건강과 안전	겨울	· 겨울 날씨 알기 · 동물과 사람의 겨울 준비 · 건강한 겨울나기	
1	생활도구 건강과 안전	생활도구	· 즐거웠던 겨울방학 · 다양한 생활도구 · 생활도구 안전하게 사용하기	
2	유치원과 친구	즐거웠던 병아리반	· 우리나라 명절(설날) · 즐거웠던 병아리반 · 형님반에 가요	형님반 견학

| 표 5－8 | 만 4세 연간 교육계획안의 예

월	누리과정 생활주제	파랑새 생활주제	주제	주제별 견학
3	유치원과 친구 건강과 안전	파랑새 유치원	· 유치원의 하루 일과 · 유치원 환경(물리적 · 인적 환경) · 안전한 유치원 · 친구들과 함께 만든 약속들	유치원 둘러보기
	나와 친구 건강과 안전	나와 친구	· 건강한 나 · 서로 다른 나와 친구 · 튼튼한 나의 이	치과
4	봄, 여름, 가을, 겨울	봄	· 봄 날씨와 생활 · 봄에 볼 수 있는 풀꽃, 나무꽃 · 봄의 풍경 느끼고 즐기기 · 건강한 봄 지내기	유치원 주변 공원, 정발산

월	누리과정의 생활주제	파랑새 생활주제	주제	주제별 현장학습
5	나와 가족	우리 가족	· 우리 가족, 친구의 가족 · 우리 가족의 역할 · 소중한 우리 가족	
6	동식물과 자연 세계 여러 나라	기후, 동물	· 서로 다른 기후 · 기후가 다른 곳에 사는 동물들 · 기후 변화와 동물의 생활	서울대공원
7	봄, 여름, 가을, 겨울 건강과 안전	여름	· 여름 날씨와 생활 · 더운 여름 건강하게 지내기 · 여름 풍경 느끼고 즐기기	정발산
8	봄, 여름, 가을, 겨울 동식물과 자연 건강과 안전	여름 꽃과 곤충	· 여름철 볼 수 있는 꽃들 · 여름철 볼 수 있는 곤충들	유치원 주변 공원, 정발산
9	우리나라	우리나라	· 우리 조상의 생활(생활 도구) · 옛날부터 전해 내려오는 민속 놀이 · 우리 나라의 색깔 – 오방색	농업박물관, 초가집
10	봄, 여름, 가을, 겨울	가을	· 가을 날씨와 생활 · 가을에 볼 수 있는 꽃과 곤충 · 풍요로운 가을 보내기	유치원 주변 공원, 정발산
11	건강과 안전	운동	· 여러 가지 운동의 종류 · 운동을 할 때 필요한 도구와 규칙 · 적절한 운동과 휴식의 필요성	고양종합 운동장
12	겨울	겨울	· 겨울 날씨와 생활 · 겨울 풍경 느끼고 즐기기 · 겨울을 건강하고 안전하게 지내기	정발산 또는 호수공원
1	교통기관	탈 것	· 여러 가지 탈 것의 종류와 구조 · 탈 것을 만드는 사람들 · 더 알고 싶은 탈 것(프로젝트) · 탈 것과 환경	주엽역 어린이 교통공원
2	유치원과 친구	형님이 되어요	· 즐거웠던 우리반 · 형님반이 궁금해요	

| 표 5 - 9 | 만 5세 연간 교육계획안의 예

월	누리과정의 생활주제	파랑새 생활주제	주제	주제별 현장학습
3	유치원과 친구 교통기관 건강과 안전	즐거운 파랑새 유치원	· 유치원의 환경 · 유치원의 하루 · 우리 반 친구들 · 안전한 유치원	유치원 주변 둘러보기
4 5	나와 가족 건강과 안전 환경과 생활	우리 가족	· 소중한 나의 몸 · 건강한 나의 몸과 마음 · 우리가족과 친구의 가족 · 건강한 우리 가족 – 운동하는 우리 가족 – 흡연 예방교육(금연 도우미)	– 일산 서구 보건소 – 가족 관련 인형극 관람 – 성교육
6	우리 동네 환경과 생활 세계 여러 나라	우리 마을과 이웃	· 내가 알고 있는 마을과 사람들 · 안전한 우리 마을 (교통안전, 대인안전) · 아름다운 우리 마을 · 도움이 필요한 우리 이웃	– 우체국 – 아름다운 가게 견학 – 파랑새 행복 나눔 장터
7 8	동식물과 자연 우리나라 건강과 안전	동물과 음악	· 움직임이 다른 동물들 · 동물의 움직임을 표현하는 음악들 · 음악을 만드는 악기들 · 음악을 표현하는 악기들 · 우리들의 음악회	음악회
9 10	우리나라 세계 여러 나라	우리나라 역사 이야기	· 우리 마을의 역사 · 우리나라의 역사 이야기 · 우리나라의 자랑거리 (유네스코 문화재)	국립 중앙 어린이 박물관
11	우리나라 세계 여러 나라	세계 여러 나라	· 유네스코 문화재 · 세계 여러 나라 이름 · 내가 알아보고 싶은 세계 여러 나라 (의, 식, 주, 음악과 춤, 건축물)	부천 아인스월드, 다문화박물관

월	누리과정의 생활주제	파랑새 생활주제	주제	주제별 현장학습
12	우리나라 세계 여러 나라	그림 박물관	· 우리나라를 빛낸 화가들의 그림 · 다른 나라의 유명한 화가 · 미디어와 그림 · 우리들의 미술 박물관	미술 전시회 관람
1 2	유치원과 친구	유치원과 초등학교	· 즐거웠던 유치원 생활 · 유치원과 초등학교 · 초등학교가 궁금해요. · 우리들의 졸업 이야기	초등학교 견학

03 월간 교육계획하기

월간 교육계획은 연간 교육계획에 기초한 생활주제들이 한 달간 구체적 교육활동 및 행사를 통해 전개되는 것을 한 눈에 파악할 수 있도록 조직한 포괄적인 문서이다. 교사는 월간 교육계획안을 작성함으로써 생활주제, 주제, 소주제별로 주요 내용을 선정하고 어떤 환경과 활동을 통해 통합적으로 경험하게 할 것인지를 계획하게 된다. 대개 생활주제는 한 달 단위로, 주제는 한 주 단위로, 소주제는 일일 단위로 이루어지는 것으로 보고 사용한다. 그러나 한 달보다 길게 또는 짧게 진행될 수도 있다.

교사는 월간 교육계획 수립을 통해 주제와 관련된 구체적인 교육 내용과 전체적 흐름을 쉽게 이해하고 이에 따라 필요한 물리적 환경을 계획하고 교재 · 교구 등을 준비할 수 있다.

1) 월간 교육계획안 작성하기

월간 교육계획안에는 운영기간, 생활주제의 의미, 생활주제망 또는 조직표, 주요 내용, 환경구성, 벽면구성, 연관활동명, 현장학습 및 행사일정, 특별한 날들에 대한 내용 등을 구체적으로 기입해야 한다(박찬옥 외, 2016).

월간 교육계획안을 계획하고 운영할 때 고려할 점은 다음과 같다(교육과학기술부, 2009).

첫째, 월간 교육계획안은 특별한 사태가 발생한 경우를 제외하고는 연간 교육계획에 기초하여 적성한다. 월간 교육계획안은 연간 교육계획안에 수립되어 있는 각 생활주제의 시작과 종료를 기초로 공휴일이나 기념일, 유치원의 행사 등을 고려하여 작성한다.

둘째, 월간 교육계획안은 연간 교육계획에 기초하여 작성하되, 이전 달에 계획했던 활동 중 하지 못한 것이 있거나 충분하지 못한 활동이 있을 때까지 다음 주까지 연장할 것인지, 종료할 것인지, 다른 생활주제를 포함시킬 것인지를 결정하는 것이 함께 고려되어야 한다.

셋째, 월간 교육계획은 새로운 주제를 시작하기 일주일 전쯤 다음 생활주제에 대한 교육계획을 구체적으로 세우는 것이 바람직하다.

넷째, 유아의 특성과 능력, 유아교육기관 및 지역사회의 필요와 요구, 교육적 필요, 계절 등을 고려하여 주제를 배치하며 다양한 활동을 안배한다. 이때 전년도 월간 교육계획안과 실행사항에 대한 평가내용을 살펴보고 반영할 내용이나 사항을 고려하여 수립한다.

다섯째, 월간 교육계획 및 운영 시 유아와 이야기나누기나 브레인스토밍 등을 하여 유아의 흥미와 욕구, 제안을 충분히 반영하도록 한다.

여섯째, 교사는 각 지역과 유아교육기관 및 유아의 특성을 고려하여 적합한 생활주제와 주제, 교육 내용을 선정하고, 목표를 설정한다.

일곱째, 선정된 생활주제와 관련해 환경구성을 어떻게 하고 어떤 교재 · 교구를 활용할 것인지를 계획하고, 주제가 진행됨에 따라 필요한 것을 첨가하며 운영해 간다.

여덟째, 학급 간 교류와 확장이 이루어지도록 다른 학급 교사와 정보를 나누고 협의하여 계획하고 운영한다. 특히, 학급 내 전시회, 발표회 등을 통해 교사와 유아들 간 교류가 이루어질 수 있도록 계획한다.

아홉째, 월간 교육계획안은 교사가 중요한 일정을 기억하도록 도와주므로 일정한 장소에 게시하는 것이 좋다. 월간 및 주간 교육활동, 유아의 생일, 현장학습일, 공휴일, 명절 등을 표시해 두어 한 달 동안의 유치원생활을 한 눈에 볼 수 있도록 한다.

열째, 현장학습 장소는 미리 현장답사를 하고 예약을 해두며, 일정을 구체적으로 계획해 둔다. 현장학습활동이 학급 간에 공동으로 이루어질 때도 있다. 이때 교사 간에 협력하여 역할을 분담한다.

열한째, 월간 교육계획안을 가정에 보내 가정에서도 연계성 있는 지도를 할 수 있고 미리 그달의 행사를 알고 준비, 협조하도록 한다.

열두째, 월간 교육 역시 연간 운영과 마찬가지로 융통성 있게 한다.

(1) 주제망 그리기

월간 교육계획을 작성할 때에는 우선 생활주제가 전개되는 내용범위는 주제와 소주제 선정을 통해서 이루어진다. 주제와 소주제는 브레인스토밍이나 마인드맵을 통하여 개념망을 그려보거나 도표로 정리해 볼 수 있다. 주제망의 구성절차는 다음과 같다.

① **브레인스토밍**

주제에 관해 연상되는 단어들을 적는다. 단어는 되도록 구체적인 것으로 적도록 한다. 예를 들면, '음식'을 주제로 브레인스토밍을 하는 경우 음식에 관해 떠오르는 생각을 작은 종이에 한 단어씩 적도록 한다. 즉, 음식의 맛, 느낌, 종류, 재료 등에 대해 떠오르는 단어를 연상해 낼 수 있다.

'음식'에 관해 구체적으로 브레인스토밍한 결과는 [그림 5-2]와 같다.

| 그림 5-2 | 음식에 대한 브레인스토밍 결과

② **유목화**

브레인스토밍한 단어들을 차이점과 유사성에 따라 몇 개의 그룹으로 분류한다. 한 그룹에 너무 많은 단어가 있을 경우 하위그룹으로 세분화한다. 그룹이 정해지면 그룹에 제목을 붙인다. 예를 들면, 음식에 대해 브레인스토밍한 단어 중 맵다, 짜다, 시다, 달다, 쓰다는 단어는 '음식의 맛'이라는 제목으로 분류될 수 있다. 그룹의 제목은 눈에 잘 띄도록 색깔 있는 펜으로 적는다.

'음식'에 관해 유목화한 결과는 [그림 5-3]과 같다.

음식의 종류	맛	재료	도구	음식점
김밥	맵다	고기	칼	중국집
라면	짜다	양파	불	분식집
피자	시다	당근	숟가락	일식집
치킨	달다	쌀	냄비	레스토랑
자장면	쓰다	생선	프라이팬	빕스
빵			믹서기	

예절	건강
편식	식중독
손 씻기	

| 그림 5-3 | '음식'에 관한 유목화

③ 주제망 그려 완성하기

단어들을 망의 형태로 재배치하여 주제를 중심으로 방사선 형태로 그린다. 주제망을 통해 소주제가 몇 개인지 확인할 수 있다. 예를 들면, '음식'에 관한 주제망 그리기를 통해 음식의 종류, 도구, 맛, 예절, 직업, 음식점, 건강, 재료와 같은 소주제가 8개임을 확인할 수 있다. 이때 수박, 포도, 바나나, 딸기 등과 같은 과일류는 종류가 다양하므로 따로 하위 주제를 세분화하여 소주제로 다룰 수 있다.

'음식'에 관해 완성된 주제망은 [그림 5-4]와 같다.

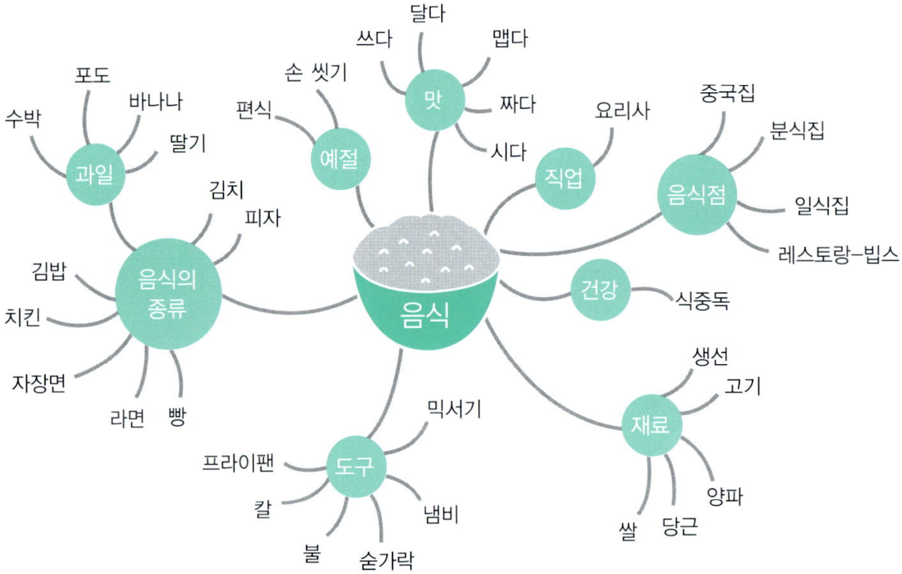

| 그림 5-4 | '음식'에 관한 주제망

(2) 개념망 구성하기

개념망은 전체 학습영역 내에 포함되어야 할 개념을 규정하고 이 개념들을 가장 일반적이고 포괄적인 개념들로부터 특정한 개념들로 이루어지도록 위계적으로 배열해 놓은 것이다(임미혜 외, 2014, 재인용). 이를 통해 개념끼리 연결되도록 함으로써 주제에 대한 개념을 더욱 확장시킬 수 있다.

개념망을 구성할 때는 선정된 활동을 하는 과정에서 영유아들이 형성할 수 있는 지식, 기술, 태도에 대한 것이 포함되도록 한다.

'음식'에 관해 완성된 개념망은 [그림 5-5]와 같다.

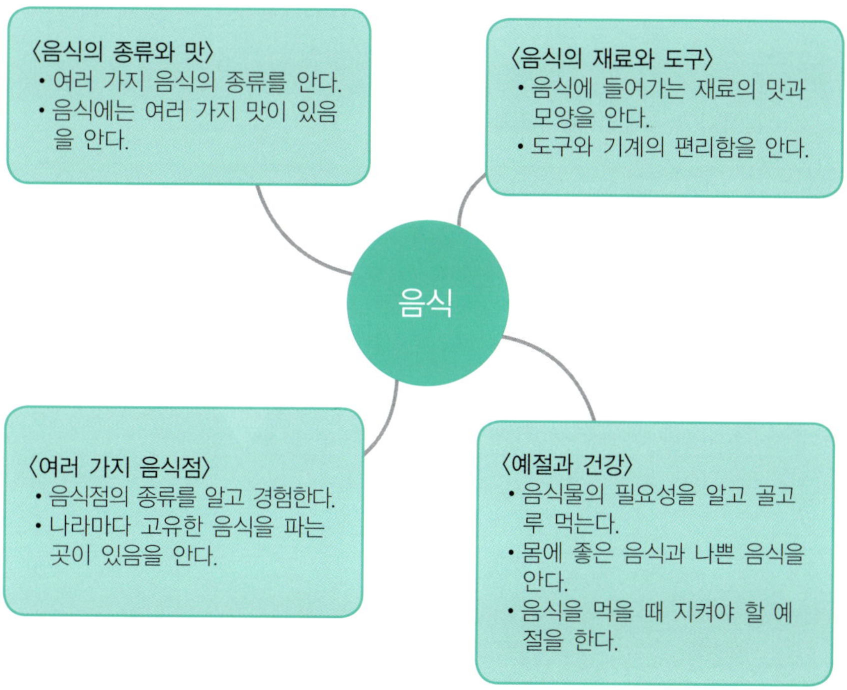

| 그림 5-5 | '음식'에 관한 개념망

(3) 교육과정영역과 관련 짓기

개념망을 통해 주요 개념이 결정되면 국가수준에서 제시하는 교육과정영역과 관련 짓는다. 교사는 선정한 주제에 관해 미처 생각하지 못한 부분들을 국가수준의 교육과정을 통해 다시 되돌아볼 수 있는 기회를 갖게 된다. 즉 교사는 선정한 주제를 다양한 영역과 관련지음으로써 통합적인 목표와 내용으로 전개할 수 있게 된다.

앞장에서 살펴본 '3~5세 연령별 누리과정' 및 '제3차 표준보육과정'은 교육의 목표, 내용, 방법, 평가, 운영 등에 관한 기본 지침이므로 이를 활용하도록 한다. 이를 통해 다음 단계의 활동망 구성에 대한 아이디어를 얻을 수 있고 교육의 목표 및 내용을 좀 더 구체화할 수 있다. 예를 들면, 〈표 5-10〉, 〈표 5-11〉과 같다.

| 표 5 – 10 | '음식'과 '3~5세 연령별 누리과정'의 영역

영역	관련 내용
신체운동 · 건강	• 바른 식생활하기 • 질병 예방하기 • 몸과 주변을 깨끗이 하기 • 감각능력 기르고 활용하기
의사소통	• 이야기 듣고 이해하기 • 느낌, 생각, 경험 말하기 • 읽기에 흥미 가지기 • 책 읽기에 관심 가지기 • 쓰기에 관심 가지기 • 쓰기 도구 사용하기
사회관계	• 사회적 가치를 알고 지키기 • 공동체에서 화목하게 지내기 • 세계와 여러 문화에 관심 가지기
예술경험	• 움직임과 춤으로 표현하기 • 통합적으로 표현하기 • 미술활동으로 표현하기

자연탐구	• 탐구과정 즐기기 • 물체와 물질 알아보기 • 간단한 도구와 기계 활용하기 • 기초적인 측정하기 • 기초적인 자료 수집과 결과 나타내기

| 표 5 – 11 | '음식'과 '제3차 표준보육과정'의 영역(만 2세)

영역	관련 내용
기본생활	• 바르게 먹기 • 건강한 일상생활하기 • 위험한 상황 알기
신체운동	• 감각능력 기르기 • 감각기관 활용하기
의사소통	• 낱말과 간단한 문장으로 말하기 • 자신이 원하는 것을 말하기 • 끼적이며 즐기기
사회관계	• 좋아하는 것 해보기 • 나의 감정을 나타내기 • 또래와 관계하기 • 자신이 속한 집단 알기
예술경험	• 예술적 요소 탐색하기 • 리듬 있는 소리와 노래로 표현하기 • 움직임으로 표현하기
자연탐구	• 호기심 가지기 • 수량 인식하기 • 차이에 관심 가지기 • 구분하기 • 물체와 물질 탐색하기 • 생활도구 사용하기

(4) 활동망 구성하기

개념을 교육과정영역과 관련지음으로써 교육의 목표 및 내용을 파악한 후에는 흥미영역별 활동을 계획한다. 활동을 계획할 때는 유아의 연령 및 발달수준에 맞는 구체적인 활동을 나열한 후 실천 가능한 내용과 활동을 선정한다. 이때 주제 내에서 모든 교과영역과 내용영역들이 통합적으로 이루어지도록 한다. 즉, 주제를 위한 활동으로서 언어, 과학, 미술, 음악, 동작 등의 모든 교과 영역이 통합적으로 다루어졌는지 확인한다.

실내 및 실외 자유선택활동의 각 흥미영역, 대 · 소집단활동으로서 이야기 나누기의 주제, 동화, 게임 등의 활동을 구체적으로 계획한다(그림 5-6).

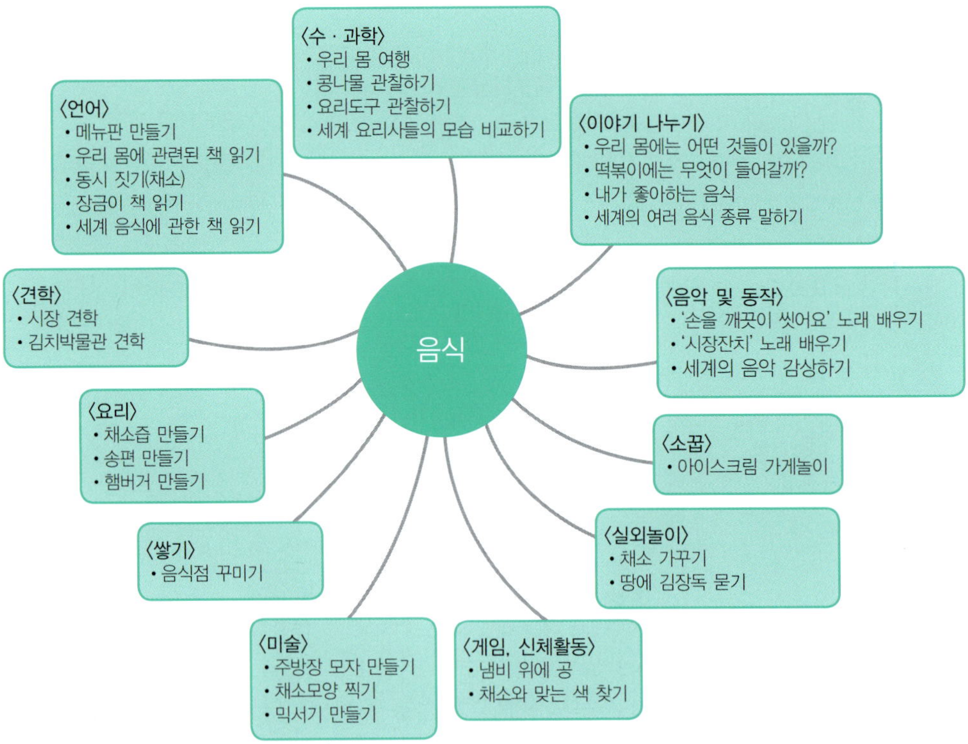

| 그림 5-6 | '음식'에 관한 활동망

(5) 환경 구성 계획하기

'음식'과 연관된 전체적인 환경 구성을 계획한다. 예를 들어, 여러 나라의 음식포스터를 붙이거나 음식과 관련된 영유아의 작품으로 실내 벽면을 구성한다. 과학, 수, 조작, 언어 등 흥미영역별로 교재교구의 종류와 수, 제시방법, 준비물 등을 계획한다.

구체적인 예는 [그림 5-7]과 같다.

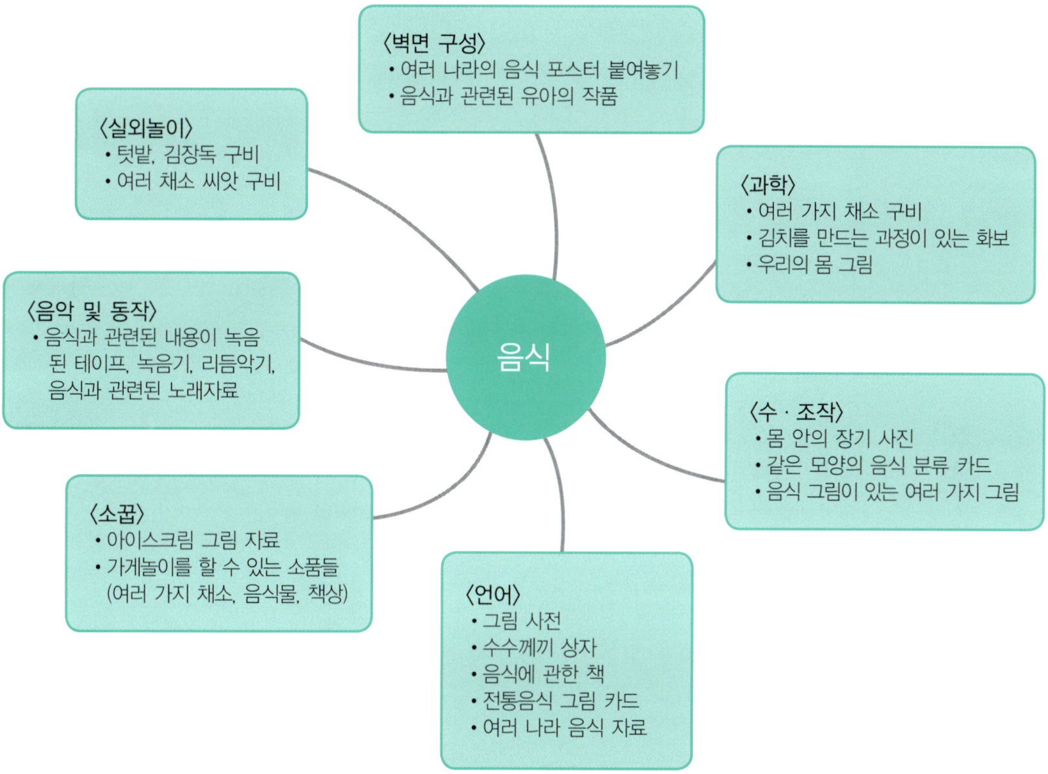

| 그림 5-7 | '음식'에 관한 환경 구성계획

2) 월간 교육계획안의 예

월간 교육계획안의 예는 〈표 5-12〉, 〈표 5-13〉과 같다.

| 표 5-12 | 유치원 만 4세 유아를 위한 월간 교육계획안의 예

<table>
<tr><th colspan="2">주제</th><td>나와 가족</td><th>기간</th><td colspan="2">○월 ○일~○월 ○일</td></tr>
<tr><th colspan="2">목표</th><td colspan="4">• 나는 소중하고 특별하다는 것을 알고 긍정적인 자아를 형성한다.
• 가족에 대해 관심을 갖고 나도 가족구성원임을 안다.</td></tr>
<tr><th colspan="2">소주제</th><th>1주
나는 특별해요</th><th>2주
내 몸을 살펴보아요</th><th>3주
나와 우리 가족이 좋아하는 것</th><th>4주
우리 가족은 소중해요 I</th></tr>
<tr><th colspan="2">등원 및 맞이하기</th><td colspan="4">가져온 소지품 장에 넣어보기/유치원에 어떻게 왔는지 이야기해 보기</td></tr>
<tr><th rowspan="4">실내자유선택활동</th><th>역할영역</th><td>• 생일 축하놀이</td><td>• 신체검사놀이
• X-레이 촬영소 놀이</td><td>• 엄마, 아빠 소꿉 놀이
• 내가 좋아하는 음식 만들기
• 음식 백화점 놀이</td><td>• 가족사진 전시
• 결혼식 놀이
• 엄마, 아빠놀이 하기</td></tr>
<tr><th>쌓기 영역</th><td>• 단위블록으로 몸구성하기
• 가족 인형놀이</td><td>• 내 키만큼 쌓아요
• 카프라로 우리 몸 속의 뼈대 꾸미기</td><td>• 가족역할놀이
• 단위블록으로 우리집 구성하기</td><td>• 우리집 만들기</td></tr>
<tr><th>언어영역</th><td>• 나의 책 만들기
• 동시(벌써 나 혼자 했어요)
• 기분놀이판
• 상상해 보아요</td><td>• 신체 각 부분 그림 수수께끼 카드
• 신체 부분 명칭 써보기
• 동시: 눈눈눈, 말랑 말랑, 딱딱
• 내 몸에 뼈가 없다면</td><td>• 나와 가족이 좋아하는 물건 수수께끼
• 내가 좋아하는 과자 표정놀이</td><td>• 손가락 인형으로 가족놀이
• 카드 먹는 인형통(가족 인형통, 물건카드)
• 가족에게 그림 편지 쓰기</td></tr>
<tr><th>조형영역</th><td>• 거울 보고 내 모습 그리기
• 지문 찍어그리기
• 그림 화보, 잡지 이용하여 나 표현하기</td><td>• 큰 종이에 나의 몸 전체를 그리기
• 손, 발 페인팅
• 찰흙으로 구성하기</td><td>• 내가 좋아하는 것들 그리기 (OHP 이용)
• '나' 그림 그려 막대인형 만들기</td><td>• 가족사진 액자 만들기
• 사랑의 쿠폰 만들기</td></tr>
</table>

소주제		1주 나는 특별해요	2주 내 몸을 살펴보아요	3주 나와 우리 가족이 좋아하는 것	4주 우리 가족은 소중해요 I
실내자유선택활동	음악 및 동작영역	• 노래: 멋쟁이, 내 얼굴 • 내가 만든 악기로 연주해 보기	• 노래: 머리 어깨 무릎 발, ㅇㅇㅇ은 어디 있나 요기	• 노래: 누구일까요, 나처럼 해봐요 • 신체를 이용한 풍선놀이	• 노래: 엄마, 사랑해요 • 손유희: 새들의 결혼식 • 음악감상: 춤추는 장화
	수 · 과학영역	• 친구 얼굴 알아맞히기 • 나의 성장 사진 전시하기 • 냄새 맡기, 맛보기	• 전신 거울에 비친 나의 몸 관찰하기 • 키 재기 그래프 • 몇 개일까요? • X-레이 관찰하기 • 뼈 관찰하기(닭뼈, 생선뼈)	• 얼굴 만들기 게임 • 요리: 식빵 얼굴 꾸미기	• 가족 수 그래프 • 성장 도미노 카드
	역할영역	• 생일 축하놀이	• 신체검사놀이 • X-레이 촬영소 놀이	• 엄마, 아빠 소꿉놀이 • 내가 좋아하는 음식 만들기 • 음식 백화점 놀이	• 가족사진 전시 • 결혼식 놀이 • 엄마, 아빠놀이하기
	쌓기 영역	• 단위블록으로 몸 구성하기 • 가족 인형놀이	• 내 키만큼 쌓아요 • 카프라로 우리 몸 속의 뼈대 꾸미기	• 가족역할놀이 • 단위블록으로 우리 집 구성하기	• 우리집 만들기
	언어영역	• 나의 책 만들기 • 동시(벌써 나 혼자 했어요) • 기분놀이판 • 상상해 보아요	• 신체 각 부분 그림 수수께끼 카드 • 신체 부분 명칭 써보기 • 동시: 눈눈눈, 말랑 말랑, 딱딱 • 내 몸에 뼈가 없다면	• 나와 가족이 좋아하는 물건 수수께끼 • 내가 좋아하는 과자 표정놀이	• 손가락 인형으로 가족놀이 • 카드 먹는 인형통(가족 인형통, 물건카드) • 가족에게 그림 편지 쓰기
	조형영역	• 거울 보고 내 모습 그리기 • 지문 찍어 그리기 • 그림 화보, 잡지 이용하여 나 표현하기	• 큰 종이에 나의 몸 전체를 그리기 • 손, 발 페인팅 • 찰흙으로 구성하기	• 내가 좋아하는 것들 그리기(OHP 이용) • '나' 그림 그려 막대인형 만들기	• 가족사진 액자 만들기 • 사랑의 쿠폰 만들기

<table>
<tr><th colspan="2">소주제</th><th>1주
나는 특별해요</th><th>2주
내 몸을
살펴보아요</th><th>3주
나와 우리 가족이
좋아하는 것</th><th>4주
우리 가족은
소중해요 I</th></tr>
<tr><td rowspan="3">실내자유선택활동</td><td>음악 및 동작영역</td><td>• 노래: 멋쟁이, 내 얼굴
• 내가 만든 악기로 연주해 보기</td><td>• 노래: 머리 어깨 무릎 발, ○○○은 어디 있나 요기</td><td>• 노래: 누구일까요, 나처럼 해봐요
• 신체를 이용한 풍선놀이</td><td>• 노래: 엄마, 사랑해요
• 손유희: 새들의 결혼식
• 음악감상: 춤추는 장화</td></tr>
<tr><td>수 · 과학 영역</td><td>• 친구 얼굴 알아맞히기
• 나의 성장 사진 전시하기
• 냄새 맡기, 맛보기</td><td>• 전신 거울에 비친 나의 몸 관찰하기
• 키 재기 그래프
• 몇 개일까요?
• X–레이 관찰하기
• 뼈 관찰하기(닭뼈, 생선뼈)</td><td>• 얼굴 만들기 게임
• 요리: 식빵 얼굴 꾸미기</td><td>• 기족 수 그래프
• 성장 도미노 카드</td></tr>
<tr><td>조작영역</td><td>• 감정 그림 모으기 게임
• 느낌이 달라요
• 맞혀 보세요</td><td>• 신체 퍼즐(옷 입은 것, 몸 속 그림)
• 얼굴 자석놀이(얼굴 꾸미기)</td><td>• 색깔 마카로니로 목걸이 만들기
• 가족 옷 바느질(끈꿰기)</td><td>• 가족구성원의 모습 변화 순서대로 놓기
• 가족 얼굴 표정 카드 연결하기</td></tr>
<tr><td colspan="2">대 · 소집단 활동</td><td colspan="4">• 이야기 나누기: 나는 특별해요/내 몸을 살펴 보아요/우리 가족은 소중해요
• 동화: 소중한 나의 몸, 행복한 우리집
• 동시감상: 눈눈눈 게임, ○○는 어디 있나
• 노래: 멋쟁이, 사랑, 우리집</td></tr>
<tr><td colspan="2">실외 자유선택 활동</td><td colspan="4">• 함께 원 그려보기/엉덩이로 밀기/그림자는 흉내쟁이
• 균형 잡고 평균대 걷기/잡기놀이/몸으로 재보기
• 모래 위에 우리 몸의 뼈 그려보기/정자나무 그늘에서 나의 책 소개하기
• 신체표현: 둘이 살짝, 손가락 풀 물감 놀이/공 던지고 받기</td></tr>
<tr><td colspan="2">기본생활습관</td><td colspan="4">• 내 물건 아껴쓰고 보관하기
• 손과 발을 깨끗이 하기
• 음식 골고루 먹기
• 아빠, 엄마께 감사하는 마음 갖기(예절)
• 웃어른께 높임말 쓰기</td></tr>
</table>

출처: 양옥승, 최경애, 이혜원(2015). 영유아교육과정(2판). 학지사.

| 표 5 – 13 | 어린이집 만 4세 유아를 위한 월간 교육계획안의 예

목표 \ 주 \ 소주제		1주 새로 만난 우리 반	2주 새로 꾸민 우리 반	3주 어린이집 탐험	4주 사이좋은 친구
기본생활		소지품 사물함에 넣기	신발 벗어 제자리에 넣기	실내에서 걸어 다니기	놀잇감 사용 후 제자리에 정리하기
등원		선생님께 반갑게 인사하기	친구에게 인사하기	어린이집 어른들께 인사하기	친구이름 부르며 반갑게 인사하기
오전자유선택활동	쌓기 놀이 영역	블록 탐색하고 자유롭게 구성하기	블록으로 우리 반 구성하기	블록으로 어린이집 구성하기	우정의 길 구성하기
	역할놀이 영역	가족놀이 역할극	우리 반 도우미 놀이	어린이집 놀이	친구 초대하여 생일잔치하기
	미술영역	이름표 꾸미기 우리 교실 그리기 '나를 소개해요' 책 만들기	영역 표지판 꾸미기 내 사물함 꾸미기	다양한 재료로 어린이집 모형 입체작품 만들기 트레이싱지로 어린이집 도면 따라 그리기	친구와 사진 찍어 액자 만들기 물감과 붓으로 친구 얼굴 그리기
	언어영역	암호를 풀어라 신문에서 어린이집 이름 찾기	우리 반 사인 만들기 어떤 영역일까?	원장 선생님 인터뷰 목록 만들기 OHP카드로 단어 만들기	친구 인터뷰하기 글자도장으로 친구 이름 만들기
	수·과학 영역	수: –우리 반 성씨 그래프 –걸음으로 교실 재기 과학: 확대경으로 교실 놀잇감 살피기	수: –우리 반 하루 일과 퍼즐 –내가 좋아하는 영역 그래프 과학: 양팔저울로 교실 물건 재기	수: 어린이집에서 사용하는 물건 분류 과학: 교실 틀린 곳 찾기	수: –우정의 길 설계하기 –우정의 길 탐험하기 과학: 친구의 반쪽 얼굴을 찾아라!
	음률영역	우리 반 악기로 원가 연주하기	우리 반 노래 만들기 함께 만드는 리듬 놀이	보물찾기 대모험	'친한 사이 왈츠' 감상하기

목표 \ 소주제 \ 주	1주 새로 만난 우리 반	2주 새로 꾸민 우리 반	3주 어린이집 탐험	4주 사이좋은 친구
대 · 소집단 활동	이야기 나누기: -우리 반 선생님을 소개해요 -우리 반의 약속 동시: 마음은 닮은꼴 동화: 어린이집에 처음 가는 날 음악: '어린이집의 정경' 감상하기	이야기 나누기: -우리 반에는 ○○이 있어요 언어: 우리 반 환경 인쇄물 퍼즐 음악: 우리 반 노래 부르기 미술: 영역 약속판 만들기 과학: 교실에서 자석에 붙는 물건 찾아보기	이야기 나누기: -어린이집을 살펴보았어요 -어린이집 배치도를 만들려면 동화: 융판동화 '보물찾기 대모험' 음악: '보물' 악기 연주하기 미술: 어린이집 배치도 그리기 조사: 어린이집 여기저기 게임: 어린이집에 숨겨진 보물 찾기	이야기 나누기: -우정의 나라에서 온 편지 -우정의 길을 함께 만들어요 -어떤 일이 일어났을까? 음악: 내 친구 신체: 친구와 한 몸이 되어요 요리: 친구와 샌드위치 만들어 나누어 먹기
실외활동	놀이터 탐색하며 자유롭게 놀기 확대경으로 햇빛 모으기	친구와 이어달리기 해보기 무궁화 꽃이 피었습니다	어린이집 실외놀이터 관찰하고 사진 찍기 모래놀이터에 숨겨진 보물찾기	친구의 그림자 찾기 실외놀이터 약속 지켜 놀이하기
점심 및 휴식	즐겁게 식사하기 내가 가지고 온 책 읽기	친구와 이어달리기 해보기 무궁화 꽃이 피었습니다	어린이집 실외놀이터 관찰하고 사진 찍기 모래놀이터에 숨겨진 보물찾기	친구의 그림자 찾기 실외놀이터 약속 지켜 놀이하기
오후 자유 선택활동	부모님의 진급 축하 메시지 읽어 보기 신문에서 우리 반 이름 찾기(확장) 원가 율동 만들기(확장)	실외: 친구와 함께 자전거 타기 줄자로 우리 반 놀잇감 크기 재어 보기	트레이싱지에 어린이집 그리기(확장) 원장선생님 인터뷰하기(확장) 실외: 바깥놀이터 관찰하기(확장)	친구 인터뷰로 우리 반 친구책 만들기 '친한 사이 왈츠'에 맞춰 친구와 춤추기
귀가 및 가정과의 연계	신학기 준비물 확인하기 부모님의 진급 축하 메시지 받기	어린이집 주변 산책하기	가정에서 어린이집 생활에 대해 관심 가지고 긍정적으로 이야기 해주기	친구와 함께 놀 수 있는 기회를 마련해 주기

비고	「유치원에 처음 가는 날」(코린 드레퓌스 글, 나탈리 슈 그림) 「보물찾기 대모험」(헨드리크 요나스 글) 「온 세상에 친구가 가득」(오시마 다에코, 신자와 도시히코 저) 「나랑 친구 할래?」(브라타 테켄트럽 글) 「우리 친구 하자」(앤서니 브라운 글) 「진짜 친구가 되는 법」(하라다 유코 글) 「선생님은 우리만 사랑한대요」(나탈리 델루바 글, 오헬리 블란츠 그림)

04 주간 교육계획하기

주간 교육계획안은 특정한 주에 있을 모든 활동을 구체적으로 계획하고 세부적인 내용까지 포함시킨 1주일 동안의 교육계획으로, 월간 교육계획에 기초하여 작성한다. 즉, 월간 교육계획안에서 선정된 각 생활주제는 유아의 흥미, 요구, 지역사회의 여건 및 유치원이나 어린이집의 환경에 따라 몇 개의 주제로 나뉜다.

주간 교육계획안은 영유아의 전인적 발달을 도모할 수 있도록 생활주제를 중심으로 5개 영역이 골고루 안배되도록 통합적으로 작성하고 실행할 수 있어야 하며, 일일 교육계획안을 직접 작성하는 토대가 될 수 있는 중요한 수업 설계라고 할 수 있다.

1) 주간 교육계획안 작성하기

주간 교육계획안은 전주 금요일에 교사회의를 하여 새로운 자료 및 지도방법 등에 대해 서로 토의한 후 일과시간표에 기초하여 하루의 활동시간대로 분류해서 하는 세부사항을 기록한다.

영유아를 위한 주간 교육계획안을 계획하고 운영할 때 고려해야 할 점은 다음과 같다(임미혜 외, 2008).

첫째, 월간 교육계획안에 기초하여 각 주제의 시작과 종료, 특정 견학이나 행사가 있는 날짜와 일치하도록 작성한다.

둘째, 지난 주 교육 내용과 다음 주 교육 내용의 연계 등을 쉽게 점검해 볼 수 있도록 작성한다.

셋째, 요일별로 자유선택활동시간 동안에 각 흥미영역에서 하는 활동들, 하루 일과 중에 이루어지는 집단활동들을 구체적으로 명시해야 한다. 예를 들면, 생활주제와 관련하여 자유선택활동시간에 각 흥미영역에서 이루어지는 개별 및 소집단 활동들과 이에 필요한 교재 · 교구를 기록한다. 또한 자유선택활동시간을 제외한 나머지 하루 일과에서 포함될 이야기 나누기의 주제, 동화, 동극, 게임, 음악, 동작, 수 · 과학, 요리 등 다양한 활동들을 선정하고, 이에 적절한 환경 구성을 할 수 있도록 자세히 기록한다.

2) 주간 교육계획안의 예

유치원과 어린이집의 주간 교육계획안의 예는 〈표 5-14〉, 〈표 5-15〉와 같다.

| 표 5 - 14 | **유치원 만 5세 유아를 위한 주간 교육계획안의 예**

<table>
<tr><th>생활주제</th><th colspan="2">주제</th><th colspan="2">주제전개기간</th></tr>
<tr><td>환경과 생활</td><td colspan="2">전기 에너지와 우리의 생활</td><td colspan="2">20○○년 ○월 ○일~
20○○년 ○월 ○일</td></tr>
<tr><td>목표</td><td colspan="4">· 신체활동에 자발적이고 지속적으로 참여한다.
· 궁금한 것을 책에서 찾아본다.
· 전기 에너지를 아끼고 실천하는 방법을 다양하게 알아본다.
· 자연과 사물에서 색, 모양, 공간 등을 탐색한다.
· 전기에너지와 우리의 생활과의 관계를 알고, 효율적으로 에너지를 사용한다.</td></tr>
<tr><td>인성교육</td><td>바르게 앉아서 먹어요</td><td colspan="2">녹색성장교육</td><td>냉방기구 바르게 사용하기</td></tr>
<tr><td>안전교육</td><td>앞이 보이게 우산 들기</td><td colspan="2">수업일수 누계</td><td>5 / 82</td></tr>
</table>

활동 \ 날짜			24(월)	25(화)	26(수)	27(목)	28(금)
소주제			전기 에너지가 쓰이는 곳 알아보기	전기 에너지를 만드는 자원 알아보기	전기에너지를 아껴쓰는 방법 알아보기	전기 에너지의 안전한 사용법 알아보기	다양한 에너지 찾아보기
자유선택활동	쌓기놀이영역		에너지 마을 놀이				
	역할놀이영역						
	언어영역		'전기가 없다면?' 메이킹 북, 기억력 게임, 단어로 끝말 이어가기				
	수 · 조작영역		전기 에너지 지도 그리기				
	과학영역		에너지와 관련된 것 알아보기, 에너지 절약은 어디에 있을까요?				
	미술영역		철사로 꾸미기, 재활용품으로 전기 제품 만들기				
	음률영역		전기 제품의 의성어와 의태어를 악기로 표현해보기				
	이야기 나누기		전기 에너지가 쓰이는 곳 찾아보기	전기 에너지를 만드는 자원의 특징 알아보기	전기 에너지 아끼는 실천 더하기	전기 에너지 안전한 사용법 알기	내가 알고 있는 다양한 에너지
대 · 소집단활동	동화 · 동시 · 동극		노미야 제품 설명서를 봐야지	전기 에너지	지구가 보글보글 끓고 있어요		
	음악		싱그러운 여름			에너지송	전통의 날
	게임 · 신체			스쿠터 타고 지구 돌고 오기	지구를 위한 시간	춤추는 인형	
	바깥놀이		폐현수막 이용한 2인 3각	나무 그늘에서 놀기	물풍선 놀이	모래놀이	모래놀이
방과후과정	대 · 소집단활동	수 · 조작	바람을 이용한 물건 패턴		빛을 찾아요	우리집에서 사용하는 에너지	
		동화 · 동시	바람이 불었어	어둠을 밝히는 빛			태양이 주는 생명에너지
		음악 · 미술		폐품의 변신	빛은 너무 소중해		
		과학	풍선 자동차				
		방과 후 특성화		음악–국악		체육–음악 줄넘기	
	바깥놀이/신체활동		얼음 옮기기			그림자 밟기	
		간식	잼 샌드위치 우유	궁중떡볶이 야쿠르트	땅콩쿠키 수박	잼설기 식혜	피자 사과주스

출처: 충청북도교육청 http://www.cbe.go.kr.

| 표 5 – 15 | 어린이집 만 4세 유아를 위한 주간 교육계획안의 예

주제 : 동식물과 자연
소주제 : 자연과 더불어 사는 우리
실시기간 : 5월 1주

<table>
<tr><th colspan="2">구분</th><th>월</th><th>화</th><th>수</th><th>목</th><th>금</th><th>토</th></tr>
<tr><td colspan="2">기본생활</td><td colspan="6">줄을 서서 내 차례를 기다리기</td></tr>
<tr><td colspan="2">등원</td><td colspan="6">교실에 있는 자연물을 찾아 이야기 나누기</td></tr>
<tr><td rowspan="6">오전 자유 선택 활동</td><td>쌓기 놀이영역</td><td colspan="6">숲에서 살고 싶대요
동물 쉼터 만들기</td></tr>
<tr><td>역할 놀이영역</td><td colspan="6">우리는 초록맨</td></tr>
<tr><td>미술영역</td><td colspan="6">북극곰을 살리는 발자국
우리가 느낀 자연은 이런 느낌이에요
환경표지판 만들기</td></tr>
<tr><td>언어영역</td><td colspan="6">북극곰이 하는 말
우리는 자연 지킴이
누가 누구를</td></tr>
<tr><td>수 · 과학 조작영역</td><td colspan="6">과학: 사라져 가는 동식물을 소개합니다
조작: 동물이 사는 곳을 찾아주세요
조작: 푸른 산이 좋아요</td></tr>
<tr><td>음률 영역</td><td colspan="6">사람도 자연도 언제나 스마일
숲의 동식물 되어보기
지렁이가 꿈틀꿈틀</td></tr>
<tr><td colspan="2">대 · 소 집단 활동</td><td>이야기 나누기: 오늘은 동물을 생각하는 날</td><td>신체: 빛나라 반디야</td><td>음악: 여치와 사마귀</td><td>현장체험: 영원한 우리들의 숲</td><td>동화: 아기 지렁이 촉촉이</td><td></td></tr>
<tr><td colspan="2">실외활동</td><td colspan="6">황새 잠자기
우리 연못에는 누가 누가 살까</td></tr>
<tr><td colspan="2">점심 및 낮잠</td><td colspan="6">바닥에 흘린 음식 정리하기</td></tr>
<tr><td colspan="2">오후자유 선택활동</td><td colspan="6">목재의 나뭇결 감상
고마운 자연</td></tr>
<tr><td colspan="2">귀가 및 가정과의 연계</td><td colspan="6">산책이나 등산에서 훼손된 자연을 발견하고 지키는 방법 이야기 나누기</td></tr>
<tr><td colspan="2">비고</td><td colspan="6">〈동화〉 나 이제 기차에서 내릴래, 〈이야기나누기〉 놀래기야 청소를 부탁해, 〈게임〉 동물들아, 돌아와</td></tr>
</table>

주간 교육계획안 양식의 예는 〈표 5-16〉과 같다.

| 표 5 – 16 | 주간 교육계획안 양식의 예

<table>
<tr><td colspan="2">반 이름</td><td colspan="2">반</td><td>시기</td><td colspan="2"></td></tr>
<tr><td colspan="2">생활주제</td><td colspan="2"></td><td>주제</td><td colspan="2"></td></tr>
<tr><td colspan="2">목표</td><td colspan="5"></td></tr>
<tr><td colspan="2">날짜/요일
활동</td><td>1일(월)</td><td>2일(화)</td><td>3일(수)</td><td>4일(목)</td><td>5일(금)</td></tr>
<tr><td colspan="2">소주제</td><td></td><td></td><td></td><td></td><td></td></tr>
<tr><td rowspan="7">자유
선택
활동</td><td>쌓기 영역</td><td></td><td></td><td></td><td></td><td></td></tr>
<tr><td>역할놀이 영역</td><td></td><td></td><td></td><td></td><td></td></tr>
<tr><td>언어영역</td><td></td><td></td><td></td><td></td><td></td></tr>
<tr><td>수 · 과학 영역</td><td></td><td></td><td></td><td></td><td></td></tr>
<tr><td>조작영역</td><td></td><td></td><td></td><td></td><td></td></tr>
<tr><td>조형영역</td><td></td><td></td><td></td><td></td><td></td></tr>
<tr><td>음악 및 동작영역</td><td></td><td></td><td></td><td></td><td></td></tr>
<tr><td rowspan="7">대 · 소집단활동</td><td>이야기 나누기</td><td></td><td></td><td></td><td></td><td></td></tr>
<tr><td>동화 · 동시 · 동극</td><td></td><td></td><td></td><td></td><td></td></tr>
<tr><td>음악</td><td></td><td></td><td></td><td></td><td></td></tr>
<tr><td>동작</td><td></td><td></td><td></td><td></td><td></td></tr>
<tr><td>게임</td><td></td><td></td><td></td><td></td><td></td></tr>
<tr><td>요리</td><td></td><td></td><td></td><td></td><td></td></tr>
<tr><td>미술</td><td></td><td></td><td></td><td></td><td></td></tr>
<tr><td colspan="2">실외놀이활동</td><td></td><td></td><td></td><td></td><td></td></tr>
<tr><td colspan="2">현장학습</td><td></td><td></td><td></td><td></td><td></td></tr>
<tr><td colspan="2">날짜/요일
활동</td><td>1일(월)</td><td>2일(화)</td><td>3일(수)</td><td>4일(목)</td><td>5일(금)</td></tr>
<tr><td colspan="2">안전교육</td><td></td><td></td><td></td><td></td><td></td></tr>
<tr><td colspan="2">가정협력/기타</td><td></td><td></td><td></td><td></td><td></td></tr>
<tr><td colspan="2">환경준비</td><td></td><td></td><td></td><td></td><td></td></tr>
<tr><td rowspan="2">주간
교육평가</td><td>이번 주
계획 및 실행 평가</td><td></td><td></td><td></td><td></td><td></td></tr>
<tr><td>다음 주
반영사항</td><td></td><td></td><td></td><td></td><td></td></tr>
</table>

05 일일 교육계획하기

일일 교육계획은 유아가 등원해서 귀가할 때까지의 모든 교육활동을 주간 교육계획에 기초하여 구체적으로 명시한 것이다. 일일 활동의 구성은 일반적으로 등원, 자유선택놀이(쌓기 영역, 역할영역, 수 · 과학영역, 조작영역, 언어영역, 도서영역, 조형영역, 음악 및 동작영역 등), 정리 · 정돈, 간식, 대 · 소집단활동(이야기 나누기, 동시 · 동화 · 동극, 노래 부르기, 동작, 게임, 요리 등), 바깥놀이, 점심, 낮잠, 귀가지도 등으로 이루어진다.

1) 일일 교육계획안 작성하기

유아를 위한 일일계획을 할 때 고려해야 할 점은 다음과 같다(임미혜 외, 2008).

첫째, 주간계획안에서 선정한 활동과 유아들의 흥미와 활동에 대한 반응 등을 고려하여 작성하되, 그동안 영유아들의 관심과 활동 진행 여부를 토대로 융통성 있게 조정한다.

둘째, 하루 중의 휴식과 놀이, 실내활동과 실외활동, 정적 활동과 동적 활동, 오전활동과 오후활동, 영유아가 주도하는 활동과 교사가 주도하는 활동 등이 상호균형을 이룰 수 있도록 계획되어야 한다.

셋째, 매일의 계획이 일관성 있게 작성되어야 한다.

넷째, 영유아의 사고나 언어발달을 촉진할 수 있도록 여러 유형의 상호작용이 일어나도록 계획한다.

다섯째, 일과계획에 따른 운영 후에는 활동 전반에 대한 평가가 이루어져야 하며 그 결과를 바탕으로 다시 일과계획을 조정하거나 개선함으로써 일과의 계획과 운영 및 평가가 순환적으로 이루어지도록 해야 한다.

2) 일일 교육계획안의 예

일일 교육계획안의 예를 살펴보면 〈표 5-17〉, 〈표 5-18〉과 같다.

| 표 5-17 | **유치원 만 5세 유아를 위한 일일 교육계획안의 예**

<table>
<tr><th>반이름</th><td>바다반</td><th>대상</th><td>만 5세</td><th>날짜</th><td></td><th>지도교사</th><td></td></tr>
<tr><th>생활주제</th><td colspan="3">환경과 생활</td><th>주제</th><td>전기에너지와
우리의 생활</td><th>활동명</th><td>전기 에너지
아끼는 실천 더하기</td></tr>
<tr><th>목표</th><td colspan="7">• 에너지 사용에 따른 지구의 변화에 관심을 가진다.
• 전기 에너지를 아끼는 방법을 다양하게 알아본다.
• 전기제품 특성에 따른 에너지 절약방법을 알고, 실천할 수 있다.
• 전기제품을 신체를 이용하여 창의적으로 표현해 본다.</td></tr>
<tr><th>일과
시간표</th><td colspan="7">08:30 ~ 09:00 등원 및 아침 책 읽기, 우유 마시기
09:00 ~ 09:10 함께 모이기
09:10 ~ 10:20 놀이계획 및 자유선택활동
10:20 ~ 10:40 정리 정돈 및 자유선택활동 평가
10:40 ~ 11:00 동화(지구가 보글보글 끓고 있어요)
11:00 ~ 11:10 화장실 다녀오기 및 모이기
11:10 ~ 11:30 이야기 나누기 - 전기 에너지 아끼는 실천 더하기
11:30 ~ 11:50 신체표현 - 지구를 위한 시간
11:50 ~ 12:00 화장실 다녀오기 및 점심식사 준비
12:00 ~ 12:50 점심식사 및 양치질
12:50 ~ 13:20 바깥놀이(물풍선 놀이)
13:20 ~ 13:30 교육과정 평가 및 방과 후 과정 연계</td></tr>
</table>

시간/활동명	활동목표	활동내용	자료 및 유의점	평가
등원 및 책 읽기/ 우유 마시기 (08:30~ 09:00)	바르게 인사한다.	· 등원하는 유아는 선생님과 인사를 나누고 가방 및 소지품을 정리한다. · 유아를 맞이하면서 유아의 상태(기분, 건강 등)를 살핀다. · 우유를 마시고 정리한다.	우유	· 유아의 기분, 건강관찰평가 · 가방 및 소지품 정리상태
함께 모이기 (09:00~ 09:10)	· 날씨의 변화에 관심을 갖는다. · 하루 일과를 알고 생활한다.	· 오늘의 날짜를 알아본다. · 오늘의 활동을 소개한다. · 이름카드를 가지고 친구 이름을 바르게 불러보고 결석한 유아는 없는지 알아본다. · 오늘의 일과를 계획한다. 함께 모이기 → 놀이 계획 및 자유선택활동 → 정리정돈 및 평가 → 동화 → 화장실 다녀오기 및 모이기 → 이야기 나누기 → 신체표현 → 화장실 다녀오기 및 점심식사 준비 → 점심식사 및 양치질 → 바깥놀이 → 교육과정 평가 및 방과후 과정 연계	· 이름카드 · 일과표 · 오늘의 활동판 · 새로운 교구	
놀이계획 및 자유 선택활동 (09:10~ 10:20)	놀이를 계획하고 실천한다.	· 활동 시 교구의 사용방법 및 지켜야 할 유의점에 대해 이야기 나눈다. · 자유선택활동을 계획하고, 계획한 영역에 이름표를 붙이고 활동을 한다.	· 자유선택활동 계획 및 평가표 · 색연필	· 날짜에 맞게 자유선택활동 계획 작성
정리 정돈 및 자유선택 활동평가 (10:20~ 10:40)	· 자신의 생각을 말로 표현한다. · 자신이 놀이한 영역에 대한 평가를 한다.	· 정리시간 5분 전에 미리 알리고 정리정돈을 한다. · 피아노 정리 신호를 듣고 정리를 한다. · 화장실에 다녀오고 싶은 유아는 다녀온다. · 자유선택활동을 평가한다(재미있었던 일, 속상했던 일, 새로 발견한 일, 친구들에게 들려주고 싶은 이야기 등) · 자신이 활동한 결과물을 가지고 모든 유아가 감상할 수 있도록 한다(활동한 것 중 소개하고 싶은 것을 가지고 나와 친구들에게 보여주고 이야기한다).	· 놀이계획표 · 색연필	

시간/ 활동명	활동목표	활동내용	자료 및 유의점	평가
동화 (10 : 40~ 11 : 00)	· 동화를 즐겨 듣는다.	**【 지구가 보글보글 끓고 있어요 】** · 그림책을 탐색해 보고, 동화의 내용을 예측해 본다. · 동화를 듣는다. · 동화 속, 지구의 모습을 상상해 본다. · 언어영역에서 '지구에게 편지 쓰기'를 해 보기로 한다.	그림책	
화장실 다녀오기 및 모이기 (11 : 00~ 11 : 10)	· 질서를 지킨다.	· 화장실 다녀오고 싶은 유아는 차례로 줄을 서서 화장실을 다녀온다. · 자기 자리에 바르게 모여 앉는다.		
이야기 나누기 (11 : 10~ 11 : 30)	· 에너지 사용에 따른 지구의 변화에 관심을 가진다. · 전기 에너지를 아끼는 방법을 다양하게 알아본다. · 전기 제품 특성에 따른 에너지 절약방법을 알고, 실천한다.	**【 전기 에너지 아끼는 실천 더하기 】** · 손놀이를 하며 주의를 집중한다. · 지구의 전기 이야기(전기 에너지의 사용과 문제 상황)를 영상으로 살펴본다. · 지구 반구의 모습을 소개한다. · 유아들이 주로 사용하는 전기 제품을 중심으로 전기 에너지를 아껴쓰는 방법에 대해 이야기를 나눈다. – '내가 많이 사용하는 전기 에너지' 설문 조사표 – 냉장고 / 에어컨/ 텔레비전 – 텔레비전 보는 대신 [ ]를 해요! · 전기 에너지를 아끼는 방법을 알고 실천하면 좋은 점들에 대해 좀 더 생각해 보기로 한다. · 지구 반구의 변화된 모습을 살펴본다. · 다음 활동을 예고하며, 본 활동을 마무리 한다. * 부분 수업 계획안 참고	· 텔레비전 · 프레지 영상자료 · 지구 반구 · 냉장고, 에어컨, 텔레비전 모형 · 글자카드 · 리모컨	

시간/활동명	활동목표	활동내용	자료 및 유의점	평가
신체표현 (11:30~11:50)	· 전기제품을 신체를 이용하여 창의적으로 표현해 본다. · 지구를 위한 시간에 관심을 가진다.	**【 지구를 위한 시간 】** · '지구를 위한 시간' 동영상을 함께 감상한다. · 준비된 소품을 소개하며, 표현활동을 계획한다. · 신체표현활동을 위해 필요한 약속을 정한다. · 신체표현활동을 위한 역할을 정한다. · '지구를 위한 시간' 신체표현을 위해 자리를 배치한다. · 이야기와 음악에 맞추어 '지구를 위한 시간' 신체표현을 한다. · 신체표현활동을 마친 후, 유아들이 표현한 재미있는 생각과 움직임에 대하여 평가한다. · 신체표현활동을 마무리하고, 다음 활동으로 전이한다.	· 역할 머리띠 · 텔레비전 · 동화 영상자료 · 카세트 · CD · 약속판	
화장실 다녀오기/ 점심식사 준비 (11:50~12:00)	· 손을 깨끗이 씻는다. · 질서를 지킨다.	· 신호음이 울리면 조용히 화장실을 다녀온다. · 용변을 본 후 손을 깨끗하게 씻는다. · 한 줄로 서서 소곤소곤 냠냠방으로 이동한다.	· 비누 · 수건	
점심 식사 및 양치질 (12:00~12:50)	음식을 바른 자세로 골고루 먹는다.	· 순서대로 식판에 점심을 받아 자리에 앉는다. · 인사를 하고 바르게 앉아 골고루 먹는다. · 다 먹은 후에는 자기 자리와 식판을 정리한 후 자기 자리에 앉아서 다른 유아들이 다 먹을 때까지 기다리도록 한다. · 교실로 돌아와 양치질을 한다. · 조용한 활동을 하거나 휴식을 취한다.	· 식판 · 숟가락 · 젓가락 · 칫솔 · 치약 · 컵	바른 자세로 음식을 골고루 먹는지 평가한다.
바깥놀이 (12:50–13:20)	· 질서지켜 생활한다. · 다양한 도구를 이용하여 물을 풍선에 담아본다.	**【 물풍선 놀이 】** · 풍선과 다양한 과학 도구들을 살펴본다. · 풍선에 물을 담을 수 있는 방법을 이야기 나눈다. · 바깥 수도꼭지에서 물을 받아서 다양한 방법으로 풍선에 물을 담아본다. · 물풍선이 만들어지면, 친구들과 주고받으며 놀이를 한다. * 물풍선이 터질 경우를 대비하여 여분의 물풍선을 마련한다.	· 물풍선 · 바구니 · 물 * 바깥 수도꼭지 이용	

시간/활동명	활동목표	활동내용	자료 및 유의점	평가
교육과정 평가 및 방과후 과정연계 (13:20~13:30)	· 하루 일과를 회상해 본다. · 안전벨트의 중요성을 알고, 매는 습관을 기른다.	· 일과표를 보며 하루 일과를 회상한다. · 즐거웠던 일과 속상했던 일에는 어떤 일이 있었는지 이야기한다. · 속상했던 일은 어떻게 하면 좋을지 함께 이야기해본다. · 유치원을 마치고 집으로 갈 때, 안전 약속을 알아본다. – 녹색성장 교육: 냉방기구 바르게 사용하기 – 안전교육: 앞이 보이게 우산 들기, 안전벨트 꼭 매기	하루 일과표	자신의 느낌을 말로 표현할 수 있는지 평가한다.
총평				

출처: 충청북도교육청 http://www.cbe.go.kr.

| 표 5 – 18 | 어린이집 만 5세 유아를 위한 일일 교육계획안의 예

시간	주요 일과		주요 활동 내용
~09:00	등원 및 맞이하기		· 유아 맞이하기, 부모와 간단한 대화 나누기 · 한국을 빛낸 100명의 위인 노래 듣기
09:00~10:30	실내자유선택활동	쌓기	거북선 구성하기
		역할	우리나라를 빛낸 사람들 옷 발표회
		미술	금속활자 만들기
		언어	우리나라를 빛낸 사람 사전 만들기
		수 · 조작	우리나라를 빛낸 사람 짝 맞추기
		과학	지폐 속의 우리나라를 빛낸 사람들 찾기
		음률	세계 무대에 선 우리나라의 음악가: 조수미가 들려주는 우리 가곡
10:30~10:45	정리정돈 및 전이활동		내가 닮고 싶은 우리나라를 빛낸 사람 소개하기
10:45~11:10	이야기 나누기		〈우리나라를 빛낸 사람들〉 내가 좋아하는 우리나라를 빛낸 사람에 대해 이야기 나누기
11:10~11:30	간식 및 휴식		간식 및 휴식
11:30~12:00	신체표현		〈몸으로 만든 한글〉 한글 자음, 모음, 단어 등을 몸으로 만들어 보기
12:00~13:30	점심 및 이 닦기		· 손 씻기 · 점심 먹기 · 이 닦기
13:30~14:30	휴식 및 낮잠		날씨, 계절, 어린이 건강 상태를 고려하여 휴식 또는 낮잠 자기
14:30~16:30	실내 자유선택활동 및 오후 간식		· 오전 활동을 연계하거나 확장하는 놀이하기 · 간식 먹기
16:30~16:50	정리정돈 및 화장실 가기		정리 정돈하고 화장실 다녀오기
16:50~18:00	실내외 자유선택활동		· 오전 활동의 심화활동, 특별히 계획된 프로젝트하기 · 하루 일과 평가하기
18:00~	통합보육 및 귀가		통합보육 공간에서 조용한 놀이를 하면서 부모님이 오시는 대로 귀가하기

출처: 보건복지가족부(2008). 5세 보육프로그램.

일일 교육계획안 양식의 예는 〈표 5-19〉와 같다(교육과학기술부, 2012).

| 표 5-19 | **일일 교육계획안 양식의 예**

반 이름	○○반	시기	20○○년 ○월○일 ○요일	수업일수	/ 일
생활주제		주제		소주제	
목표					
일과 시간표					
시간활동명		활동목표	활동 내용	자료 및 유의점	평가
총평					

06 부분수업계획하기

일일 교육계획안에서 수립한 집단활동을 효과적으로 수행하기 위해서는 잘 짜여진 수업계획안이 필요하다. 수업계획안이란 영유아에게 주어진 교육활동을 효과적으로 이끌기 위한 실제 수업의 시안을 말하는 것으로, 계획된 수업을 원활하게 할 수 있도록 간단명료하고 융통성 있게 작성된 교사의 보조물을 말한다. 즉, 교사가 교육활동을 진행함에 있어서 어떠한 교육활동목표와 그에 따른 내용, 절차 등 지도 내용과 방법에 대하여 구체적이고 실제적으로 계획해 놓은 계획안이다.

수업계획안을 작성하므로 교사는 교육활동을 전개함에 있어서 교육활동의 효과성과 효율성을 가능한 최대로 제고시킬 수 있다. 따라서 교사가 의도하고자 하는 수업활동을 성공적으로 이끌기 위해서는 교육계획안을 매우 구체적이고 세부적으로 계획해야 한다.

1) 부분수업계획안 작성하기

주제나 활동 내용, 수업 유형, 수업방법 및 교사의 창의성 등에 교사와 영유아 및 교재의 상호작용에 의한 구체적인 수업 장면을 계획한 '교육활동의 청사진'인 부분수업계획안의 양식에는 일정한 틀이 있는 것은 아니어서 다양하게 제시될 수 있다. 수업계획안을 보다 구체적이고 체계적으로 작성하는 세안이 갖추어야 할 기본적인 조건 및 형식은 다음과 같은 것들이 포함되어야 한다(박혜경, 방은정, 심은희, 원계선, 윤복희, 장영미, 조인경, 최일선, 2005, 재인용).

- **주제명**: 영유아가 학습할 주제를 기술한다.
- **주제 선정의 이유**: 주제 선정의 교육적 근거를 기술한다. 이 주제를 학습함으로써 영유아에게 어떤 도움이나 변화를 가져올 수 있는지 예상되는 교육

적 효과에 대해 기술한다.

- **주제의 목표**: 주제를 중심으로 학습활동을 함에 있어서 기대되는 학습목표를 다섯 가지 생활영역에 기초하여 기술한다.
- **주제의 지도계획**(소주제 및 시간 배당 등): 주요 학습 내용, 주제의 전후관계, 주제의 조직 또는 구조 등을 간략하게 기술한다.
- **학습과제의 분석** : 수업목표를 학습하기 위해 영유아들이 순서적으로 획득해야 하는 하위의 학습요소가 무엇인지 탐색한다.
- **영유아의 선행학습 정도 확인** : 본 주제와 관련된 지역환경, 생활환경, 학급의 특징에서 나타나는 영유아들의 능력수준, 습관, 경향 등을 기술한다. 또한 주제와 관련된 영유아들의 특성뿐 아니라 본 수업과 관련된 영유아들의 특성을 구체적이고 세부적으로 기술한다. 예를 들어, 본 수업과 관련되는 영유아들의 능력, 기능, 태도, 선행경험 등을 기술한다.
- **수업계열의 결정** : 주제에 따른 활동계획을 제시하는 것으로 본 활동과 관련된 다른 활동들을 요일별로 도표화하여 간략하게 제시한다.
- **본 수업활동의 전개**
  - –활동주제
  - –교육활동목표: 교육활동목표를 우선 순위별로 제시한다.
  - –수업의 과정: 도입, 전개, 정리단계 순으로 제시한다.
  - –평가계획: 목표지향 평가를 한다. 평가 내용, 평가방법을 제시한다.
- **교재연구**
  - –수업 유형, 형태
  - –수업매체의 선정 및 활용방법
  - –수업의 특징에 대한 지도 내용, 지도절차, 지도방법, 지도상의 유의점 등에 관한 보다 상세한 내용을 기술한다.

수업계획안이 갖추어야 할 최소한의 필수적인 내용들이 포함된 기본교육계획안 양식(약안)을 제시하면 〈표 5-20〉과 같다(박혜경 외, 2005, 재인용).

| 표 5 – 20 | 수업계획안 형식

· 주제명(주제, 소주제): · 주제 선정의 이유: · 주제의 목표: · 주제의 지도계획(소주제 및 시간 배당 등): · 수업활동의 전개(수업절차, 내용, 활동방법, 자료 및 지도상의 유의점): · 평가:

(1) 교육활동목표의 진술방법

교육활동목표의 진술방법은 그론룬드(Gronlund), 메이거(Mager), 에이즈너(Eisner)의 방법이 널리 알려져있다. 구체적인 진술방법은 다음과 같다(정용부, 오성숙, 2001; Almy, 1975).

① 그론룬드의 교육활동목표 진술

그론룬드는 교육활동목표를 일반 교육활동목표와 구체적 교육활동목표로 구분하여 진술할 것을 주장한다. 〈표 5-21〉과 같이 일반 교육활동 목표는 일반적인 내용을 포함하여 내재적 행동(안다, 이해한다, 인식한다)으로 진술하고 각 목표에 단일 성과만을 포함시키도록 한다.

또한 구체적 교육활동목표는 일반 교육활동목표를 진술한 다음 일반적 목표를 행동적으로 평가할 수 있도록 세부적 행동이 포함된 내용으로 교육활동목표를 진술한다. 즉, '구별한다, 말한다, 찾는다' 등 일반 교육활동목표의 하위에 있으며 관찰 가능한 행동으로 구체적인 학습성과를 파악할 수 있도록 진술한다.

| 표 5 - 21 | 그론룬드의 교육활동목표 진술의 예

구분	내용
일반 교육활동목표	교통기관에 대해 안다.
구체적 교육활동목표	· 교통기관의 종류에 대하여 말한다. · 교통기관의 편리함 점이 무엇인지 안다. · 교통기관 이용 시 지켜야 할 예절이 있음을 안다.

이는 구체적 교육활동목표는 평가기준으로 활용하고, 일반 교육활동목표가 수업의 목표가 되므로 어떤 교수-학습 모형이든 상관없이 융통성 있게 수업을 진행할

수 있다는 것은 장점이나, 정의적 영역의 목표를 진술해야 할 경우 관찰 가능한 구체적 목표진술이 어렵다는 게 단점이다.

② 메이거의 교육활동목표 진술

메이거는 교육활동목표는 학습자가 한 주제 또는 한 학습활동을 이수하였을 때 나타낼 수 있는 관찰 가능한 행동적 용어로 진술되어야 한다고 하였다. 또한 〈표 5-22〉와 같이 어떤 상황에서 그런 행동을 보일 것인지, 또한 어느 정도를 성취할 것인지에 대한 내용까지 포함하도록 하였다.

| 표 5 - 22 | 메이거의 교육활동목표 진술의 예

사물들의 그림을 보고 음식할 때 사용하는 물건 3종류를 찾는다.
(조건: 사물들의 그림을 보고 / 기준: 음식할 때 사용하는 물건 3종류를 / 성취행동: 찾는다.)

색깔판에서 빨간색과 노란색을 모두 구분한다.
(조건: 색깔판에서 / 기준: 빨간색과 노란색을 모두 / 성취행동: 구분한다.)

③ 에이즈너의 교육활동목표 진술

에이즈너는 행동적 목표와 표현적 목표로 구분하여 설명하고 있다. 행동적 목표는 메이거의 목표진술과 같이 학습행동의 결과로 나타난 행동을 명확하게 제시하고 있는 목표를 말하는 반면, 표현적 목표는 학습활동과정 중이나 그 이후에 얻게 되는 어떤 유익한 결과를 기술하는 것이다. 특히, 표현적 목표에서는 학습자의 개별적 성향과 다양성의 존중에 초점을 두어 학습자가 학습 상황에서 경험하게 될 교육적 내용과 과정을 중요시한다. 예를 들어, 음악감상이나 인형극 관람에서와 같이 영유아들이 학습하는 것은 지식이나 기능보다 가치나 태도이므로 이것을 관찰 가능한 행동으로 진술하는 것은 어려운 일이며, 각 개인별로 느끼게 되는 경험도 다르다. 따라서 에이즈너는 기능의 학습을 위해서는 행동적 목표가 필요하지만 그 이외의 학습에서는 표현적 목표 진술도 필요하며 이들 목표 중 어느 것도 무시해서는 안 된다고 하였다.

| 표 5 – 23 | 에이즈너의 교육활동목표 진술의 예

표현적 목표 : 상황 + 문제 + 과제

토끼와 거북이의 이야기를 듣고,	거북이에 대해 느낀 것을	이야기 나눈다.
상황	문제	과제

에이즈너의 교육활동목표 진술은 정의적 영역의 목표기술이 가능하다는 장점이 있는 반면, 표현적 목표기술 시 평가기준이 명확하지 않다는 단점이 있다.

(2) 목표 진술 시 고려사항

영유아의 전인발달을 이루기 위한 교육활동은 교육활동 결과의 측면뿐만 아니라 과정적 측면에 중점을 두고 활동이 이루어진다. 그러므로 교육활동 목표의 진술은 학습 결과에 초점을 둔 교육활동목표의 진술방법이나 구체적인 행동 결과가 나타나도록 목표를 진술하는 방법만을 적용하는 것에는 무리가 있다.

바람직한 교육활동목표의 진술은 에이즈너의 표현적 목표 진술방식을 중심으로, 활동 내용의 성격에 따라 그론룬드의 진술모형이나 메이거의 진술모형방식이 적절히 보완 · 활용되어야 할 것이다. 교육활동 목표 진술 시 고려사항은 다음과 같다(정용부, 오성숙, 2001; Almy, 1975).

| 표 5 – 24 | **교육활동목표 진술 시 고려사항**

1. 교육활동목표는 유아의 행동이나 성취에 관하여 진술해야 하며, 교사의 성취나 지도 내용을 기술하지 않는다. **–육상 교통기관을 찾게 한다. (x)** **–육상 교통기관을 찾는다. (o)** **–육상 교통기관과 해상 교통기관을 구분하도록 가르친다. (x)** **–육상 교통기관과 해상 교통기관을 구분한다. (o)**
2. 교육활동목표는 추상적으로 제시된 교육과정의 영역별 활동 내용을 기술하지 않고, 구체적인 교육활동 내용과 관련된 내용 및 행동을 기술한다. **–도구에 관심을 가진다. (x)** **–음식할 때 사용하는 도구는 어떤 것이 있는지 안다. (o)**
3. 수업목표는 학습의 과정을 나타내는 동사나 방법을 나타내는 용어는 피하고 표현적 진술 또는 학습 결과의 성취 측면에 초점을 두어 진술한다. **–자신의 신체를 이용하여 다양한 소리를 만들어 본다. (x)** **–자신의 신체를 이용하여 다양한 소리를 만들 수 있다. (o)** **–가족 사진을 보며 이야기해 본다. (x)** **–가족구성원에 대해 말할 수 있다. (o)**
4. 지적 기능학습이나 운동기능학습의 경우에는 일정한 학습과정이 끝났을 때 유아들의 행동이 어떻게 변화되어야 하느냐에 중점을 두고 서술한다. 따라서 그 성과가 어떠한가에 초점을 두고 진술하도록 하고 태도와 관련되는 학습에는 과정적 측면에 초점을 둔 교육활동 목표를 진술한다. **–나뭇잎의 크기와 모양이 다름을 안다. (지식)** **–스스로 양말을 신고 벗을 수 있다(벗는다 x). (기능)** **–다른 사람의 생각이나 감정을 존중하는 마음을 갖는다. (태도)**
5. 하나의 목표에는 한 가지의 결과만을 기술한다. **–상황에 따른 인사법을 알고, 이를 상황에 맞게 적용할 수 있다. (x)** **–상황에 따른 인사법을 안다. (o)** **–상황에 따른 인사법을 상황에 맞게 적용할 수 있다. (o)**

6. 교육활동목표에는 학업성취의 정도를 평가할 수 있는 기준을 가능한 한 제시한다. 그러나 그 기준의 제시는 유아의 발달수준을 고려하여 적절하게 제시한다. **–음식 중에서 이에 좋은 음식과 나쁜 음식을 구분한다.** 조건 (음식 중에서) / 기준 (이에 좋은 음식과 나쁜 음식을) / 성취 (구분한다)
7. 수업 내용을 특성을 고려하여 교육활동목표를 진술한다. 교육활동 초점을 과정적인 측면에 맞추는지 아니면 결과적 측면에 맞추는지 또는 이해, 기능, 태도 등 어떤 측면에 맞추는지에 따라 진술방법이 달라진다. 그러므로 수업을 통해 유아가 성취해야 할 것이 무엇인지 명확하게 파악하여 이것이 수업목표에 나타날 수 있도록 수업목표를 진술한다.

2) 부분수업계획안 작성의 예

교사와 영유아들이 모여 활동하는 시간은 영유아가 함께 모이는 대집단활동과 2~8명 정도 모이는 소집단활동이 있다. 활동시간은 영유아의 연령과 교육활동 내용 및 방법에 따라 다르지만 대개 대집단활동은 10~20분 정도로 계획할 수 있다.

일반적으로 교육활동 내용은 도입단계, 전개단계, 마지막으로 종결(평가)단계로 구분할 수 있다. 이를 구체적으로 살펴보면 다음과 같다.

(1) 도입단계

교육활동이 시작되는 도입단계는 영유아들이 활동에 적극적으로 참여할 수 있도록 유도하는 시간으로, 수업시간의 약 10% 정도인 대략 5분 이내가 적절하다. 이 단계에서는 먼저, 본 활동과 관련된 내용의 노래 부르기, 손유희, 수수께끼 등의 방법을 통해 영유아의 주의를 집중시켜 교사가 계획한 교육활동이 원활하게 진행되도록 한다. 교사는 교육활동을 계획함과 동시에 주의를 집중하기 위해 무엇을 할 것인지에 대해 세심하게 계획하는 것이 좋다.

그 다음, 영유아가 성취해야 할 기대되는 활동목표를 알려 주어 학습의 효과를 높이도록 한다. 마지막으로 본 학습을 위해 영유아가 과거에 학습했던 경험들을 상기시키며 과거의 학습 내용과 본 활동을 연결시킨다.

(2) 전개단계

교육활동의 80%를 차지하는 전개단계는 교사가 가장 많은 준비를 한다. 대략 10~15분 이내로 도입단계에서 유발된 학습동기를 계속 지속시킬 수 있도록 다양한 수업방법을 사용해야 한다. 이 단계에서 이루어져야 할 활동은 다음과 같다.

첫째, 학습 내용을 제시할 때에는 단순하고 쉬운 내용에서 복잡하고 어려운 내용 순서로 제시한다.

둘째, 영유아의 연령, 흥미에 적합한 다양한 방법(실물 제시, 힌트 주기, 질문하기, 토론하기 등)을 사용하여 학습이 활발히 이루어지도록 안내한다.

셋째, 영유아가 수업목표를 달성했는지 알아보기 위해 교사는 질문을 하거나 지시를 하여 영유아가 학습한 내용을 수행해 보도록 유도한다.

(3) 종결(평가)단계

간략하게 활동 내용을 정리하고 요점을 간단하게 제시하는 마지막 단계인 종결단계는 수업시간의 약 10% 이내를 차지한다(2~3분 정도). 다음과 같은 활동 순으로 이루어진다.

첫째, 전개단계의 끝부분에서 영유아가 수행한 결과의 옳고 그름을 즉각적으로 피드백해 준다. 이를 통해 영유아는 학습 내용을 강화시킬 수 있다.

둘째, 수업활동이 끝날 즈음 지금까지 활동한 내용에 대해 요약 · 정리하여 학습 내용을 다시 한 번 기억해 보게 한다.

셋째, 학습한 내용을 실제 상황이나 이와 유사한 상황에서 적용시킬 수 있는 기회를 제공하여 파지와 전이를 촉진시킨다.

넷째, 수업시간에 충분히 다루지 못한 부분을 추가로 제시하여 영유아의 학습욕구를 지속시키고, 다음 시간에 학습할 내용이나 주제를 이번 시간에 배운 내용과 관련지어 제시해 준다.

마지막으로, 한 가지 일과가 끝나고 다음 활동이 빨리 시작될 수 있도록 안내해 준다. 전이가 빠르고 효율적으로 이루어질수록 영유아가 아무것도 하지 않고 의미 없이 기다리는 시간이 줄어들 수 있다.

| 표 5 - 25 | **교수사태와 교육활동과의 관계**

교육활동단계	교수사태(외적 상황)	설명
도입	· 주의집중 시키기 · 활동목표 제시하기 · 선수학습과 관련시키기	· 유아의 주의를 집중시킨다. · 유아에게 기대되는 학습성과를 말한다. · 과거의 학습경험과 본 활동의 학습을 관련시킨다.
전개	· 학습 내용 제시하기 · 학습 내용 안내하기 · 학습 내용 수행을 유도하기	· 유아가 학습할 내용을 제시한다. · 다양한 방법을 사용하여 학습이 일어나도록 한다. · 학습한 내용을 유아가 수행해 본다.
정리(마무리)	· 피드백 제공하기 · 수행 평가하기 · 파지와 전이 촉진하기	· 수행의 옳고 그름을 알려준다. · 교육활동이 끝날 때 평가한다. · 습득된 학습 내용이 일반화되도록 한다.

출처: 유혜령, 강은희, 박지영(2003). 유아교수공학과 교수-학습방법. 서울: 학지사.

교육활동 내용을 자세히 기록한 부분수업계획안의 예는 〈표 5-26〉과 같다.

| 표 5 – 26 | 부분수업계획안의 예

반 이름	바다반	대상	만 5세	지도교사	
생활주제	환경과 생활	주제	전기 에너지와 우리의 생활	활동명	전기에너지 아끼는 실천 더하기
		소주제	전기 에너지를 아끼고 실천하는 방법 알아보기		
일시		소요시간	20분	활동 유형	이야기 나누기
활동목표	• 전기 에너지 사용에 따른 지구의 변화에 관심을 가진다. • 전기 에너지를 아끼는 다양한 방법을 알아본다. • 전기제품 특성에 따른 에너지 절약방법을 알고, 실천한다. • 전기제품을 신체를 이용하여 창의적으로 표현해 본다.				
본 수업 전 선행학습	• 환경과 생활 중 '전기 에너지'에 대한 브레인스토밍 및 유목화하기 • 전기를 얻을 수 있는 다양한 방법 알아보기 • 우리가 주로 사용하는 전기 에너지의 종류 알아보기				

시간/활동명	활동목표	활동내용	자료 및 유의점	평가
도입 〈3분〉	· 바른 태도로 자리에 앉는다. · 전기 에너지 사용에 따른 지구 변화에 관심을 가진다.	**【 전기에너지 아끼는 실천 더하기 】** ◈ '세탁기' 손놀이를 하며 주의를 집중한다. 커다란 세탁기가 돌아갑니다. 덜컹덜컹 조그만 세탁기가 돌아갑니다. 덜컹덜컹 커다란 물방울이 부글부글부글 조그만 물방울이 보글보글보글 빳빳하게 말리자 빳빳 / 무릎에다 말리자 빳빳 ※ 텔레비전 화면을 가리키며, 프레지 영상을 감상한다. 교사: 바다반 친구들, 여기 영상으로 우리 지구가 할 이야기가 있대요. 함께 볼까요? 유아: 네. 지구: 얘들아~ 엉엉엉. 내 이야기 좀 들어줄래? 교사: 어떤 모습인가요? 유아: 지구가 울고 있어요. / 지구가 슬퍼해요. 교사: 그렇구나. 왜, 우리 지구가 울고 있는지 영상으로 함께 보도록 해요. 유아: 네.	· 텔레비전 · 컴퓨터 · 프레지 영상자료	

시간/활동명	활동목표	활동내용	자료 및 유의점	평가
전개 〈15분〉	· 전기 에너지와 우리 생활과의 관계를 안다. · 에너지 사용에 따른 지구의 변화에 관심을 가진다. · 우리가 주로 사용하는 전기 에너지가 사용되는 곳에 대해 알아본다. · 자신의 생각을 알맞은 목소리로 말한다.	◈ 지구의 전기 이야기(다양한 전기 에너지 사용과 문제 상황)를 영상으로 살펴본다. ※ 영상 – 프레지 이용 1. 우주에서 바라본 지구 교사 : 우주에서 바라본 지구의 밤하늘이에요. 아주 환하게 빛나네요. 유아 : 예뻐요. 2. 텔레비전 시청하는 모습 –거실에 모여서 텔레비전으로 재미있는 만화를 보고 있어요. 여기도, 저기도… 3. 에어컨이 가동하는 모습 –날씨가 많이 더워요. 에어컨이 시원한 바람을 만들면서 돌아가고 있어요. 여기도, 저기도… 4. 냉장고를 여닫는 모습 –더워서 시원한 냉장고를 열었다 닫았다 시원한 음료수를 찾아요. 여기도, 저기도… 5. 문어발처럼 복잡한 콘센트와 플러그 모습 6. 깜깜해진 모습 –어? 갑자기 깜깜해졌어요. 무슨 일이라도 있는 것일까요? 7. 불이 꺼진 동네 모습 8. 엘리베이터가 멈춘 모습 –움직이던 엘리베이터도 멈추었네요. 9. 병원 환자가 대피하는 모습 –생명이 위급한 환자도 전기 에너지가 있는 곳으로 피하는구나. 10. 깜깜한 지구가 우는 모습 교사 : 잘 보았나요? 유아 : 네. 교사 : 그러면, 우리 지구를 직접 만나볼까요? (지구 반구를 책상 위에 소개한다. 지구 반구에 씌여있는 보자기를 걷어내며) 교사 : 어? 우리 지구가 깜깜하구나. 어떻게 된 걸까요? 유아 : 정전이 된 것 같아요./ 블랙아웃이에요./ 전기 에너지가 다 떨어진거예요. 교사 : 그렇구나. 그러면 이렇게 어두워진 우리 지구를 위해 도와줄 수 있는 방법이 있을까요? 유아 : 전기를 아껴써요./ 절약해요./ 전기를 쓰지 않아요. 교사 : 그래요. 오늘의 주제를 ㅇㅇ가 열어서 읽어주겠어요? 유아 : 네.	· 프레지 영상자료 · 지구반구 · 책상 · 주제글자	

<table>
<tr><th>시간/
활동명</th><th>활동목표</th><th>활동내용</th><th>자료 및
유의점</th><th>평 가</th></tr>
<tr><td>전개
〈15분〉</td><td></td><td>교사 : 오늘은 '전기 에너지를 아껴쓰는 방법 알아보기'라는 주제로 함께 이야기 나누어보도록 해요.
유아 : 네.
지구 : 얘들아~ 너희들이 나를 위해 전기 에너지를 아껴쓰는 방법도 알아보고, 실천해 준다면 다시 환하게 웃게 될 것 같아. 도와줘!
유아 : 그래. 우리가 도와줄게.</td><td></td><td></td></tr>
<tr><td>마무리
〈2분〉</td><td>· 전기 제품 특성에 따른 에너지 절약방법을 알고, 실천할 수 있다.

· 서로의 생각을 이야기 나누고, 종합해 본다.

· 다음 활동에 대해 예측한다.</td><td>◈ 전기 에너지를 아끼는 방법을 알고 실천하면 좋은 점들에 대해 좀 더 생각해 보기로 한다.
교사 : 그래요. 우리가 전기 에너지를 아끼면서 할 수 있는 일들이 참 많이 있구나. 지금까지 우리가 많이 사용하는 냉장고, 에어컨, 텔레비전의 전기 에너지를 아끼는 방법들에 대해 알아보았는데, 어떤 생각이 드나요?
유아 : 기분이 좋아요.
교사 : 선생님도 기분이 좋아지네요. 특히, 텔레비전을 아끼는 방법을 알아보면서 텔레비전을 보는 대신 할 수 있는 일들에 대해 이야기 나누었는데, 무엇이 더 좋아질 수 있었지요?
유아 : 건강해져요./ 재미있어요./ 생각이 커져요./ 환경을 살려요.
교사 : 우리가 전기 에너지를 아끼면 참 많은 것들이 좋아지는 것 같아요. 그럼, 우리가 기분 좋은 것처럼 또 누가 좋아할까요?
유아 : 엄마, 아빠가 좋아해요./ 선생님이 좋아해요. / 지구도 좋아할 것 같아요.
교사 : 그럼, 모두가 좋아하겠구나. 그러면, 아까 만났던 지구를 다시 만나볼까요?
지구 : 얘들아~ 나는 그동안 너무 환한 빛들 때문에 눈부시고 괴로웠었어. 게다가 에너지를 한꺼번에 많이 사용해서 깜깜해서 너무 힘들었지. 그런데 너희들이 전기 에너지를 아껴서 사용해 준다고 하니 정말 기대된단다.
(지구를 덮고 있는 셀로판지를 잡아당겨서 지구의 웃는 모습 사진을 본다)</td><td>· 지구 반구

· 오늘의 활동 순서표</td><td></td></tr>
</table>

시간/ 활동명	활동목표	활동내용	자료 및 유의점	평 가
마무리 〈2분〉		유아 : 지구가 웃고 있어요./ 지구가 환해졌어요. 지구 : 내가 웃게 해 줘서 고마워! 교사 : 그래. 지구야, 우리가 너를 지켜줄게. 우리가 불편하지만 전기 에너지를 아끼는 약속을 꼭 지킬께. ◈ 다음 활동을 예고하며, 본 활동을 마무리한다. 교사 : 다음은 신체표현활동시간이예요. 우리들이 지구를 웃을 수 있도록 도와주려는 것처럼, 세계 여러 나라 사람들이 지구를 위한 시간을 정하여서 지구를 잠깐씩 쉬게 한다고 해요. 우리가 즐겁게 신체로 표현해 보도록 해요. 유아 : 네.		

출처: 충청북도교육청 http://www.cbe.go.kr.

chapter 6

물리적 환경을 어떻게 구성할 것인가

Curriculum for Early Childhood Education Care

유아교육관의 물리적 환경은 유아교육기관의 건물, 시설, 설비, 운동장, 학습자료 등을 의미하며, 실내와 실외 환경으로 구분될 수 있다. 물리적 환경은 영유아가 느끼고 행동하는 데 영향을 주고 다른 사람과의 상호작용 여부를 결정지을 뿐만 아니라 영유아의 목표를 성공적으로 달성하는 데 결정적 역할을 한다.

여러 연구(신혜원, 1992; 황현주, 1991; Anderson, 1989; Field, 1980) 결과에서는 양질의 물리적 환경의 유아교육기관에 다닌 영유아일수록 좀 더 긍정적인 사회행동을 하고, 과제지향적이며, 의사소통기술과 언어적 지능이 높은 것으로 나타났다. 또 다른 연구(Loo, 1972, McGrew, 1970; Rohe & Patterson, 1974; Smith & Conolly, 1980)에서는 유아들이 공간밀도가 높은 상태에서는 공격적이거나 아무것도 하지 않고, 집단놀이보다 혼자놀이에 보다 많이 참여하였다. 그러나 공간이 증가함에 따라 유아는 잘 사용하지 않던 설비를 사용하게 되고, 유아와 설비 간의 상호작용도 증가하였다. 또 유아가 활동을 선택하는 주도성도 증가되었다.

레이차트와 에릭슨(Reichart & Ericson, 1988) 역시 영유아의 연령에 적합하고 풍부한 놀잇감이 제공될 때가 그렇지 않을 때에 비해 좀 더 활동적이고, 구성적이며, 친사회적 행동을 더 많이 보여 준다고 주장하였다(임미혜, 2000, 재인용).

위에서 살펴본 바와 같이, 영유아기는 외부의 환경적 요인에 쉽게 영향을 받는 시기로 물리적 환경이 영유아의 발달에 매우 중요하다는 것을 알 수 있다. 따라서 영유아교사는 영유아들의 균형 있는 성장 · 발달에 도움을 줄 수 있도록 물리적 환경을 조직적이고 합리적으로 잘 구성해야 할 것이다.

이 장에서는 영유아의 놀이를 자극하기 위한 물리적 환경 구성원리, 흥미영역 구성하기, 실내환경 구성하기, 실외환경 구성하기에 대해 살펴보고자 한다.

01 물리적 환경의 구성원리

잘 구성된 물리적 환경은 안전하고 위생적이며 영유아와 성인의 욕구를 충족시켜 줄 것이며, 교실관리가 용이하고, 놀이를 통해 학습과정을 향상시키고, 영유아의 성장과 발달을 촉진시킬 것이다. 따라서 교사는 영유아들의 균형 있는 성장과 발달에 도움을 줄 수 있도록 환경을 조직하고 합리적으로 잘 구성해야 한다.

영유아의 전인적 성장과 발달에 적합한 환경 구성의 원리는 다음과 같다(Clark, 2003).

① 안전한 환경

영유아들은 놀이 및 학습경험 시 위험을 무릅 쓰고 자기 주변의 세계를 자유롭게 탐색하고자 한다. 이를 위해 물리적 환경은 학습하고 탐색할 수 있는 안전한 장소로 영유아가 자유롭고 안락함을 느낄 수 있어야 한다.

② 안락한 분위기

영유아가 가정과 같이 따스하고 환영받고 있다고 느낄 수 있는 분위기를 제공해야 한다. 즉, 파스텔톤의 부드러운 색의 벽에, 실내공간의 모든 영역은 밝고, 통풍이 잘 되어야 한다. 모든 가구는 깨끗하고, 망가진 곳이 없도록 잘 손질되어 있으며 각 흥미영역을 분명하게 구분하기 위하여 사용되어야 한다. 또한 여러 가지 식물들과 부드러운 베개, 흔들의자 같은 물건들이나 사진들을 교실 전체에 진열해야 한다.

③ 소속감

영유아들에게 소속감을 느끼도록 하기 위하여 영유아들의 작품을 눈높이에 매력적으로 전시해야 한다. 또한 전시된 그림이나 각 영유아의 이름이 쓰여진 개인소지품을 간수할 수 있는 사물함도 제공해야 한다.

④ 정돈되고 흥미로운 공간

실내공간은 영유아의 흥미와 요구를 불러일으킬 수 있도록 깨끗하고, 어수선하지 않도록 잘 정돈되고 흥미로운 환경이어야 한다. 이를 위해 영유아의 손이 닿을 수 있는 곳에 낮은 선반을 준비하여 흥미로운 장난감이나 학습하고 탐색할 수 있는 다양한 교재 · 교구를 준비해 준다. 그밖에도 화분, 어항, 그림액자 등과 같은 장식품이 있어야 한다.

⑤ 연령에 적합한 교재 · 교구 제공

영유아의 욕구와 흥미를 충족시킬 수 있도록 연령과 발달에 적합한 교재 · 교구 및 설비를 선택해야 한다. 조작하기에 적당한 크기와 조건을 갖춘 교구 및 설비는 영유아의 학습경험과 탐색을 증가시키고 지원할 수 있다.

⑥ 다양한 상호작용 유발

영유아가 또래 및 환경과 적극적으로 상호작용 경험을 발달시킬 수 있도록 구성해야 한다. 이를 위해 개별적인 놀이와 사회화 기회를 제공할 수 있는 그룹 활동이 자유롭게 이루어질 수 있으며, 각 놀이영역은 소그룹 또는 개별적인 놀이를 위해 잘 정돈되고 각 영역별로 명확히 구분되어져 있어야 한다.

⑦ 선택의 자유

영유아들에게 여러 가지 활동 속에서 자유롭게 선택하고 자신의 기분을 표현할 수 있는 자유가 허용된 공간이어야 한다.

⑧ 독립심과 자발성 촉진

마지막으로 물리적 환경은 영유아들의 독립심과 자발성을 촉진시킬 수 있도록 구성해야 한다. 이를 위해 실내공간의 모든 가구는 영유아에게 적합한 크기여야 한다. 장난감이나 교구들은 영유아들이 성인의 도움 없이 선택하고 꺼낼 수 있도록 낮은 선반에 정돈 · 제시해야 한다. 정리정돈을 더욱 쉽게 할 수 있도록 장난감 또는 소지품을 둔 용기나 선반, 정리장에 그림 라벨을 붙여준다. 영유아가 교실을 정리하고 깨끗하게 유지할 수 있는 방법을 영유아의 눈높이에 그림표로 제시하면 더욱 효과적이다. 특정한 놀이영역에 속해 있는 장난감과 재료들은 쉽게 꺼내 사용할 수 있도록 함께 준비해 놓아야 한다(예: 크레용, 종이, 스탬프와 스탬프 도장은 미술영역에 같이 놓여 있어야 한다).

02 흥미영역 구성하기

영유아들이 하루의 대부분을 보내는 활동실(교실)은 가장 핵심적이고 중요한 공간이다. 영유아들은 실내에서 자유롭게 많은 놀이 기회를 갖고 다양한 활동을 선택하고 계획할 수 있다. 이를 위해 교사는 실내 활동공간을 흥미영역으로 구성해야 한다.

흥미영역이란 활동 내용에 따라 실내 놀이영역을 여러 형태의 교구장 또는 칸막이 같은 것으로 공간과 공간을 경계지어 놓은 것을 말하며, 흥미영역을 중심으로 활동을 구성하는 것은 다음과 같은 장점이 있다.

첫째, 영유아 자신이 원하는 활동을 스스로 선택하기 때문에 능동적이고 자율적인 활동을 하게 된다.

둘째, 영유아가 다양한 흥미영역에서 활동을 할 수 있기 때문에 영유아는 폭넓고 다양한 경험을 할 수 있다.

셋째, 물리적이고 시각적인 경계를 지어줌으로써 영유아로 하여금 자신의 활동에 집중할 수 있어 심리적인 안정감을 느끼게 해준다.

넷째, 영유아 개개인의 개별 수준과 속도에 맞게 활동을 전개할 수 있다.

프로스트와 키싱거(Frost & Kissinger, 1976)는 흥미영역 구성을 [그림 6-1]과 같이 네 가지 공간으로 구분하여 제시하였다.

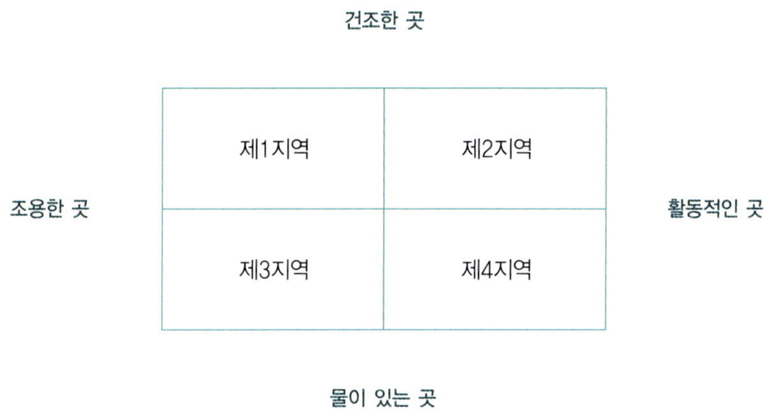

| 그림 6-1 | **프로스트의 흥미영역 구성**

활동실의 배열과 구성은 위의 네 가지 공간의 특성에 기초하여 〈표 6-1〉과 같이 구성할 수 있다.

| 표 6-1 | **활동실의 배열과 구성**

구분	배열	구성
제1지역	조용하고 건조한 곳	· 독서 및 언어영역 · 수 · 과학영역 · 조작영역 · 컴퓨터영역
제2지역	활동적이고 건조한 곳	· 음악 및 동작영역 · 쌓기 영역 · 역할놀이영역 · 목공영역

구분	배열	구성
제3지역	조용하고 물이 있는 곳	· 조형영역 · 요리영역
제4지역	활동적이고 물이 있는 곳	· 물놀이영역 · 모래놀이영역

흥미영역을 구성할 때 고려할 점은 다음과 같다.

- 교구장은 놀잇감의 종류와 위치를 영유아가 눈으로 볼 수 있도록 개방적이고 낮아야 한다.
- 단정하고 체계적이며 논리적인 순서로 배열되어야 한다.
- 시끄러운 활동영역은 함께 배치하고 조용한 활동과는 멀리 떨어져 있도록 배치한다. 조형활동은 가능하면 자연조명이 필요하고, 물놀이는 화장실이나 부엌과 가까이 있어야 한다. 또한 물을 사용하는 활동은 걸레로 닦을 수 있는 바닥이어야 한다.
- 이용 가능한 공간과 어떤 활동이 이루어지는지를 명확히 알려 주는 경계가 있어야 하며 분명한 통로가 있어야 한다. 진행 중인 활동을 방해하지 않고 영역을 드나들 수 있는 길도 있어야 한다.
- 흥미영역은 그곳에서 놀이할 영유아들을 수용할 수 있는 충분한 공간이 있어야 하며(예: 쌓기 영역의 크기, 3~5명 유아에게는 2평 정도), 바닥의 ⅓~½ 정도는 교구장이나 교구가 없는 빈 공간으로 있어야 한다. 교재는 사용될 장소 가까이에 보관되어야 하며, 보관 및 활동공간은 눈으로 쉽게 볼 수 있어야 한다.
- 영유아들이 성인에게 의지하지 않고도 어떤 활동을 해야 하는지를 알 수 있도록 하며, 영유아들에게 어떤 행동이 기대된다는 것을 전달할 수 있어야 한다. 영유아의 수와 활동의 수준을 알 수 있게 배열되어야 한다.

03 실내환경 구성하기

영유아를 위한 교육 및 보육은 크게 먹고, 자고, 쉬고, 화장실 가고 하는 등의 기초적 생활행위와 유희, 게임 등의 놀이 그리고 학습활동 세 가지이다. 연령이 어린 영아 쪽으로 갈수록 기초적 생활행위의 비중이 크고, 연령이 높아짐에 따라 놀이의 비중이 늘어나서 점차 학습의 성격이 강화되게 된다. 이러한 행위들은 독립적으로 이루어지기보다는 상호작용적인 것이다.

영아단계에서는 생활행위를 통해 여러 자조기술들을 학습하게 되고, 유아들은 다양한 놀이를 통한 경험에 의해 많은 발달과업을 성취하며 새로운 학습 내용을 학습하게 된다(이연숙, 1997). 따라서 영유아들의 전인적 성장과 발달에 적합한 물리적 환경공간을 구성하기 위해서는 각 연령별 발달특성과 교육목적과 목표를 고려해야 한다. 1~2개월 차이가 나더라도 성장 · 발달은 많은 변화가 있기 때문이다. 이러한 변화에 따라 물리적 환경 구성 시 흥미영역의 수나 제공되는 교구 · 교재를 다르게 제시해야 한다.

실내환경 구성을 3세 미만 영아와 만 3~5세 유아를 위한 환경으로 구분하여 살펴보면 다음과 같다.

1) 3세 미만 영아를 위한 환경

(1) 일상생활영역(기저귀 갈기 영역, 수유영역, 잠자기 영역)

만 3세 이전 영아의 환경은 가정과 같은 편안함과 안락함을 주어야만 하며 배변, 수유, 이유, 잠자기 등의 기본적 욕구를 만족할 수 있는 곳이어야 한다. 일상생활영역은 기저귀 갈기 영역, 수유영역, 잠자기 영역으로 구성된다.

① **기저귀 갈기 영역**

이 시기 영아들은 하루에도 여러 번 이 영역을 이용하게 되므로 단순히 기저귀 가는 영역이 아니라 즐거운 느낌을 받을 수 있도록 구성한다. 기저귀 갈기 영역은 음식을 준비하는 곳과는 떨어진 장소에 배치하고 옆에는 싱크대를 설치하여 기저귀를 갈아준 후 바로 씻기와 닦기 등 위생처리가 가능하도록 한다. 영아 개별 기저귀, 물휴지, 로션, 일회용 비닐장갑 등은 바구니에 담아 보관한다.

또한 기저귀 갈이대의 바닥은 물로 닦거나 세탁이 용이한 재질로 된 것이 바람직하며, 벽면에는 영아 자신을 볼 수 있는 친근한 사물이나 가족사진을 게시해 준다.

기저귀를 갈고 난 후 영아교사는 영아를 안아 주고 간지럽히고, 다리나 등을 문질러 주는 등 애정접촉을 해 준다.

| 그림 6-2 | 기저귀 갈기 영역

② **수유영역**

수유영역은 우유나 이유식 등 영아의 음식을 준비 · 보관하는 곳으로, 기저귀 갈기 영역, 낮잠자는 영역과 분리하여 배치한다. 특히, 위생에 유의하여 청결한 상태가 유지되도록 하며, 싱크대, 음식을 준비할 수 있는 낮은 테이블, 냉장고와 전자레인지를 배치해 준다.

영아교사가 영아를 안고 우유를 먹일 수 있는 편안한 의자나 흔들의자를 마련해 준다. 벽에는 일일 수유 및 이유 시간표를 붙여 두어 영아가 하루 동안 먹은 우유나 이유식의 양, 시간 등을 알 수 있도록 한다.

| 그림 6-3 | 수유영역

③ **잠자기 영역**

이 시기의 영아들은 하루 중 여러 차례 낮잠을 자므로 잠자기 영역은 놀이공간과 분리하여 아무런 방해 없이 편안하게 잠잘 수 있도록 조용하고 편안한 장소에 배치한다.

조명은 약간 어둡도록 창문을 통해 직사광선이 들어오지 않게 빛을 차단할 수 있는 커튼이나 블라인드 등으로 가려 준다. 또한 침대와 침구는 통풍이 잘 되고 이동이 편리한 곳에 폐쇄공간을 마련하여 보관한다. 면제품의 침구, 부드러운 봉제인형, 모빌, 조용한 음악 테이프나 녹음기 등을 비치한다.

| 그림 6-4 | 잠자기 영역

(2) 신체 및 대근육운동영역

생후 1~2년에 있어 주요 발달과업은 운동기술발달이라고 할 수 있다. 영아들은 새로운 것을 시도하고 반복 연습하기를 좋아한다. 이러한 대근육운동을 통해 자세와 균형을 유지하게 되며, 자신의 몸을 조절할 수 있게 되었을 때 자신감을 가질 수 있게 된다.

신체 및 대근육운동영역에는 깨끗하고 두툼한 바닥깔개나 요 또는 스티로폼 위에 다양한 색의 천으로 뒤집어 씌워 준비해 주고 그 위에서 뒤집고, 온몸 뻗기, 배 밀기 등을 할 수 있다.

또한 영아의 대근육발달을 돕기 위해 넓고 안전한 공간을 확보하며 기어오르는 기구, 영아용 자동차, 밀고 당기는 놀잇감, 유모차, 큰 종이 상자, 오르고 내리는 낮은 계단 등을 마련해 준다.

| 그림 6-5 | 신체 및 대근육활동영역

(3) 언어영역

영아들은 1세를 전후하여 말하기 시작하며, 1세 후반에는 어휘가 급속히 발달되므로 영아들의 언어발달을 지원하는 환경 구성이 필수적이다. 언어영역에서는 영아끼리 또는 교사와 함께 대화를 나누거나 교사가 책을 읽어주는 것을 듣기, 종이에 필기도구로 긁적거리기 등의 활동이 이루어질 수 있다. 따라서 이 영역은 햇빛이 잘 들고 놀이나 활동에 의한 소음이 적은 조용한 곳에 위치하며, 카펫을 깔고 쿠션을 준비해 주거나 유아용 소파나 흔들의자를 준비해 주어 아늑하고도 편안함을 느낄 수 있도록 구성한다. 때로 언어영역은 휴식과 안정을 위한 영역으로 사용될 수도 있다.

이 영역에는 영유아가 좋아하는 매력 있는 표지로 되어 있는 다양한 책들을 겉표지가 보일 수 있도록 비치한다. 2~3세 영유아에게는 사실적이고 영유아의 일상생활의 문제를 다룬 내용(예: 잠꾸러기, 오줌싸개, 세수하기)으로 간단하고, 예상 가능한 문장이 자주 반복되는 20페이지 정도로 이야기가 조금 있는 그림책이 적절하다. 또한 테이프나 레코드 플레이어를 비치하여 녹음된 이야기를 책을 보면서 듣거나 노래나 전래동요를 들을 수 있도록 배려해 주고, 손인형, 융판자료 등을 함께 비치하는 것도 바람직하다.

| 그림 6－6 | 언어영역

(4) 감각, 탐색 및 조작영역

감각, 탐색 및 조작영역은 영아가 감각을 통해 사물에 대한 인식을 발달시키고, 소근육발달 및 눈과 손의 협응력을 기르기 위해 다양한 재료를 탐색해 보는 곳이다.

영유아가 흥미 있는 자료를 탐색할 수 있도록 여러 가지 식물, 씨앗, 나뭇잎, 조개껍질, 솔방울, 깃털, 나뭇가지 등 자연물체와 자석, 확대경, 고장 난 시계나 라디오 등을 비치해 준다. 또한 큰 구멍 뚫린 구슬, 작은 나무 블록, 큰 레고 블록, 간단한 퍼즐, 끼우는 것, 쉽게 꺼내고 넣을 수 있는 플라스틱 통과 뚜껑 등을 비치해 둔다. 그러나 이 조작적 놀잇감들은 자주 입으로 가져가므로 무독성이고 삼킬 수 없을 정도로 커야(3.5cm 이상) 하며, 늘 어른들의 주의를 많이 필요로 한다.

퍼즐이나 구슬 끼우기 같은 활동을 위해서는 낮은 책상에서 놀거나 바닥에 카펫을 깔아 앉아 놀 수 있도록 하는 것이 좋으며, 조작적 놀잇감은 대부분 여러 부분으로 나누어진 것이 많으므로 투명한 통에 보관한다.

| 그림 6－7 | 감각, 조작 및 탐색영역

(5) 조형영역

조형영역은 영유아에게 자신의 선택과 사용방법에 따라 다양하고 창의적인 표현이 가능함을 경험할 수 있게 하고, 대 · 소근육과 눈과 손의 협응, 성취감, 색이나 형태의 심리적인 아름다움을 경험하도록 돕는 곳이다. 3세 미만 영아들은 다양한 미술활동에 참여할 수 있으나 구체적인 형상을 표현하지는 못하고 긁적거리는 수준이다. 그러나 종이와 물감, 크레파스, 풀 등의 관계를 이해하는 것은 영아들에게 중요한 과업이라 할 수 있다. 그러므로 형태의 표현보다는 미술활동자료가 갖는 속성을 탐색하도록 다양한 기회가 주어져야 한다.

영아들이 다양한 자료를 사용하여 자유롭게 표현할 수 있도록 크레파스, 밀가루 점토, 종이 등을 비치해 준다. 초기에는 적은 수의 자료 종류를 제공하다가 점차 영아가 성장할수록 자료의 종류와 수를 늘려 준다.

| 그림 6－8 | 조형영역

(6) 쌓기 및 소꿉영역

영아들은 주변 세계에 관심을 가지고 상호작용을 하기 시작하며, 소꿉놀이에 참여하면서 자연스럽게 긍정적인 사회성이 길러진다. 특히, 영아들은 표상능력이 발달하기 시작하면서 일상생활에서 보고 들은 것을 모방하고 재현하고자 하므로 표상능력이 길러질 수 있는 자료와 활동을 제공한다.

쌓기 및 소꿉영역에는 스펀지 블록, 벽돌 블록 등 여러 가지 블록과 소꿉놀이 놀잇감이 제공되며, 두 영역의 놀이가 통합되도록 인접하여 배치한다. 소음이 많이 나는 영역이므로 카펫을 갈아주고 정리하기 쉽도록 바구니를 마련해 주도록 한다.

| 그림 6－9 | 쌓기 영역

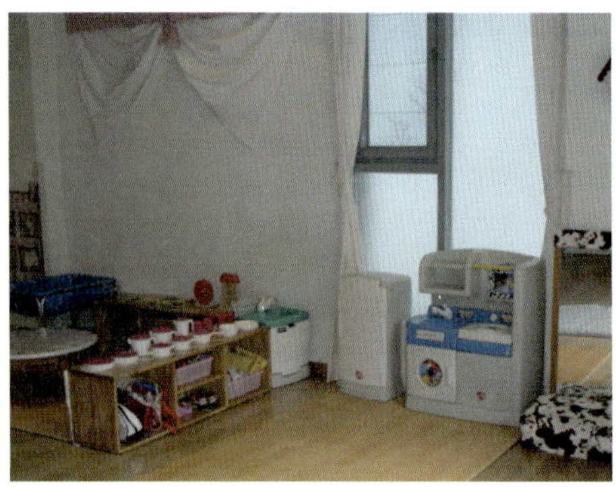

| 그림 6－10 | 소꿉영역

(7) 음악 및 동작영역

음악 및 동작영역은 리듬악기나 소리 나는 물건을 탐색하고, 친숙한 노래를 반복해 들음으로써 리듬감과 창의적인 표현 및 의사소통기술을 발달시키기 위한 영역이다. 자유롭게 표현하고 움직일 수 있는 충분한 공간과 많은 종류의 소리와 움직임을 탐색하면서 즐길 수 있도록 다양한 악기, 노래 테이프, 카세트, 탱탱볼 등을 마련해 주도록 한다. 벽면에는 전신을 볼 수 있는 거울에 부착해 주어 신체의 움직임을 관찰할 수 있도록 하는 것이 바람직하다.

| 그림 6 – 11 | 음악 및 동작영역

2) 만 3~5세 유아를 위한 환경

이 시기의 유아는 독립심과 의사결정, 주도성과 참여를 촉진시키도록 잘 조직된, 명확하게 규정된 환경 속에서 잘 성장한다. 따라서 만 3~5세 유아를 위한 실내놀이 공간은 유아에게 활동의 선택권을 제공하는 매력적이고 도전적인 흥미영역들로 구성해야 한다.

(1) 언어 및 도서영역

언어영역은 유아의 언어발달을 촉진시킬 수 있는 자료가 준비된 공간이다. 공간의 크기에 따라 말하기, 듣기, 쓰기 활동을 위한 공간과 읽기 위한 도서영역으로 나누어 구성할 수 있다.

이 영역은 햇빛이 잘 들고 밝고 조용한 곳에 배치하여 유아들이 집중할 수 있도록 왕래가 잦은 출입구나 음악 및 동작, 쌓기 영역 등 움직임이 많은 동적 활동영역과 멀리 떨어진 곳에 배치하는 것이 좋다.

언어영역에는 글자로 된 자료가 많이 제공되므로 유아의 시력을 보호할 수 있는 스탠드와 같은 부분조명장치를 해 주도록 한다. 바닥에는 카펫을 깔고 낮은 책상과 흔들의자, 쿠션 등을 준비해 주어 편안하고 안정된 분위기 속에서 책을 읽을 수 있도록 배려해 준다.

유아용 책꽂이에는 유아들의 흥미와 발달수준에 적합한 책을 겉표지가 보일 수 있도록 진열한다. 한꺼번에 여러 권의 책을 진열하지 말고 활동주제와 유아의 흥미에 따라 자주 책을 바꾸어 주도록 한다.

| 그림 6 - 12 | 언어영역

(2) 조작영역

조작영역에서는 조작적 기술, 즉 손과 손가락을 능숙하게 사용하는 능력, 눈과 손의 협응력 등 소근육발달이 이루어진다. 조작적 기술의 습득은 옷의 단추를 끼우고, 지퍼를 올리며, 구두끈을 매고 연필을 쉽게 잡게 할 뿐만 아니라 읽기 기술 · 습득에도 중요하다. 눈과 손의 협응력은 왼쪽에서 오른쪽으로 읽기에 필요한 시각과 지각의 발달을 위한 선수요인이다. 그 밖에 사회적 기술, 창의성도 발달된다.

이 영역은 도서영역이나 과학영역과 인접하여 조용한 영역에 배치한다. 바닥에 카펫을 깔아 주거나 낮은 책상을 배치해 두어 안정감을 가지게 배려해 준다. 소그룹 또는 개인적으로 놀이할 수 있도록 다양한 놀잇감을 제공해 주어야 한다.

| 그림 6－13 | 조작영역

(3) 수영역

수영역은 조용한 놀이로, 분류, 일대일 대응, 서열, 비교, 수세기, 모양, 형태, 측정 등 기초적 수개념을 형성하며 눈과 손의 협응력, 감각기관의 능력 및 소근육을 발달시킬 수 있는 곳이다. 따라서 수 이전 활동을 할 수 있도록 구슬, 솔방울, 단추

등과 측정을 위한 평형 저울, 온도계, 시계, 체중계를 비치한다.

그밖에도 퀴제네어 막대, 색입방체 블록, 카드 게임, 숫자퍼즐, 게임 판, 여러 모양의 패턴 블록과 패턴카드 등 수 · 조작활동자료를 충분히 비치한다.

| 그림 6 – 14 | 수영역

(4) 과학영역

과학활동은 밀가루 반죽을 만지거나 자연을 관찰하기 위해 바깥으로 산책하는 것과 같이 간단한 활동과 동 · 식물 기르기, 기계 분해와 조립 등 여러 가지 과학의 개념 형성을 도울 수 있는 활동이 이루어지는 곳이다.

과학영역은 조용한 곳에 위치하여 실험 · 탐색해 보는 기회를 가질 수 있도록 여러 기구와 재료를 배치한다. 바닥에는 카펫을 깔아 주고 유아 혼자서 활동하는 개별 공간과 3~4명의 유아가 소집단으로 활동할 수 있는 책상과 의자를 적절히 배치한다. 또한 유아들의 수집품을 전시할 관찰대를 비치해 준다.

| 그림 6 – 15 | 과학영역

(5) 쌓기 영역

블록 쌓기는 모든 유아들에게 신나고 재미있는 활동이다. 다양한 모양과 크기의 블록놀이를 하는 동안 유아는 수, 형태, 색깔 등에 대한 개념을 형성할 수 있고, 상상력과 창의력이 길러진다. 그 밖에 눈과 손의 협응력, 대근육발달과 신체적 긴장해소, 성취감, 문제해결력도 길러줄 수 있다.

쌓기 영역은 소음이 발생하므로 활동적이고 건조한 장소에 배치하여 바닥에는 카펫을 깔아 소음을 방지하고 놀이와 확장을 위해 역할놀이영역 옆에 위치하게 한다.

정리장으로 쌓기 영역을 구분하여 유아에게 안정된 분위기를 제공해 주어야 하며 쌓기 영역을 구분하는 데 사용할 장이나 카펫이 충분히 없다면 마스킹 테이프로 경계선을 그어주어도 좋다.

쌓기 영역의 크기는 한 번에 편안하게 놀이할 수 있는 유아의 수에 따라 충분한 공간을 확보한다(유아 1~2명당 2/3평 정도, 3~5명의 유아에게는 2평 정도).

| 그림 6 – 16 | 쌓기 영역

(6) 역할놀이영역

역할놀이영역에서는 소꿉놀이, 가게놀이, 음식점 놀이, 병원놀이 등 유아들이 경험하고 관찰했던 사람들을 실제로 표현해 보는 기회를 갖는다. 역할놀이를 통해 사회화 기술(다른 사람과 상호작용하는 법) 증진, 지시에 따르기, 문제해결력, 나누기, 차례 지키기, 성인 역할 해보기, 언어기술 발달 및 지적 발달이 촉진되고, 놀이를 하는 동안 부정적인 감정을 발산시켜 정서가 안정되기도 한다.

그 밖에 유아의 상상력, 경험 및 희망에 따라 자유롭게 구성되는 놀이로 구성하고 역할을 분담하며 적절한 놀잇감을 선택하고 준비하는 과정에서 유아는 무엇이든 새롭게 창조해 보는 기회를 가질 수 있어 창의력이 발달된다.

이 영역은 움직임이 많고 활동이 다양하여 활동적인 놀이영역에 위치하도록 배치한다. 극화 놀이자료와 소품은 성차별이 없고, 여러 문화적 배경을 포함시켜야 한다.

| 그림 6 – 17 | 역할놀이영역

(7) 음악과 동작활동영역

음악과 동작활동영역에서는 유아들이 음악을 감상하고 다양한 악기를 탐색하며 연주하기, 노래 부르기 등의 음악과 동작활동을 할 수 있다. 이 영역은 창의성과 표현의 자유를 발달시켜 주기 때문에 유아가 원하는 대로 자유롭게 노래하고, 연주하고, 동작할 수 있도록 매일의 활동에 통합되어 제공해야 한다.

음악과 동작활동영역은 시끄러운 활동이므로 시끄러운 영역에 위치하도록 배치하고, 유아가 편안하게 생각에 따라 움직일 수 있는 충분한 크기의 공간을 마련해 주어야 한다.

악기로는 리듬악기(탬버린 등), 멜로디악기(실로폰, 피아노 등), 전통악기(소고, 징 등), 생활용품으로 만든 악기(곡식 마라카스, 방울악기 등) 등을 제시한다. 음악감상을 위해서는 다양한 음악CD나 CD플레이어, 안락의자 등을 준비한다.

창의적인 신체표현을 위해서는 리본막대나 스카프, 훌라후프, 공 등의 소품을 제공하며, 벽면에는 악기연주자나 무용하는 사진자료를 붙여준다.

| 그림 6－18 | 음악과 동작활동영역

(8) 조형영역

조형영역에서는 도화지에 크레파스로 그림을 그리는 것뿐만 아니라 상자 또는 병으로 구성하기, 폐품을 이용한 악기 만들기 등 다양한 물체의 탐색과 실험을 통해 자유롭게 표현하여 볼 수 있는 기회를 제공하여야 한다. 가위질, 풀칠, 색칠 등은 소근육과 눈과 손의 협응기술을 발달시키며, 손가락 그림, 밀가루 반죽놀이 등은 대근육을 사용한 운동기술의 발달을 도울 뿐 아니라 자신의 선택과 방법에 의한 작업의 결과로부터 성취감과 자아감을 갖게 하고, 정서적인 분출구로서도 중요한 역할을 한다.

조형영역은 정적인 활동이 이루어지므로 출입구에 가까운 곳이나 음악이나 동작활동영역 등 동적인 영역과 분리하여 조용한 장소에 배치하는 것이 바람직하다. 또한 작업용 책상과 의자, 이젤 등이 설치되어야 하며, 싱크대 옆에 위치하게 배치하여 수시로 물을 갈아 쓸 수 있어야 한다. 항상 종이 수건이나 스펀지, 마른 수건 등을 구비하고 밀가루 반죽이나 손가락 그림 그리기를 할 때에는 책상용 비닐보를 준비한다. 또한 유아용 작업복을 비치해 놓아 필요시 유아가 입을 수 있도록 한다.

| 그림 6 – 19 | 조형영역

(9) 컴퓨터영역

컴퓨터활동을 위한 적합한 환경은 별도의 컴퓨터실이나 독립된 방이 아니라 학급 내 흥미영역에 설치되는 것이 바람직하다. 다시 말해, 컴퓨터영역이 다른 교과 과정에 통합되어서 사용 될 때 유아는 끊임없이 실험하고 탐색하는 가운데 새로운 것을 발견하고 창조할 수 있기 때문이다.

컴퓨터는 밝은 조명, 인간환경 공학적인 모니터와 의자를 갖추어 조용한 영역에 배치되어야 한다(Petersen, 2003). 쌓기 영역, 역할놀이영역과는 떨어지고 언어 및 도서영역과는 가까운 곳에 설치하도록 한다. 그러나 컴퓨터영역은 또래와 소프트웨어와의 상호작용으로 어느 정도는 소음이 예상되므로 절대적으로 조용한 곳은 적당하지 않다. 컴퓨터 영역이 독립적인 영역이라는 느낌을 주고 싶을 때는 칸막이나 교구장으로 가리고 설치하면 된다. 공간의 크기는 적어도 세 명의 유아와 한 명의 성인이 편안하게 활동할 수 있을 정도여야 한다.

컴퓨터는 유아 크기에 맞는 책상에 놓아야 하고, 적어도 컴퓨터 1대당 의자 2개 이상을 둔다. 이와 같은 배치는 유아 간의 상호작용을 고무시켜 유아들이 서로 의견을 교환하고 토론하며 협력하도록 조장한다. 프린터는 꼭 구비하는 것이 좋으며, 컴퓨터는 서로 볼 수 있는 130도 정도가 되도록 설치하고, 컴퓨터의 조작방법을 위한 그림 설명서를 제시하는 것이 좋다.

| 그림 6 – 20 | **컴퓨터영역**

무엇보다도 중요한 것은 소프트웨어이다. 발달적으로 적합하고 나이에 맞게 제공된 소프트웨어는 유아들의 학습에 컴퓨터를 유용하게 만드는 필수적 요소이다. 개방적이고 탐색적인 소프트웨어는 유아들이 프로그램을 컨트롤하고 의사결정하며, 사람, 동물, 사물의 구체물을 보고 조종할 수 있는 실험의 기회와 문제해결을 할 수 있는 기회를 제공하므로 신중하게 선택되어야 한다. 유아에게 적합한 소프트웨어 선택기준은 다음과 같다(이경우, 1991).

첫째, 연습지와 같은 프로그램은 바람직하지 않으며 자기표현을 격려하는 개방적인 프로그램이 바람직하다.

둘째, 유아가 사용하기 쉬워야 한다. 즉, 그림 메뉴가 있거나 많은 키를 사용하지 않고 혼자서도 활동할 수 있어야 한다.

셋째, 상호작용적이어야 한다. 유아가 빈번하게 반응하고 결정을 내리도록 창의적으로 입력할 수 있어야 한다.

넷째, 내용이 충실해야 한다. 발달단계에 적합한 교육적 내용을 포함한 것이어야 한다.

다섯째, 다른 활동을 하고 싶을 때는 에스케이프 키(escape key)를 누르거나 화면의 그림을 통해 쉽게 빠져 나올 수 있도록 고안된 것이어야 한다.

여섯째, 유아 스스로 쉽거나 어려운 활동을 선택할 수 있도록 프로그램에 난이도가 있어야 한다.

일곱째, 효과음, 정보음 등이 재미있는 소리(음)로 된 것이라야 한다.

여덟째, 컴퓨터 그래픽들이 아름답고 색깔도 선명해야 하며 인식되기 쉬워야 한다.

아홉째, 유아들이 즐길 수 있는 것이어야 한다.

열째, 소프트웨어의 가격은 적절해야 한다.

04 실외환경 구성하기

실외놀이 공간은 실내놀이 공간의 연장일 뿐만 아니라 자연과 더불어 놀이경험을 더욱 폭넓게 확대시켜 나갈 수 있는 공간이다. 영유아들의 놀이와 발달에 바람직한 영향을 주기 위해서는 실내놀이 공간과 실외놀이 공간이 잘 구성되어 조화를 이루어야만 한다.

실외놀이 공간은 실내놀이 공간에 비해 넓기 때문에 실내에서 경험할 수 없는 자유로움과 융통성을 제공할 수 있다. 영유아들에게 실내와 실외의 두 공간이 연계되어 제공되면 영유아들의 놀이는 복잡하고, 도전적이며, 다양한 형태로 확장되고, 창의성, 학습, 발달적인 측면에 도움이 된다(Frost, Wortham, & Reifel, 2001). 따라서 실외놀이공간은 영유아의 전인적 성장발달을 촉진시키는 복합적 기능을 수행하는 장소가 되어야 한다.

일반적으로 실외환경은 개방된 영역, 바퀴 달린 놀잇감 영역, 그늘영역, 지붕이 있는 영역, 자연생태영역, 모래놀이영역, 물놀이영역, 대근육운동영역 등이 있다.

1) 개방된 영역

모든 실외공간에는 아무것도 없는 넓은 공간이 필요하다. 여기에서는 공놀이, 술래잡기, 뛰놀기, 달리기, 게임 등과 같은 여러 자유로운 활동을 할 수 있다. 한쪽에 모래밭을 만들어 주어 높이뛰기, 넓이뛰기 등의 활동을 하게 한다. 과격한 활동은 잔디밭을 이용한다.

| 그림 6－21 | 개방된 영역

2) 바퀴 달린 놀잇감 영역

바퀴 달린 놀잇감 영역에서는 자전거, 짐수레, 인형유모차, 끌차 등이 다니는 곳이므로 바닥은 딱딱한 것이 좋다. 이러한 기구들이 용이하게 다닐 수 있도록 충분히 넓어야 한다. 길의 모양은 원형이나 타원형으로 만들어 놀잇감을 타기 시작하는 장소에서 한 바퀴를 돌면 다시 돌아올 수 있도록 하고, 양방향으로 탈 수 있도록 2차선으로 만드는 것이 좋다. 시작점에는 영유아들이 차례를 지키면서 기다릴 수 있도록 하고, 곳곳에 도로 표지판을 설치해 주도록 한다.

| 그림 6 – 22 | **자전거도로**

3) 그늘영역

다양한 크기와 색깔의 나무, 관목, 포도넝쿨 등을 사용하여 그늘을 마련해 준다. 여기서는 바닥에 돗자리 등을 깔아 휴식을 취할 수도 있고 이야기 나누기, 동화 들려주기의 활동을 하기에 아주 적절하다. 더운 여름날에는 뜨거운 햇빛을 피해 모래놀이나 물놀이를 이동시켜 활동하게 할 수도 있다. 마땅한 장소가 없으면 테라스를 이용할 수도 있고 텐트나 비치파라솔 등의 임시시설도 가능하다.

| 그림 6 – 23 | 그늘영역

4) 지붕이 있는 영역

건물에 붙여 지붕을 설치한 영역을 마련하면 실내놀이와 실외 놀이의 전이영역으로 사용할 수 있고, 비 오는 날에는 실외활동을 할 수 있다. 재료로 유리나 투명 플라스틱을 사용하게 되면 광선의 양이 증가된다. 맑고 더운 날에는 광선과 열을 조절하기 위해 차양을 사용할 수 있다. 목공놀이대, 물감 그림 그리기, 풀 물감 그리기 등의 활동을 하기에 적절한 곳이다.

| 그림 6 – 24 | 지붕이 있는 영역

5) 자연생태영역

현대, 특히 도시의 영유아에게는 식물, 곤충, 새, 동물 등이 땅과 물이라는 다양한 환경에서 어떻게 공존하는지에 대한 직접적인 지식이 거의 없다. 기후에 따라 작은 언덕과 연못, 바위, 늪 등을 꾸미고 그 지역에서 잘 자라는 식물들을 기를 수 있도록 꾸미면 자연히 곤충이나 벌레, 새들도 이곳을 찾게 될 것이다. 이렇게 되면 영유아들에게 이곳은 매우 매력적이고 탐구심을 자극하는 환경이 된다.

채소 재배장도 영유아에게 자연생활과 학습경험을 제공해 주며 살충제의 해가 없는 채소를 직접 얻게 할 수 있는 훌륭한 곳이라 할 수 있다. 특히, 짧은 성장주기를 가진 식물을 키움으로써 영유아들에게 성장, 발달, 생의 주기를 관찰하여 개념을 발달시키게 한다. 공간이 가능한 대로 정원을 만들어 식물을 보살피며 식물의 성장과정을 관찰하는 경험도 할 수 있게 한다.

6) 모래놀이영역

모래는 쉽게 젖고 또 빨리 마른다는 장점을 지니면서 손으로 만질 때의 촉감이 곱고 부드러워 감각을 발달시켜 주고 유아의 소근육도 발달하게 도와주는 자료이다. 이 영역에서는 여러 가지 도구를 사용하여 모양을 만들기도 하고 구조물을 구성할 수도 있으며 그것을 이용해 사회적 극화놀이도 할 수 있다.

모래놀이영역은 비가 왔을 때 배수가 가능하도록 배수구를 마련하고 가장자리에는 턱을 만들어 주어 소도구를 올려놓거나 앉을 수 있게 해 준다. 깊이는 20~25cm 이상이 되도록 하고 뚜껑을 만들어 주면 잡다한 것이 들어가는 것을 방지할 수 있다. 최소한 1년에 한 번씩 모래를 갈아주어 먼지나 더러운 것이 쌓이지 않게 한다.

| 그림 6 – 25 | 모래놀이 영역

7) 물놀이영역

물놀이영역은 수도나 펌프 근처에 배수가 용이한 콘크리트나 잔디밭에 커다란 양동이나 플라스틱으로 만든 수영풀을 놓아 이용할 수 있다. 수영이나 물장난을 위해서는 풀이 좋으나 뜨고, 가라앉고, 물결치고, 흐르는 등의 물의 성질을 알게 하는 실험적 활동에는 물통 같은 것이 더 유용하다. 이곳에도 모래놀이와 마찬가지로 물을 푸는 바가지, 깔때기, 고무호스, 구멍 뚫린 플라스틱 통, 물에 뜨는 것과 가라 앉는 물체, 스펀지 등 활동에 필요한 여러 기구들을 준비하여 준다. 식용물감으로 물을 들이면 또 다른 흥미를 불러일으킬 수도 있다.

| 그림 6 – 26 | **물놀이대**

8) 대근육운동영역

대근육운동영역에는 대근육능력을 기르고 기구를 이용하는 방법을 습득할 수 있도록 기어오르기, 매달리기 등 다양한 신체활동을 할 수 있는 놀이시설을 설치한다. 안전사고가 많이 일어날 수 있으므로 바닥은 모래나 고무로 처리하여 안전사고에 대비한다.

대근육운동영역에 시설 및 기구를 설치할 때는 무엇보다도 안전성, 견고성, 시설물의 질, 놀이의 가치를 충분히 고려하여야 한다. 구체적으로 고려할 점은 다음과 같다(이정환, 1994).

첫째, 각 시설물이 실외놀이공간의 전체적인 전경에 맞도록 설치한다.

둘째, 각 영역에 어울려서 전체적인 경관을 아름답게 할 수 있도록 색을 잘 선택한다.

셋째, 시설물은 영유아의 신체 크기에 알맞아야 한다.

넷째, 안전을 고려하되 좀 더 높은 수준으로 도전할 수 있도록 시설물을 제공한다.

다섯째, 크고 작은 영유아 모두 탈 수 있도록 다양한 크기의 미끄럼틀을 설치한다.

여섯째, 시소나 그네는 나이가 어린 유아들이 쉽게 탈 수 있는 곳에 설치한다.

일곱째, 모든 시설물의 끝이나 모서리는 매끄럽게 처리한다.

여덟째, 영유아를 다치게 할 수 있는 나사나 못같이 튀어나온 것을 제거한다.

아홉째, 시설물을 설치한 곳에는 영유아가 떨어졌을 때 충격을 흡수할 수 있는 재료(모래, 잔디 등)를 깔아서 표면처리를 한다.

열째, 시설물 간의 거리를 일정간격으로 유지하여 영유아들의 충돌을 피하도록 한다.

열한째, 높은 곳으로 올라가서 이용하는 시설물의 경우에는 난간을 설치하도록 한다.

| 그림 6 – 27 | 대근육운동영역

chapter 7

무엇을, 어떻게 평가할 것인가

유아교육과정을 세부적으로 계획하고 운영하는 것도 중요하지만 유아교육과정을 실행하면서 반성과 통찰을 위한 평가도 매우 중요하다. 평가를 통해 영유아에게 보다 적합하고 효과적인 내용, 방법으로 유아교육과정이 수정 · 보완되므로 유아교육의 질이 높아질 수 있기 때문이다.

최근 유아교육의 질적 개선이란 목표 아래 유아교육기관에 대한 평가가 전국적으로 실시되면서 그동안 관심을 받지 못했던 평가영역이 중요한 화두로 떠오르고 있다. 유아교육평가는 결과에 기초한 능력 위주의 평가가 아니라 과정에 기초한 질적 평가방법을 통해 유아의 발달을 도와줄 수 있는 평가이어야 한다.

유아교육현장에서 평가의 의미는 다음과 같다.

첫째, 유아평가는 유아 개개인의 전인적 성장 · 발달을 도와주는 데 그 의미가 있다. 즉, 유아들에게 점수나 등급을 매겨 우수한 유아와 열등한 유아를 구분 · 선발하는 데 있는 것이 아니다.

둘째, 유아교육의 목표가 제대로 성취되었는지의 여부를 밝혀 유아교육활동의 전반적인 과정을 개선하는 데 그 의미가 있다. 유아교육활동이 전개된 후 설정된 목표에 실제로 어느 정도 도달하였는지, 만약 제대로 달성되지 않았다면 그 요인은 무엇이며, 어떻게 수정 · 보완해야 할 것인지에 대한 합리적 근거를 찾기 위해 평가가 필요하다.

셋째, 유아교육기관에 자녀를 보내고 있는 부모들은 자신들의 투자와 노력에 대한 효과를 알고 싶어 한다. 유아교육기관에서는 유아교육의 효과에 대한 실증적이고 과학적인 증거를 수집 · 정리하여 그 결과를 부모들에게 알려줄 필요가 있으므로 평가가 필요하다.

이 장에서는 무엇을, 어떻게 평가해야 하는지에 대해 유아 평가, 교사 평가, 부모 평가, 프로그램 평가, 교육환경 평가로 나누어 살펴보고자 한다.

01 무엇을 평가할 것인가

1) 유아 평가

유아 평가는 유아의 발달 정도, 특정 유아교육 프로그램과 유아와의 상호작용의 효과, 유아 개개인의 능력 및 특성과 잠재력에서의 개인차 등을 평가하여 교육에 반영함으로써 유아 개개인의 전인적 성장 · 발달을 도와주는 데 그 의의가 있다.

유아발달과 관련된 평가영역 및 절차는 〈표 7-1〉, 그림 [7-1]과 같다(임재택, 1997).

| 표 7-1 | 유아발달에 따른 평가영역

구분	내용
신체발달영역	지각 · 감각발달 정도, 신장과 체중, 치아 등 신체조건, 대 · 소근육 협응 능력, 신체적 장애와 질병 등 건강상태, 운동기능 등
인지발달영역	지능, 학습준비도, 학습습관, 인지양식 및 인지발달 수준, 논리 · 수학적 개념, 자연현상에 대한 개념, 사회현상에 대한 개념 등
언어발달영역	소리 변별, 발음, 어휘발달 정도, 문법, 의사소통능력 등
정서발달영역	자아개념, 성취동기, 흥미, 태도, 성격, 창의력, 유아그림 분석 등
사회성발달영역	교우관계, 성역할, 놀이 유형 및 놀이발달수준, 사회성숙도, 일상생활습관 등 건강상태, 운동기능

① 부모로부터 유아에 관한 정보수집

교사는 취원 전후의 부모면담, 전화, 등 · 하원 시의 짧은 대화, 부모모임 등을 통해 정보를 수집한다.

▼

② 유아의 일상적 활동에 대한 관찰 기록

일화기록, 시간표집이나 평정척도 · 체크리스트를 통해 유아를 이해할 수 있는 기초자료를 수집한다.

▼

③ 유아에 대한 종합적인 평가체제 개발

교사의 관찰, 작품 수집, 각종 검사도구의 결과, 부모의 면담자료 등을 종합해 유아 평가체제를 구성한다.

▼

④ 평가자료를 유아교육과정의 계획과 실행에 적용

유아에 관한 각종 자료(흥미, 능력, 습관, 선호도 등)를 유아의 개인차를 고려하여 유아교육계획에 활용한다.

| 그림 7－1 | 유아 평가의 절차

〈표 7-2〉는 유아의 수행 평가 양식의 예이다.

| 표 7-2 | 유아의 수행 평가 양식의 예

반		유아명		평가시기	
생활주제	건강과 안전	주제	맛있는 음식과 영양	활동명	찾아라! 식품첨가물
평가 내용 및 관점	• 식품첨가물에 관심을 가졌는가? • 식품첨가물의 유해함을 알고 적게 먹는 방법을 아는가? • 자신의 생각을 바른 태도로 이야기하는가? • 다른 사람의 이야기를 주의 깊게 듣는가?				
평가 상황	• 이야기 나누기				
평가 유형	• 체크리스트, 일화기록, 포트폴리오				

체크리스트			
평가 내용	그렇다	보통이다	아니다
1. 주제에 대한 이야기를 듣고 자신의 생각을 이야기한다.			
2. 다른 사람의 이야기를 바른 자세로 듣는다.			
3. 다른 사람의 의견을 소중하게 생각한다.			
4. 이야기 나누기 활동에 적극적으로 참여한다.			
5. 미디어를 건강하게 사용하기 위한 방법을 안다.			
6. 친구와 협동하여 적극적으로 활동에 참여한다.			
일화기록			

출처: 충청북도 교육청 유치원 교사 교육활동 계획서(www.cbe.go.kr)

2) 교사 평가

교사 평가는 교사의 사기와 동기유발과 관련이 있고, 유아 및 유아교육기관에 미치는 영향이 크다. 따라서 교수 · 학습과정에서 교사는 수업을 위한 준비와 교수 행동에 대한 평가를 반드시 해야 한다.

교사에 대한 평가는 임용, 승진, 또는 현직 유지 등에 관한 행정적 의사결정이나 교수 · 학습과정을 목적으로 실시하며, 주로 유아교육목표를 달성하기 위한 지도 방법 및 기술을 평가한다(이은해, 1995; 이영석, 박재환, 김경중, 1985).

유아교육기관의 교사를 평가할 때는 최소한 다음의 내용들이 다루어져야 한다(표 7-3).

| 표 7-3 | 교사 평가의 내용

구분	내용
신체	신체적 건강상태, 활동성 정도, 예의 바른 태도, 바른 자세 등
인성	적극성, 정서적 안정감, 자제력, 협동심, 융통성, 성실성, 사려성, 긍정적인 인간관, 공정성, 부모 및 동료교사와 의 원만한 관계, 자신에 대한 긍지 등
교양 및 지적 능력	다방면에 걸친 풍부한 지적 능력, 순발력, 언어사용능력, 창의력 등
교직에 관한 태도	사명감, 열의, 전문성 신장을 위한 노력, 책임감, 수용적 태도, 적합성, 신념 및 직업윤리 등
유아교육기술	유아교육과정 재구성 능력, 실천능력, 평가능력, 교재 · 교구 제작 및 활용 능력, 적절한 자극 및 개입 정도, 융통성 있는 활동 운영능력 등
전문적 지식	소속기관의 유아교육철학에 대한 이해, 유아교육과정에 대한 지식, 생활지도 및 상담지식, 다양한 교수방법에 대한 지식, 평가에 관한 지식 등

〈표 7-4〉는 이야기 나누기 활동 후 교사의 자기 수업 평가의 예이다.

| 표 7-4 | 이야기 나누기 활동 후 교사의 자기 수업 평가의 예

1. 수 업 일: 2. 활동주제:

3. 수업대상: 4. 수 업 자: 5. 평 가 자:

범주	평가 내용	평점(80점 만점)				
이야기 선정	주제와 연계되는가?	5	4	3	2	1
	유아들의 경험과 연계되는가?	5	4	3	2	1
	유아들의 발달에 적합한가?	5	4	3	2	1
대형	유아들이 앉은 대형이 이야기 나누기에 적절한가? (예:반은 바닥, 반은 의자)	5	4	3	2	1
	유아들을 자신이 원하는 자리에 자율적으로 앉게 하는가?	5	4	3	2	1
	유아들의 주의집중을 위해 주변의 교구나 물건을 정리하는가?	5	4	3	2	1
매체	그림, 사진, 실물 등의 자료를 사용하는가?	5	4	3	2	1
이야기 지도 과정	수수께끼, 동화, 자료설명, 경험 회상 등의 도입방법을 사용하는가?	5	4	3	2	1
	유아들의 다양한 반응을 유도하기 위해 적절한 질문을 하는가?	5	4	3	2	1
	유아들의 질문에 대답을 해주는가? (예:종합/확장/정보 제공/수정 등)	5	4	3	2	1
	유아들의 부적절한 반응이나 행동을 긍정적인 방법으로 조정하는가?	5	4	3	2	1
	유아들의 적절한 반응에 대하여 격려 혹은 칭찬을 하는가?	5	4	3	2	1
	유아들을(과반수 이상) 이야기 나누기에 적극 참여시키는가?	5	4	3	2	1

<table>
<tr><th>범주</th><th>평가 내용</th><th colspan="5">평점(80점 만점)</th></tr>
<tr><td>소요 시간</td><td>유아의 수준에 따라 시간을 적절히 배정하는가?</td><td>5</td><td>4</td><td>3</td><td>2</td><td>1</td></tr>
<tr><td rowspan="2">마무리</td><td>이야기 나누기 시간에 나온 내용을 종합 정리하는가?</td><td>5</td><td>4</td><td>3</td><td>2</td><td>1</td></tr>
<tr><td>이야기 나누기 시간을 마무리하고 다음 활동이 무엇인지 알려 주는가?</td><td>5</td><td>4</td><td>3</td><td>2</td><td>1</td></tr>
<tr><td rowspan="3">종합 의견</td><td rowspan="2">합계</td><td colspan="2">총점</td><td colspan="3"></td></tr>
<tr><td colspan="2">평점</td><td colspan="3"></td></tr>
<tr><td colspan="6">• 좋은 점

• 개선할 점</td></tr>
</table>

출처: 충청북도 교육청 유치원 교사 교육활동 계획서(www.cbe.go.kr)

3) 부모 평가

유아교육기관과 가정과의 연계성이 강조되는 유아교육현장에서는 부모교육 및 부모 참여의 중요성이 매우 높다. 부모 평가는 부모가 참여하는 참여수준에 따라 평가방법이 달라지나, 일반적으로 부모가 습득한 지식이나 태도에 의해 다음과 같이 평가된다(이은해, 1995).

첫째, 부모를 면접하거나 설문지를 통해 부모가 습득한 새로운 지식이나 태도에 대한 자료를 수집할 수도 있고, 관찰방법을 통해 부모가 자녀에게 제공하는 자극, 경험, 양육기술 등에 대해 보다 구체적으로 자료가 수집되기도 한다. 이때 양육태도 및 행동에 관한 기존의 다양한 검사들이 활용될 수 있다.

둘째, 비반응적 측정자료의 수집도 효과적이다. 가정통신문의 지시에 의한 부모의 반응, 부모회의 출석률, 자원봉사 실행 횟수, 부모 요청에 의한 교사와의 면담 등의 기록이 참고자료가 된다.

셋째, 유아의 수행, 즉 유아들이 나타내 보이는 발달적 또는 행동적 변화를 측정할 수도 있다. 이는 부모교육의 효과로 볼 수도 있으나, 다른 요인의 작용에 의한 것일 수도 있으므로 순수한 부모교육의 효과로는 볼 수 없다.

| 표 7-5 | 부모면담 양식

부모면담	
영유아 이름: ____________	**만 연령:** ________세(남 · 여)
생년월일: ______년 ____월 ____일	**면담일:** ______년 ____월 ____일
사회성 발달	
교사의 관찰 의견	
부모의 관찰 의견	
목표	

4) 프로그램 평가

유아교육 프로그램 평가란 프로그램의 질적 수준과 효과를 평가하는 것을 의미하는데, 유아교육 프로그램 평가를 정기적으로 실시하여 그 결과를 다음 유아교육 활동 계획수립에 활용하도록 하여 유아교육과정의 질을 개선하고 유아교육 프로그램의 효율성을 높이도록 한다.

구체적인 평가대상으로는 유아에 대한 평가와 기관에 대한 평가가 있다.

(1) 유아에 대한 평가

유아에 대한 평가는 유아의 성취도를 측정하는 것으로, 유아의 발달수준 평가와 학습목표 성취 평가로 나누어지며, 유아교육의 결과와 관련되는 총괄 평가와 유아교육계획 및 프로그램의 수정 및 보완을 위한 진단 및 형성 평가가 실시된다.

(2) 기관에 대한 평가

기관에 대한 평가는 교육이나 유아교육의 과정 변인을 다루고, 프로그램의 질적 수준과 효과를 평가하는 것이다. 이러한 프로그램 결과에 대한 평가는 그 프로그램이 유아에게 미치는 장 · 단기적 효과에 대한 비교연구의 형태로 이루어져 왔다(이은해, 이기숙, 1983, 1987). 유의할 점은 기관에 대한 평가가 유아교육의 질 향상을 위해 이루어져야지 기관을 통제하기 위한 수단으로 사용되어서는 안 된다는 것이다. 이를 위하여 장기적으로는 자율적인 평가기구의 구성이 바람직하며 이에 대한 정부나 지방자치단체 관계 부서의 적극적 지원이 필요하다.

현재 우리나라에서 실시되고 있는 평가를 유치원과 어린이집으로 구분하여 살펴보면 다음과 같다.

① 유치원

교육부는 유치원의 체계적 진단과 처방을 통한 유치원 운영 개선을 지원하고, 우수사례의 상호 공유 등의 과정을 통해 유치원 경쟁력을 제고하기 위해 2007년 유치원 시범 평가를 거쳐 2008년부터 각 시 · 도 교육청을 통해 유치원 평가를 실시하였다. 현재까지 유치원 평가는 2008~2010년까지의 1주기 평가, 2011~2013년까지 2주기 평가, 2014~2016년까지 제3주기 평가를 마쳤다.

유치원 평가에 대한 이해를 돕고자 제3주기 유치원 평가의 목적을 살펴보면 다음과 같다(교육부, 2014).

첫째, 누리과정을 충실히 운영할 수 있는 유치원 운영체계 구축 및 유치원의 책무성 제고를 통해 유치원 교육서비스의 질적 수준을 제고한다.

둘째, 유치원 운영 전반을 체계적 · 종합적으로 점검하고 평가 결과 환류 및 맞춤형 지원을 통해 유치원 운영을 개선한다.

셋째, 평가 결과를 통해 학부모의 알권리 및 유치원 선택권 보장으로 학부모의 유치원 교육에 대한 만족도를 고려한다.

평가영역은 교육과정, 교육환경, 건강 · 안전, 운영관리 4개의 영역, 11개의 지표, 30개 요소를 활용하여 평가가 진행되었다. 평가 내용은 국가수준의 공동지표와 시 · 도 교육청의 역점(특색)사업 등에서 자율적으로 선정된 자체지표로 이원화되어 있다. 공통지표의 구체적인 내용은 〈표 7-6〉과 같다.

| 표 7-6 | **유치원 공통지표**

평가영역	평가지표	평가요소
Ⅰ. 교육과정(30)	1. 교육목표 및 교육계획 수립의 적절성(10)	1) 교육목표는 국가수준의 교육과정과 교육청의 운영지침을 근거로, 유아의 전인발달 · 교육을 지향하고 있다.
		2) 연간(월간), 주간, 일일 교육계획의 목표와 내용이 적절하며 연계성이 있다.
		3) 일일 교육계획안에는 소주제, 목표, 활동시간 및 내용, 자료, 평가 등이 포함되어 있다.
	2. 일과 운영 및 교수 · 학습방법의 적합성(15)	1) 교육계획에 따라 일과를 통합적이며 균형 있게 운영하고 있다.
		2) 교육 내용 · 활동에 적합한 교수-학습방법 및 매체를 사용하고 있다.
		3) 교사-유아 간에 질적인 상호작용이 이루어지고 있다.
	3. 평가방법 및 활용의 적절성(5)	1) 유아 평가 실시방법과 활용이 적절하다.
		2) 교육과정(누리과정) 운영 평가의 실시방법과 활용이 적절하다.

평가영역	평가지표	평가요소
II. 교육환경(15)	4. 실·내외 교육환경 구성 및 활용의 적합성(10)	1) 실내 공간에는 흥미영역의 구성이 적합하며 전시 및 게시가 교육적이다.
		2) 실외 공간에는 각종 놀이기구를 비롯하여 다양한 활동영역이 있다.
		3) 실내·외 시설 및 설비가 유아의 발달수준 및 유아교육특성에 적합하다.
	5. 교재·교구 제공 및 관리의 적절성(5)	1) 유아의 발달수준과 주제에 적합한 교재·교구를 충분히 구비하여 제공하고 있다.
		2) 교재·교구의 사용이 용이하도록 정리·관리하고 있다.
III. 건강 및 안전(15)	6. 유아의 건강관리 및 지도의 적절성(10)	1) 유아를 대상으로 청결·위생지도 등 건강교육을 실시하고 있다.
		2) 균형 있는 영양을 고려한 다양한 급·간식을 위생적으로 제공하고 있다.
		3) 유아를 대상으로 식습관지도를 하고 있다.
	7. 유아의 안전관리 및 지도의 적절성(5)	1) 유아와 교사를 대상으로 안전교육을 실시하고 있다.
		2) 유아, 교직원 및 시설에 대한 보험에 가입하고 있다.
		3) 실내·외 시설 및 설비를 안전하게 설치·관리하고 있다.
IV. 운영관리(30)	8. 교직원의 근무여건 및 전문성 제고(10)	1) 교직원 관련 규정(인사·보수·복지)이 있으며, 이를 준수하고 있다.
		2) 교직원의 전문성 제고를 위한 연수기회를 부여하고 있다.
		3) 원장은 기관을 민주적으로 운영하고 개선을 위하여 노력하고 있다.
	9. 예산편성 및 운영의 적절성(5)	1) 예·결산서를 운영위원회 심의·자문을 거쳐 확정하고, 대내외적으로 공개하고 있다.
		2) 입학금과 수업료 외의 기타 경비 관련 규정을 마련하여 준수하고 있다.
	10. 가정 및 지역사회와의 연계(5)	1) 부모교육 및 참여활동을 체계적으로 계획·운영하고 있다.
		2) 유치원의 교육활동 및 유아발달 상황을 학부모에게 안내하고 있다.
		3) 지역사회와의 협력을 도모하고, 지역사회의 인적·물적 자원을 활용하고 있다.
	11. 방과 후 과정 운영의 적절성(10)	1) 국가 및 시·도교육청의 방과 후 과정 운영지침에 따라 활동 및 프로그램을 적절하게 계획하여 운영하고 있다.
		2) 방과 후 과정을 위한 기본 시설·설비가 구비되어 있다.
		3) 방과 후 과정에 전담인력이 배치되어 있다.

평가방법은 유치원 정보공시 공개 정보, 교육청 보고자료인 공시정보와 현장방문 평가가 병행 시행되었다.

② 어린이집

보육서비스에 대한 효과적인 질 관리 시스템을 마련하고, 부모들이 합리적으로 어린이집을 선택할 수 있도록 정보를 제공하기 위하여 영유아보육법 제30조에 의거하여 평가인증제도를 시행하게 되었다(보건복지부, 2015). 평가인증제도의 목적은 다음과 같다(도봉구육아지원종합센터, 2016).

첫째, 영유아들이 안전한 보육환경에서 건강하게 성장하는 것을 지원

둘째, 원장과 보육교사의 전문성 향상

셋째, 부모들에게 보육서비스의 질적 수준에 대한 정보를 제공하여 합리적으로 어린이집을 선택

넷째, 보육현장을 효율적으로 지원하고 관리하는 체계 확립

평가인증제도는 2006년부터 시작하여 2009년까지 제1차 시행이 완료되었으며 2010년부터 제2차 평가인증이 시작되었다. 제3차 평가인증은 2014년 10월 신청 어린이집을 시작으로 2015년 하반기 의무평가제로 시행되었다.

평가인증과정은 신청단계 이후 참여 확정, 현장관찰, 심의 3단계로 결과발표까지 진행되며, 과정은 [그림 7-2]와 같다.

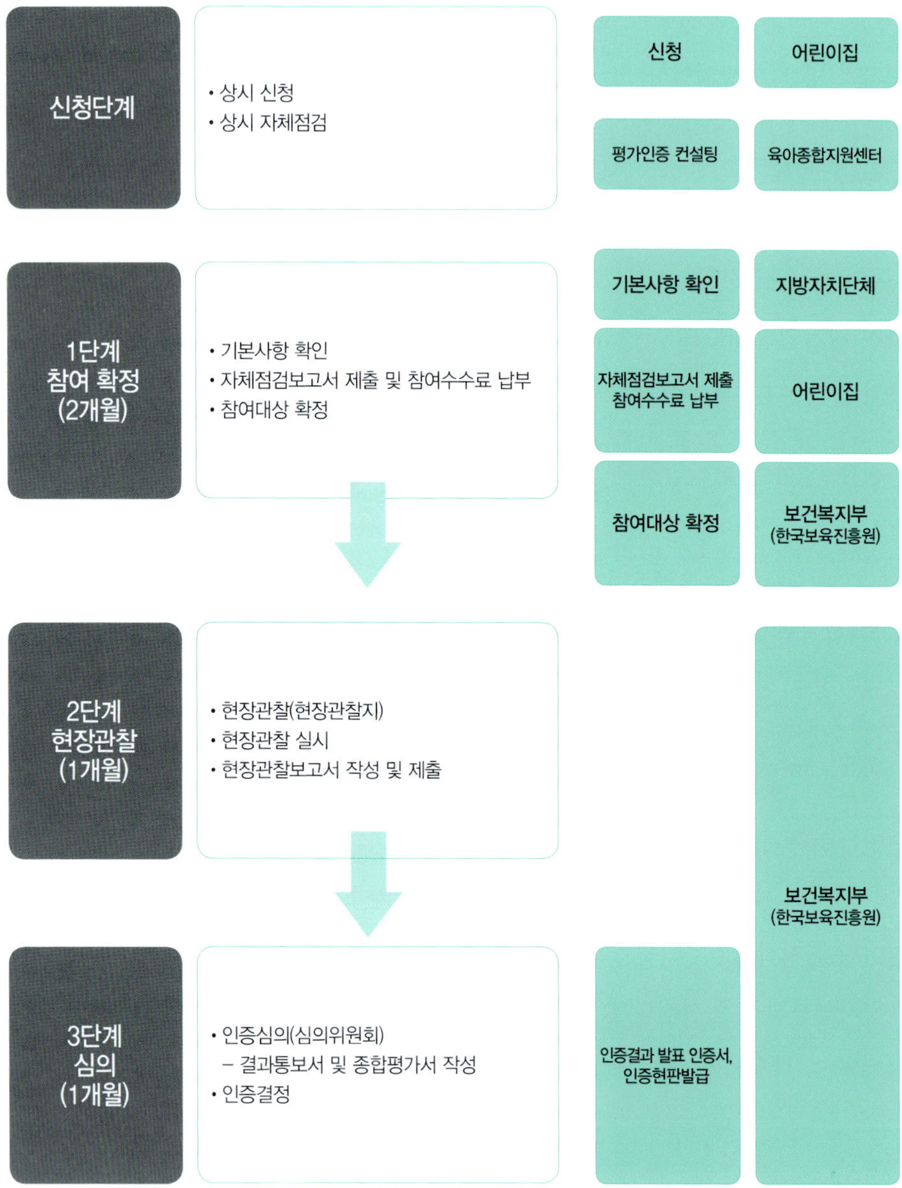

| 그림 7 – 2 | 어린이집 평가인증 운영체계

출처: 보건복지부(2015). 2015년 보육사업안내.

평가인증지표는 40인 이상 어린이집과 39인 이하 어린이집으로 구분하며 〈표 7-7〉, 〈표 7-8〉과 같다.

| 표 7-7 | 40인 이상 어린이집 평가인증지표(6개 영역 70항목)

영역	하위영역
영역 1. 보육환경(11항목)	• 어린이집 환경(3항목) • 보육활동자료(5항목) • 보육 지원환경(3항목)
영역 2. 운영관리(12항목)	• 어린이집 운영관리(3항목) • 보육인력(3항목) • 가족과의 협력(4항목) • 지역사회와의 협조(2항목)
영역 3. 보육과정(14항목)	• 보육활동계획과 구성(7항목) • 보육활동(7항목)
영역 4. 상호작용과 교수법(11항목)	• 일상적 양육(3항목) • 교사의 상호작용(6항목) • 교수법(2항목)
영역 5. 건강과 영양(12항목)	• 청결과 위생(8항목) • 영유아의 안전보호(5항목)
영역 6. 안전(10항목)	• 실내 · 외 시설의 안전(5항목) • 질병관리(2항목) • 급식과 간식(2항목)

| 표 7-8 | 39인 이하 어린이집 평가인증지표(5개 영역 55항목)

영역	하위영역
영역 1. 보육환경 및 운영관리(11항목)	• 어린이집 환경(3항목) • 어린이집 운영관리(3항목) • 보육인력(3항목) • 가족과의 협력(2항목)
영역 2. 보육과정(11항목)	• 보육활동계획과 구성(4항목) • 보육활동과 자료(7항목)
영역 3. 상호작용과 교수법(11항목)	• 일상적 양육(3항목) • 교사의 상호작용(6항목) • 교수법(2항목)
영역 4. 건강과 영양(12항목)	• 청결과 위생(8항목) • 질병관리(2항목) • 급식과 간식(2항목)
영역 5. 안전(10항목)	• 실내 · 외 시설의 안전(5항목) • 영유아의 안전보호(5항목)

02 어떻게 평가할 것인가

평가는 유아, 교사, 부모, 프로그램, 교육환경 등 다양한 측면에서 평가할 수 있다. 여기서는 평가가 유아 개개인의 전인적 성장 · 발달을 도와주는 데 그 의미가 있다는 점을 고려하여 유아 평가에 초점을 맞추어 가장 일반적이고 보편적인 방법인 관찰법, 검사법, 면담법, 유아작품분석 및 포트폴리오에 대해 살펴보고자 한다.

1) 관찰법

관찰법은 일상생활 속에서 유아가 자연스럽게 활동하는 모습을 관찰자가 본대로 기록하는 것으로, 교사가 유아의 발달특성을 올바르게 판단하여 유아의 발달에 적합하도록 교육과정을 구성하는 데 중요한 자료를 제공한다. 또한 부모에게 유아에 대한 정보를 제공하기에 좋다.

교사는 관찰한 사실을 있는 그대로 기록하기 때문에 교사의 관찰능력과 기술이 우수할수록 정확한 판단을 내리게 된다. 교사가 관찰을 통해 좋은 평가자료를 얻기 위해서는 다음과 같은 것에 주의해야 한다.

- 다양한 상황에서 유아를 관찰할 수 있도록 적절한 시간과 장소를 결정한다.
- 관찰 내용은 일정한 형식에 따라 일관성 있게 기록한다. 관찰 내용을 기록할 때는 실제로 관찰한 것과 관찰자의 해석을 분명히 구분해야 한다.
- 유아의 행동을 언제든 기록할 수 있도록 항상 준비해야 한다.
- 교사의 주관적인 해석으로 관찰해서는 안 된다. 실제로 일어난 상황만을 객관적으로 기록해야 한다.
- 유아를 교사의 선입관이나 판단에 의해 관찰해서는 안 된다. 유아에 대한 느낌이나 태도에 있어 편견이 없도록 해야 한다.

관찰법의 종류에는 일화기록, 평정척도, 행동목록 등이 있다. 어떤 방법을 사용할지는 평가의 목적에 따라 달라질 수 있다. 예를 들어, 유아 개개인의 행동에 대한 자세한 서술이 필요하다면 일화기록이 적절한 반면, 수량화가 목적이라면 행동목록이나 평정척도가 적합하다.

(1) 일화기록

일화기록은 한 가지 행동이나 상황에 초점을 맞추어 기록하는 것으로, 관찰의 초점이 있기 때문에 좀 더 명확하게 보고 들은 것을 기록으로 남길 수 있고 사건이 일어난 후 아무 때나 관찰자가 적을 수 있으며 간결하게 기록되므로 시간을 많이 필요로 하지 않는다. 그러나 시간이 지나면 관찰자의 편견이 들어가거나 잊어버리는 경우가 있다. 따라서 기록할 때는 사건이 관찰된 직후에 적는 것이 좋지만 그렇게 하기 어려운 경우 간단하게 메모를 해 놓고 수업이 끝난 후 자세하게 기록할 수도 있다. 메모를 할 때는 육하원칙에 따라 언제, 어디서, 누가, 어떤 일을, 어떻게 했는지 적어 놓는 것이 좋다.

관찰아동:	이슬기(여)
관 찰 자:	여한나
관찰일시:	20○○년 ○월 ○○일(화) (10 : 40am)
관찰장소:	실외놀이터
기 록:	영희가 그네를 타고 있다. 옆에는 도훈이와 문희가 그네를 타고 있다. 슬기와 주연이가 그네를 타기 위해 영희 뒤에 서 있다. 영희가 그네에서 내리다가 넘어져서 울기 시작했다. 슬기가 얼른 영희에게 다가가서 “일어나, 안 다쳤니?” 하며 영희의 옷을 털어 준다.
해 석:	친구가 어려운 일을 당했을 때 도움을 주고자 하였다.

| 그림 7-3 | **일화기록의 예**

(2) 행동목록

행동목록법은 어느 한 시점에서 특정한 기술이나 행동의 출현 여부 자체에 관심이 있을 때 사용한다. 행동목록법은 관찰자의 주관적인 평가를 가능한 배제할 수 있도록 가능한 기술이나 행동의 목록을 개발하여 사용한다.

이 방법의 가장 큰 장점은 관찰자가 특별한 훈련을 받지 않고도 관찰대상의 행동을 쉽게 기록할 수 있고 관찰의 시간이 절약된다는 것이다. 그러나 관찰항목이 미리 정해져 있기 때문에 중요한 부분이 빠질 수도 있고 행동의 출현빈도나 질적인 수준에 대한 정보를 얻을 수 없다는 단점이 있다.

영유아의 쓰기 준비도

영유아 이름: ________________ **연령:** 만 ______ 세(남 · 여)

학급명: ________________ **관찰자:** ________________

관찰기간: _____ 년 _____ 월 _____ 일 ~ _____ 년 _____ 월 _____ 일

관찰 지침

다음의 행동이 관찰되면 '예', 관찰되지 않으면 '아니오'에 표시하시오.

	예	아니오
손목과 손가락을 자기가 원하는 대로 움직일 수 있다.	_____	_____
눈과 손의 협응이 가능하다.	_____	_____
필기도구를 바로 잡고 쓸 수 있다.	_____	_____
글자의 기본적인 획을 그을 수 있다.	_____	_____
각 철자의 모양을 구별할 수 있다.	_____	_____
글자를 써야 하는 이유를 이해한다.	_____	_____

| 그림 7-4 | 행동목록의 예

(3) 평정척도

평정척도는 관찰된 행동의 질적인 차이를 평가할 때 사용하는 방법이며, 연속성이 있는 단계로 수량화된 점수나 가치가 부여된 기록지에 평정하는 것을 말한다. 각 항목을 기록할 때는 직접적인 관찰이나 기준에 수집된 자료를 바탕으로 할 수 있다.

평정척도는 관찰 결과에 따른 판단을 요구하므로 개인적인 편견이나 오류의 개입 가능성에 대해 주의해야 한다. 평정척도는 사용하기 편하고 짧은 시간 안에 많은 영역을 한꺼번에 평가할 수 있고 시간의 흐름에 따라 발생하는 행동 변화에 대한 정보를 얻을 수 있는 장점이 있는 반면, 척도를 개발하기가 매우 어렵다는 단점이 있다.

영유아의 자조성 평정척도

영유아 이름: ____________ **연령**: 만_____세(남 · 여)

학급 명: ____________ **관찰자**: ____________

관찰기간: _____년_____월_____일 ~ _____년_____월_____일

관찰지침

영유아의 자조성에 대하여 다음과 같이 1~5로 평가하여 해당 숫자에 ○ 표시를 하시오.

	아주 못함	못함	보통	잘함	아주 잘함
옷 입기	1	2	3	4	5
손 씻기	1	2	3	4	5
간식 먹은 책상 치우기	1	2	3	4	5
화장실 가기	1	2	3	4	5
장난감 치우기	1	2	3	4	5
활동을 스스로 선택하기	1	2	3	4	5

참고 (척도는 아주 잘함 5로 되어 있다)

| 그림 7 – 5 | 평정척도의 예

2) 검사법

(1) 표준화 검사

표준화 검사는 검사의 목적, 내용, 대상, 실시 절차, 실시 조건, 채점 및 결과 해석이 표준화되어 있는 검사를 말한다. 이는 신뢰도와 타당도가 이미 검증된 것으로, 유아의 발달 정도, 특성을 객관적으로 평가하기에 적합하다. 또한 유아의 검사 결과를 서로 비교함으로써 여러 유아 간의 차이를 객관적으로 분석할 수 있다.

그러나 유아를 위한 평가에서 표준화 검사를 사용하는 경우에는 세심한 주의가 필요하다. 예를 들어, 유아의 관심과 흥미가 부족하거나 검사에 대한 이해 부족, 검사자와 유아 간의 친밀감이 형성되지 않은 경우, 문화적 배경의 차이가 있는 경우에는 결과 점수가 타당하지 않을 수 있다. 또한 표준화 검사로는 정의적 발달영역을 측정하기 어려운 점도 있다. 그 외에 표준화 검사의 규준이 유아를 등급별로 분류하는 데 이용되는 경우도 있어 표준화 검사가 유아에게 미치는 부정적 영향을 고려해야 한다.

토랜스 아동 창의성 검사

영유아 이름: ____________________　　**연령:** 만________세(남 · 여)

생년월일: ________년 ____월 ____일　　**검사일:** ________년 ____월 ____일

다음의 동그라미들을 보고, 각각 생각나는 것들을 여러 가지로 많이 그려보아요.
그림 밑에는 각각 무엇을 그렸는지 주제(제목)를 써 넣어요.

| 그림 7-6 | 표준화 검사의 예

출처: 김춘일(2000).

(2) 교사 제작 검사

교사가 원하는 평가 내용에 적절한 도구가 없을 경우 교사들이 직접 개발하여 사용할 수 있다. 교사 제작 검사는 표준화 검사보다 시간적인 구애를 받지 않고 융통성 있게 활용될 수 있다. 또한 비용이 적게 들고, 검사의 실시, 채점 및 해석에서 전문가의 도움을 받지 않아도 되는 장점이 있다. 그러나 프로그램 목표를 잘 반영할 수 있는 검사 문항을 선정하는 것은 교사의 능력에 달려 있으며 수집된 자료의 객관성이나 타당도가 부족하다.

3) 면담법

면담은 유아나 부모로부터 언어를 매개로 하여 여러 가지 자료를 수집하는 방법이다. 어떤 형태보다도 유아교육에서 쉽게 활용될 수 있는 방법이다. 유아교육기관에서 이루어지는 면담은 공식적인 면담일을 정해서 할 수도 있고 등·하굣길에 비공식적으로 이루어질 수 있다.

면담법은 말하는 사람의 내밀한 사적인 문제까지 정확하고 상세하게 파악할 수 있다. 그러나 많은 수의 대상을 한꺼번에 조사할 수 없다는 점과 결과 해석에 있어서 면담자의 편견이 작용할 수 있다는 단점이 있다. 특히, 면담자의 질문이 명확하지 않거나 포괄적이지 못할 경우, 면담의 대상자가 대답할 수 없거나 대답을 하지 않으려고 하는 경우에는 수집된 정보가 포괄적이지 못하고 부정적이다.

부모면담

영유아 이름: ____________________ **연령**: 만________세(남 · 여)

생년월일: ________년 _____월 _____일 **면담일**: ________년 _____월 _____일

사회성 발달

교사의 관찰 의견

부모의 관찰 의견

목표

| 그림 7-7 | 부모면담 양식의 예

4) 영유아 작품분석

영유아의 작품을 분석하는 것은 영유아의 행동특성과 발달수준을 평가할 수 있는 중요한 방법이다. 영유아의 작품으로는 영유아의 말을 받아 적은 글, 노래나 언어 녹음자료, 영유아의 그림, 영유아의 작품 사진, 영유아 작품의 표본 등이 포함된다. 이를 위해 작품을 정기적으로 수집해야 하며, 수집된 작품에는 날짜, 작품에 대한 영유아 설명, 영유아의 태도 등을 기록해 두어야 한다.

5) 포트폴리오

포트폴리오(portpolio)란 영유아의 발달과 학습에 관한 기록과 증거들을 시간의 흐름에 따라 구체적인 목적을 가지고 조직적으로 모아놓은 것으로, 영유아의 작품 수집 분석보다 더욱 다양한 각도로 평가자료를 수집한 것이다(류진희, 2000). 이는 기존에 사용되어 오던 전통적 평가방식의 한계점들을 보완하고 보다 총체적인 평가를 하기 위하여 오늘날 교육계에 새로운 동향으로 제기되고 있는 대안적 평가의 대표적인 방법이다.

포트폴리오는 영유아의 전체 학습과정을 보여 주며, 영유아의 성장과정을 이해할 수 있게 한다. 포트폴리오는 단순히 영유아들의 작품을 모으는 것이 아니라 영유아들의 수행에 있어서의 진보를 확인하기 위한 목적을 갖고 체계적으로 작품을 수집하는 것으로, 영유아의 자기 평가과정을 포함하며, 교사의 교육과정 운영에 중요한 역할을 한다.

'만 3~5세 연령별 누리과정'영역에 따른 핵심항목 선정의 예는 〈표 7-9〉와 같다.

| 표 7 - 9 | 만 3~5세 연령별 누리과정영역에 따른 핵심항목 선정의 예

영역	핵심항목의 예	수집활동의 예
신체운동 · 건강영역	• 대 · 소근육활동에 대한 기록 • 기본적인 생활 습관에 대한 기록	• 실외활동 관찰 기록 • 소근육활동 결과물 • 생활습관 관찰 기록
의사소통영역	• 자신의 생각을 나타내는 쓰기 견본 • 이야기를 듣고 이해하며 표현해 본 기록	• 도서 계획표 • 글자나 그에 가까운 모양으로 나타낸 자료 • 유아의 이야기 녹음 자료
사회관계영역	• 그림이나 대화를 통해 자신, 가족, 지역사회의 특징이나 역할을 인식한 기록 • 사회적 성숙도를 나타내 주는 자료	• 역할놀이 사진자료 • 가족과 이웃에 관한 활동자료 • 자유선택활동계획지
예술경험영역	• 예술을 통해 느낌이나 이야기를 표현해 보려는 노력 • 다른 사람들과 예술을 공유하려는 노력	• 동작으로 표현한 자료 • 자신의 느낌을 나타낸 작품이나 활동자료 • 재료나 작품에 대한 유아의 생각에 관한 자료
자연탐구영역	• 수학적 문제를 해결하기 위한 전략 사용하기 • 과학적 세계에 대한 질문이나 생각에 대한 기록	• 수학활동한 자료나 사진 • 관찰기록표 • 요리활동 결과표 • 자료의 수집, 분석에 사용한 차트나 그래프

다양한 포트폴리오의 예는 [그림 7-8]~[그림 7-11]과 같다.

<table>
<tr><th colspan="2">전기를 아낄 수 있어요!</th></tr>
<tr><td>일시 월 일 요일</td><td>이름</td></tr>
<tr><td colspan="2">※ 에너지소비효율 등급 전자 기기 조사하기
- 전기제품에 붙어 있는 에너지소비효율 등급표를 조사해서, 그림이나 사진, 글로 표현해 주세요.</td></tr>
<tr><td colspan="2"></td></tr>
</table>

| 그림 7-8 | 전기절약 포트폴리오의 예 1

불편하지만 행복한 실천	
일시　　월　　일　　요일	이름
※ 전기를 절약하기 위해 실천할 수 있는 재미있는 생각들을 약속해보세요. 예) 컴퓨터로 게임을 보지 않고, 직접 게임을 할 수 있어요./ 텔레비전의 라바를 보지 않고…?	

| 그림 7 – 9 | 전기절약 포트폴리오의 예 2

가족과 함께 가정일 해보기
빨래하기, 청소하기, 다림질하기 등등의 경험들을 이야기 나누어 보고, 사진이나 자세하게 그림 그리기 등으로 표현해 주세요. 이름 :

| 그림 7 – 10 | 전기절약 포트폴리오의 예 3

에너지를 찾아요!
우리 주변에서 찾을 수 있는 다양한 에너지에 찾아보고, 찾은 에너지를 그림과 글로 표현해 주세요(예:음식, 태양, 불, 물, 바람, 전기, 석유, 신재생 에너지). 이름 :

| 그림 7 – 11 | 전기절약 포트폴리오의 예 4

포트폴리오 자료는 한 학기 혹은 1년 단위로 자료를 정리, 요약하여 포트폴리오 요약서를 작성하도록 한다. 이를 통해 교사는 유아 포트폴리오의 내용을 체계적으로 살펴보게 되고, 유아의 활동을 외부의 표준이나 준거에 관련시키게 되며, 방대한 포트폴리오 평가 작업을 정리하게 된다(김석우, 김명선, 강태용, 정혜영, 2000).

포트폴리오 요약서

영유아 이름: ____________ **만 연령:** ________세(남 · 여)

생년월일: ______년 ____월 ____일 **기록일:** ______년 ____월 ____일

- 전체 발달에 대한 요약

- 주요 발달영역

  신체운동 · 건강영역:

  의사소통영역:

  사회관계영역:

  예술경험영역:

  자연탐구영역:

| 그림 7 – 12 | 포트폴리오 요약서

참고문헌

강숙현(2000). 교수–학습과정 되돌아보기: 유아교사의 자기반성적 평가탐구. 서울: 창지사.

경상북도교육청(2008). 2007 개정 유치원 교육과정의 이해와 적용.

교육과학기술부(2008). 유치원 교육과정 해설(총론). 서울: 교육과학기술부.

__________(2009). 유치원 지도서 총론. 서울: 교육과학기술부.

__________(2011). 유치원 교육과정 해설. 서울: 교육과학기술부.

__________(2012). 유치원 교육과정 해설. 서울: 교육과학기술부.

교육과학기술부 · 보건복지부(2012). 3~5세 연령별 누리과정 해설서. 서울: 교육과학기술부.

________________(2019). 3~5세 연령별 누리과정 해설서. 서울: 교육과학기술부.

교육부(1992). 유치원 교육과정 해설. 서울: 교육과학기술부.

____(1995). 유치원 교육활동 지도자료 1. 충남: 교육부.

____(1998). 유치원 교육과정 해설. 서울: 교육과학기술부.

____(2000). 유치원 교육과정 해설. 서울: 교육과학기술부.

김경철, 김영호, 엄익명, 조옥희(2002). 영유아교육과정. 서울: 학지사.

김석우, 김명선, 강태용, 정혜영(2000). 포트폴리오 평가의 이론과 실제. 서울: 학지사.

김수영, 김수임, 정정희(2013). 영유아 프로그램 개발과 평가. 경기: 양서원.

김지영(2000). 유아 포트폴리오 운영. 성남시 국공립보육시설연합회 연수교재.

김춘일(2000). 유아를 위한 창의성 교육. 서울: 교육과학사.

김희진, 박은혜, 이지현(2001). 유아교육기관에서의 관찰. 서울: 창지사.

류진희(2000). 유아교사를 위한 교육실습과 교육활동. 경기: 양서원.

문미옥, 이혜상, 임미혜, 민행란, 류칠선(2000). 영유아 예절 및 전통보육 프로그램: 보건복지부

박찬옥, 서동미, 곽현주, 박성희, 한남주, 홍찬의(2016). 유아교육과정. 경기: 정민사.

박현일(2008). 교육의 이해. 서울: 형설출판사.

박혜경, 방은정, 심은희, 원계선, 윤복희, 장영미, 조인경, 최일선(2005). 통합 중심의 유아교과교육론. 서

울: 교육아카데미.

보건복지가족부(2008). 5세 보육프로그램. 서울: 육아정책개발센터.

신세호(1980). 교육과정 개정의 배경과 기본방향. 교육개발, 통권 제4호. 한국교육개발원.

양옥승, 최경애, 이혜원(2015). 영유아교육과정(2판). 서울: 학지사.

여성가족부(2005). 표준보육과정.

＿＿＿＿＿＿(2006). 2006 보육사업안내.

＿＿＿＿＿＿(2007). 영유아보육법.

유혜령, 강은희, 박지영(2003). 유아교수공학과 교수-학습 방법. 서울: 학지사.

윤희경, 신혜영, 임미혜, 김애옥, 나은숙, 이분려, 장미아(2005). 발달에 적합한 영유아 교육과정. 경기: 양서원.

이기숙(2006). 유아교육과정 개정 2판. 서울: 교문사.

이기숙, 김정원, 이현숙, 전선옥(2015). 영유아교육과정 개정 3판. 경기: 공동체.

이상희(2009). 제8회 유치원교사 교육활동 연구 계획서.

이연숙(1997). 어린이집 실내 환경 디자인 지침. 서울:교육과학사.

이영석, 박재환, 김경중(1985). 유아교육개론. 서울: 형설출판사.

이영석, 임명희, 이정화(2003). 현대 유아교육과정. 서울: 형설출판사.

이은해(1995). 아동발달의 평가 및 측정. 서울: 교문사.

이은해, 이기숙(1983). 유아교육 프로그램 유형에 따른 효율성에 관한 연구. 교육학연구, 21(2), 89-104.

이은해, 이기숙(1987). 유치원 교육의 효과에 관한 종단적 연구. 교육학연구, 25(2), 119-137

이정환, 박은혜(1995). 교사들을 위한 유아관찰 워크북. 서울: 한국어린이육영회.

임미혜, 이혜원, 황윤세(2008). 표준보육과정에 기초한 영유아보육과정. 경기: 학현사.

임미혜, 장미아, 신혜영, 김영애, 심은희(2013). 쉽게 풀어 쓴 영유아교육과정. 경 기:양서원.

임미혜(2014). 유아교사를 위한 전통문화 길라잡이. 서울:창지사.

임재택(1997). 유아교육기관운영관리. 경기: 양서원.

유희정 · 이미화 · 우현경 · 신희연(2005). 영아보육프로그램. 서울특별시

장명림(2008). 질적 수준과 책무성을 제고하기 위한 유아교육기관 평가. 한국육아지원학회 추계학술대회: 유아교육의 질적 향상을 위한 평가의 역할과 과제, 55-82.

전선옥(1996). 한국 유치원 교육과정의 변천과정. 이화여자대학교 대학원 박사학위 청구논문.

조난심(2010). 창의 · 인성교육의 방향과 과제 : 초등교육과 교육을 중심으로, 한국초등도덕교육 하계학술대회, 9-30.

지옥정(1997). 유아교육 현장에서의 프로젝트 접근법. 서울: 창지사.

최석란, 신은수(1999). 평화교육 프로그램과 실제. 유아교육과 평화교육. 13회 유아교육학술대회 자료집. 133-163. 한국어린이육영회.

최옥련(2006). 한국 유치원 교육의 발전방안 연구 -발전과정과 현황분석을 중심으로-. 관동대학교대학원 박사학위 청구논문.

최지영(2014). 유아교육과정. 서울: 동문사.

한국교육과정평가원(2012). 프로젝트형 인성교육실현을 위한 교육과정 개정 시안 개발 연구. 서울: 한국교육과정평가원.

한국보육진흥원(2014). 취약프로그램 Ⅰ, Ⅱ. 보건복지부.

한국아동청소년안전교육협회(2016). 학교안전교육. 경기 : 공동체.

취약프로그램 Ⅰ, Ⅱ. 보건복지부.

Bishop, R. S.(1992). Invitation to read: More Children's Literature in the reading program, de. by Cullian B. E. Netwark, el : International Reading Association.

Cartron, C. E., & Allen, J. (2003). Early Childhood curriculum. Upper Saddle River, N.J.: Merrill Prentice-Hall.

Frost, J. L. (1992). Play and playscapes. Albany, N.Y.: Delmar.

Frost, J. L., & Kissinger, J. B. (1976). The young child and educative process. N.Y.: Holt, Rinehart, & Winston.

Prescott, E. (1984). When do you think about spaces? Beginnings, Summer, 3-5.

〈인터넷 자료〉

교육부 http://www.moe.go.kr

서울시청 직장어린이집 홈페이지 http://www.sdaycare.com

인성교육범국민실천연합 누리집 www.insungedu.or.kr

충청북도교육청 http://www.cbe.go.kr.

한국숲유치원협회 www.forestkid.or.kr.

신혜원(1992). 보육시설의 질적 수준에 따른 유아의 놀이실 행동. 연세대학교 대학원 석사학위 청구논문.

황현주(1991). 유아교육기관의 질과 유아의 사회적 행동—종일제 유아교육기관을 중심으로. 이화여자대학교 대학원 석사학위 청구논문.

Anderson, B.(1989). Effect of public day care : A longitudinal study. Child Development, 60, 857–866.

Field, T.(1980). Preschool play : Effect of teacher, child ratio and organization of classroom space. Child study Journal, 10, 191–205.

Loo, C. M.(1972). The Effect of spatial density on the social behaviors of children. Journal of applied social Phychology, 2.

McGrew, P.(1970). Social and spatial density effects on spacing behavior in preschool children. Journal of Child Phychology and Psychiatry, 11.

Rohe, W. & Patterson, A. H.(1974). The effect of varied levels of resources and density on the behavior in a day care center. In D. H. Carson(Ed)., Man Environment Interaction, EDRA.

Smith , D. K. & Conolly, K. J.(1980). The ecology of preschool behavior. Cambridge: Cambridge University Press.

appendix

부록

Curriculum for Early Childhood Education Care

01 다문화 교육 활동의 예

1) 우리가 만드는 새로운 놀이

교사의 생각

_ 유아들이 알고 있는 놀이에는 어떤 것이 있을까?
_ 유아는 새로운 놀이를 만들 수 있을까?
_ 유아는 어떤 놀이를 만들고 싶어할까?

교사의 계획

_ 유아들과 함께 여러 나라 놀이의 공통점과 차이점에 대해 알아본다.
_ 유아와 함께 유아가 좋아하는 놀이를 해보고 놀이에 새로운 요소를 넣거나 제거해본다.
_ 유아와 함께 놀이의 규칙에 대해 이야기해보는 시간을 갖는다.

1. **활동자료** : 종이, 펜, 색연필, 여러 놀이 소품, 사진기

2. **활동방법** : ① 유아는 여러 나라의 놀이에 대해 이야기를 나눈다. 유아는 벤다이어그램을 이용해서 여러 나라 놀이의 공통점과 차이점에 대해 알아본다.

② 유아들과 함께 지난 시간까지 익히고 연습했던 세계 여러 나라의 놀이의 대해 이야기를 나누어 본다. 놀이의 제목, 놀이 소품, 놀이방법, 놀이의 규칙에 대해서도 이야기를 나누어본다.

③ 놀이를 2가지 주제로 구분한 후(예를 들면, 우리나라 놀이 대 외국의 놀이, 혹은 도구가 필요한 놀이 대 도구가 필요하지 않은 놀이) 벤다이어그램을 이용하여 놀이의 공통점과 차이점을 구분해보게 한다.

- 지난 시간까지 배웠던 놀이에 대해 떠올려 볼까? 어떤 놀이가 떠오르니?

- 우리 놀이를 2가지로 나누어 볼까? 여기에 동그라미 두 개가 보이지? 왼쪽 위에는 한국의 놀이, 오른쪽 위에는 외국의 놀이라고 쓰고, 왼쪽 동그라미 안에는 한국놀이의 제목이나 특징을, 오른쪽 동그라미에는 외국놀이의 제목이나 특징을 쓰는 거야. 서로 겹치는 가운데 부분에는 두 놀이의 공통점을 쓰면 돼.
- 친구들이 놀이에 대해 어떻게 생각하는지 한번 살펴볼까?
- 한국 놀이와 베트남 놀이를 비교해 보니 어떤가요? 어떤 점이 다르고, 어떤 점이 비슷한가요? 벤다이어그램을 보면서 이야기를 나누어 볼까?
- 이 외에도 어떤 것을 더 추가해서 넣을 수 있을까?

한국의 놀이		베트남의 놀이
제기차기, 윷놀이, 무궁화 꽃이 피었습니다 끝말잇기, 숨바꼭질 쎄쎄쎄, 경찰과 도둑 한국말로 논다	재미있다 신난다 또 하고 싶다 친구랑 함께 해서 좋다 노는 게 기대된다 규칙이 있다 규칙을 지켜야 한다 노는 방법이 비슷한 것이 있다 안에서도 하고 밖에서도 한다	냐이산 다가(닭싸움과 비슷) 빗 맛 밧 재(눈 감고 염소 잡기) 단 다오(구멍에 동전넣기) 게우 거(줄다리기와 비슷)

한국의 놀이와 베트남 놀이의 공통점과 차이점

④ 유아는 벤다이어그램에서 발견할 수 있는 놀이의 공통점에 대해 이야기를 나눈다. 유아는 새로운 놀이를 만든다면 어떤 놀이를 만들 것인지, 어떤 점을 생각해야 하는지에 대해 이야기를 나눈다.

⑤ 유아들은 놀이의 공통점을 보면서 새로운 놀이를 만들 때 고려해야 하는 점이 무엇인지에 대해 이야기를 나누고, 새로운 놀이에 따른 놀이방법 및 규칙을 생각해낸다.

- 놀이의 공통점이 뭘까?
- 우리가 새로운 놀이를 만든다면 어떤 놀이를 만들 수 있을까? 새로운 놀이의 놀이 방법과 규칙은 뭐니?

⑥ 유아들이 개발한 새로운 놀이를 정리해본다.

⑦ 유아들이 개발한 놀이를 놀이의 제목, 놀이의 규칙, 놀이방법 등을 간단하게 기록해보게 한다.

- 너희가 생각해낸 놀이의 제목, 놀이소품, 놀이의 규칙, 놀이방법 등을 종이에 적어볼까? 너희가 놀이하는 모습을 사진으로 찍어 놀이에 대해 정리한 종이와 함께 우드락 위에 붙여두면 새로운 놀이를 더 잘 이해할 수 있을 거야.

3. 유아 경험의 의미:

① 놀이라는 것은 유아들에게 재미있고 흥미로운 경험을 제공해주며 놀이를 통해 친구들과 더욱 가까워질 수 있음을 알게 된다.

② 유아는 친구들과의 협력을 통해 새로운 놀이를 개발하고 즐길 수 있다.

③ 놀이 규칙의 중요성을 안다.

4. 활동의 유의점: 유아들이 새로운 놀이를 개발하는 데 어려움을 경험할 수도 있다. 그럴 경우에는 기존의 놀이를 변형할 수 있도록 격려해준다. 놀이소품이 비슷한 한국의 놀이와 외국의 놀이를 결합해도 된다.

5. 확장활동: ① 영역 연계

- 자신이 개발한 놀이에 필요한 소품을 만들어 볼 수 있다.

② 연령 연계

- 어린 유아들은 새로운 놀이를 개발하는 것을 어려워한다. 새로

운 놀이를 개발하게 하기보다는 기존의 놀이를 다양한 방법으로 즐길 수 있도록 격려해준다.

③ 가정과의 연계

- 유아가 개발한 놀이를 집에서도 함께 즐겨볼 수 있는 시간을 마련한다.

6. 누리과정과의 연계:

영역	내용범주	내용
의사소통	말하기	느낌, 생각, 경험 말하기
	쓰기	쓰기에 관심 갖기
사회관계	다른 사람과 더불어 생활하기	친구와 사이좋게 지내기
자연탐구	수학적 탐구	기초적인 자료 수집과 결과 나타내기

2) 같은 점과 다른 점이 있어요

교사의 생각

_ 유아가 우리나라, 일본, 중국의 다양한 문화 속에서 독특한 차이점뿐만 아니라 공통점을 어떻게 발견할 수 있을까?

교사의 계획

_ 우리나라, 일본, 중국의 의식주에 대한 차이점과 유사점을 정리한다.

_ 우리나라, 일본, 중국의 대표적인 음식 만들기를 통해 문화적인 공통점과 차이점을 경험해본다.

1. 활동자료: 우리나라, 일본, 중국의 대표적인 음식 관련 사진, 요리활동 순서표, 앞치마와 머리 수건, 요리도구, 요리재료

- 우리나라 : 떡국, 김치 등
- 일본 : 초밥, 카가미모찌 등
- 중국 : 월병, 딤섬 등

〈요리활동의 만들기 순서 예시〉

월병 만들기

1. 밀가루를 반죽한다.
2. 동그랗게 빚어 접시 위에 놓고 다시 납작하게 눌러서 펴준다.
3. 잘 펴진 반죽 안에 월병소를 넣고 속이 안보이게 감싼다.
4. 잘 빚어진 것을 월병틀에 넣고 모양을 만든다.
5. 전기오븐에 넣고 골고루 구워준다.

2. 활동방법: 우리나라, 일본, 중국의 대표적인 음식에 대해 이야기 나누어본다.

- (그림자료를 보여 주며) 이 음식을 먹어 본 적이 있었니?
- 우리가 먹는 음식과 무엇이 달랐니?
- 우리가 즐겨먹는 일본(중국)음식에는 어떤 것들이 있을까?

일본과 중국 음식 중 한 가지를 골라 만들어본다.

우리나라 사람들이 즐겨먹는 중국의 월병이나 일본의 초밥을 만들어본다.

요리활동에 대한 평가를 해본다.

요리한 음식을 나누어 먹어 본 후 평가해본다.

- 월병(초밥)의 맛(도구, 재료, 과정)은 어땠니?
- 요리하면서 힘들거나 재미있었던 점은 무엇이었니?
- 다음에는 어느 나라, 어떤 음식을 만들고 싶어?

3. **유아경험의 의미**: 우리나라 및 다른 나라 음식의 특징 · 차이점 · 공통점에 대해 관심을 가지고, 일본과 중국 음식을 통해 새로운 맛을 경험한다.

4. **활동의 유의점**: 월병 만들기 시 오븐에 넣는 과정은 교사의 안내와 지도가 필요하다. 또한 월병을 만든 후에는 중국 전통차(우롱차 등)와 같이 먹도록 한다면, 중국문화를 더욱 실제적으로 경험하는 예시가 되겠다.

5. **확장활동**: ① 영역 연계 : 미술영역에서의 내가 먹어 본 맛있는 다른 나라 음식에 대해 그림 그리기 활동을 해보거나 내가 세계 여러나라 친구들과 먹고 싶은 음식을 상상하여 그리기 활동을 전개해 볼 수 있다. 또한 색깔 점토를 이용하여 여러 나라 음식을 만든 후, 역할영역에서 놀이할 수 있다.

② 가정과의 연계 : 우리나라, 중국, 일본 전통음식이나 대표적인 음식을 조사하여 또래에게 소개하기를 한다거나 가정에서 부모와 함께 한국, 중국, 일본의 전통음식 만들어 먹어보기 활동을 해 볼 수 있다.

6. **누리과정의 연계**:

영역	내용범주	내용
사회관계	사회에 관심 갖기	세계 여러 문화에 관심 가지기
자연탐구	탐구하는 태도 기르기 과학적 탐구하기	호기심을 유지하고 확장하기 물체와 물질 알아보기

3) 인사가 달라요

목표

_ 친구를 만나면 인사를 한다.

_ 인사말이 다양함을 알고 여러 나라 말로 인사를 해본다.

누리과정 관련 요소

_ 의사소통 〉 말하기 〉 낱말과 문장으로 말하기 〉 다양한 낱말을 사용하여 상황에 맞게 말한다.

_ 의사소통 〉 말하기 〉 상황에 맞는 바른 태도로 말하기 〉 때와 장소, 대상에 알맞게 말한다.

1. 활동자료: 여러 나라의 전통의상, 인사말 자료

2. 활동방법: ① 친구를 만났을 때 인사에 대해서 이야기를 나눈다.

- 친구를 만났을 때 어떻게 인사할까?
- 다른 나라에서는 친구를 만났을 때 어떻게 인사할까?

② 여러 나라의 인사방법과 인사말을 배워본다.

- 다른 나라에서는 어떻게 인사할까?

(미국 – 굿모닝,good moring)
(일본 – 오하요우, おはよう)
(중국 – 니 하오, 你好)
(프랑스 – 봉쥬르)
(독일 – 구텐 모르겐, Guten Morgen)

③ 각 나라의 전통 인사를 신체로 표현해본다.

④ 인사말은 나라마다 다르지만 같은 뜻을 가지고 있음을 이야기 한다.

3. 활동의 유의점: 각 나라의 인사말에 맞게 인사를 하도록 한다.
전통의상을 입고 인사하기로 확장할 수 있다.

4. 활동평가: 나라마다 인사말이 다르다는 것을 알게 되었는가?
다른 나라 인사법에 대한 거부감을 가지지 않고 즐겁게 활동하였는가?

5. 확장활동: 가정 연계
- 부모님과 다른 나라 말로 인사하기를 해보도록 한다.

4) 나라는 달라도 뜻은 같아요

교사의 생각

_ 유아들은 다른 나라의 표시를 어느 정도 알고 있을까?

_ 유아들은 표시의 모양이 다르더라도 같은 의미를 가질 수 있다는 것을 이해할 수 있을까?

_ 유아들이 표시를 통해 다문화에 대해 알 수 있을까?

교사의 계획

_ 다양한 표시가 제시되어 있는 사진자료, 동영상 자료 등을 준비해 놓는다.

_ 유아들이 표시의 다양한 측면에 대해 생각해 볼 수 있도록 질문한다. 표시의 모양이나 색깔 등과 같은 외형적 측면뿐 아니라 표시의 의미에 대해서도 이야기 나눈다.

_ 유아들이 표시의 특징에 대해 재미있게 배울 수 있도록 표시를 분류해보는 게임을 진행한다.

1. **활동자료**: 여러 가지 표시와 관련된 사진, 그림 자료, 벨크로 테이프, 융판, 카메라, 벽돌블록, 표시 퍼즐

2. **활동방법**: 산책활동을 통해 우리 주변에는 어떤 표시들이 있는지 살펴본다. 주변에 있는 다양한 표시를 사진으로 찍어 프린트한다.

유아는 산책활동을 하면서 어린이집 주변에는 어떤 표시들이 있는지 살펴본다. 유아는 주변에서 발견한 표시들을 사진으로 찍어본다. 교사는 유아들이 찾은 표시들을 프린트해준다.

• 우리 어린이집 주변에는 어떤 표시가 있을까? 너희가 새로운 표시를 발견할 때마다 사진으로 찍어봐.

유아는 찍어온 표시 사진들을 살펴본다. 친구들과 함께 그 표시를 어디에서 발견했는지, 무슨 뜻인지에 대해서 이야기해 본다.

• 이 표시는 어디서 발견했니? 이 표시는 무슨 뜻인 거 같니?

• 이것과 비슷한 표시는 어떤 것이 있을까?

친구들과 함께 표시 분류 게임을 해본다.

교사는 미리 준비한 다양한 나라의 표시 사진과 유아가 산책에서 찍어온 표시 사진들의 뒷면에 벨크로 테이프를 붙여둔다. 사진들을 융판에 붙여둔다. 벨크로 테이프가 붙어 있는 벽돌블록을 준비해둔다. 유아는 융판에 있는 다양한 표시를 살펴본 후 같은 의미를 갖는 표시끼리 탑을 쌓아보며 분류해본다.

유아는 융판에 있는 사진들을 살펴본다. 유아는 같은 의미의 표시 사진들을 융판에서 떼어내어 벽돌블록에 붙인 후 탑을 쌓아 분류해 본다. 유아는 벽돌블록에 붙어 있는 표시를 살펴보면서, 표시의 의미를 이해하고 분별하는 능력을 기르게 된다.

• 수빈이팀은 화장실 표시만 모아서 탑을 쌓았구나. 와, 탑이 5층이나 쌓여 있네. 3층의 화장실 표시는 어느 나라의 표시니?

교사는 수 · 조작영역에 같은 의미를 갖는 표시 퍼즐들을 미리 준비해 둔다. 유아는 퍼즐을 맞추면서 표시의 의미를 알아본다.

교사는 사전에 수 · 조작영역에 같은 의미를 갖는 표시 퍼즐 교구를 만들어 놓는다. 여러 유아가 함께 즐길 수 있도록 다양한 나라의 화장실 표시, 주차 표시, 정지 표시, 동물 조심 표시 등을 인원수를 고려하여 구성해 준다.

유아는 다양한 나라의 표시퍼즐 중 같은 의미를 나타내는 것끼리 찾아서 짝지어 본다.

유아는 같은 의미의 표시끼리 분류해 보는 과정을 통해서 표시의 특징을 잘 이해할 수 있게 되고 나라마다 표시가 다를 수 있음을 알게 된다. 또한 나라마다 표시가 조금씩 다르기는 하지만 표시를 통해 다른 나라의 문화를 이해할 수 있음을 알게 된다.

• 이건 무슨 표시일까? 어떤 의미일까? 표시만 봐도 무슨 의미인지 알 수 있겠니?

3. 유아경험의 의미:

주변에 있는 다양한 표시에 대해 관심을 갖는다.

표시를 분류해 보는 활동을 통해서 같은 의미라도 다르게 표현될 수 있음을 안다. 다양한 표시를 일정한 기준에 따라 분류해볼 수 있다.

4. 활동의 유의점 : 교사는 선택활동 시 안전한 바깥활동을 위해 사전에 주변을 둘러보고 표시판을 확인하여 동선을 확보할 수 있다.

교사는 같은 의미를 지니는 표시들을 소개하는 데 그치는 것이 아닌 유아들이 스스로 같은 의미를 지니는 표시들을 찾아볼 수 있는 다양한 활동들을 구성해 줌으로써 문제해결능력을 기를 수 있도록 한다.

5. 확장활동 : ① 영역 연계 : 산책을 하며 안전표시에 따라 안전하게 이동하는 연습을 해본다.

② 연령 연계 : 영아들은 같은 모양의 표시를 짝지어보는 활동을 해본다.

③ 가정과의 연계 : 부모는 유아가 다른 나라의 표시들을 살펴볼 수 있도록 책이나 인터넷 자료 등을 찾아본다.

6. 누리과정과의 연계:

영역	내용범주	내용
의사소통	말하기	느낌, 생각, 경험 말하기
	쓰기	세계와 여러 문화에 관심 가지기
사회관계	다른 사람과 더불어 생활하기	호기심을 유지하고 확장하기
자연탐구	수학적 탐구	기초적인 자료 수집과 결과 나타내기

5) 수입과자 살펴보기

목표

_ 서로 다른 나라의 과자모양을 비교하여 보고 과자 맛도 비교하여 본다.
_ 나라마다 선호하는 맛이 다름을 안다.
_ 선호하는 과자가 어떤 맛인지 살펴본다.

누리과정 관련 요소

_ 사회관계 〉 사회에 관심 갖기 〉 세계와 여러 문화에 관심 가지기 〉 주변의 여러 가지 물체와 물질의 기본 특성을 알아본다.

1. 활동자료: 쉽게 구할 수 있는 나라 과자(예: 일본, 미국, 영국, 중국 등)

2. 활동방법: ① 과자를 소개한다.

- 이 과자는 어떤 과자일까?

② 각 과자의 생산국가를 소개한다.

- 이 과자는 ○○나라에서 만든 과자란다.

③ 과자봉투의 이미지를 비교하고 과자에 대한 설명도 비교하여 본다.

- 과자봉투는 어떠니?
- 다른 나라 말로 쓰여져 있지만 어떤 내용들이 쓰여 있는 것 같니?

④ 과자맛을 비교하여 본다.

- 친구들과 조금씩 잘라 먹으며 과자의 맛을 비교해보자.
- 비슷한 과자끼리 모아보자.

3. 활동의 유의점: 수업 중 탐색을 위해 과자를 먹어보는 것이므로 유아들이 과자를 너무 많이 섭취하지 않도록 유의한다. 이미 유아들이 많이 익숙해진 과자의 맛보다는 일본이나 베트남 등의 과자로 활동한다.

4. 활동평가: 기후에 따라, 환경에 따라 사는 사람들이 선호하는 맛이 다를 수 있음을 이해하였는가?

기후가 달라도, 환경이 달라도 좋아하는 맛이 유사함도 이해하였는가?

5. 확장활동: ① 영역 연계: 유사한 활동으로 다른 나라의 소스 등을 탐색해보는 것도 좋다.

② 가정 연계: 가정에서도 유사한 활동을 해보도록 권한다. 특히, 가정에서는 직접 요리와 관련한 활동을 한다.

02 인성교육 활동의 예

1) 책 읽어주기 운동 3대 실천과제

날마다 책 읽어주기	→	바른 정서, 바른 인성
주마다 책 읽고 동화활동	→	바른 정서, 바른 인성
매월 독서 이야기 나누기	→	바른 정서, 바른 인성

책 읽어 주기 운동 목적

- 매일 책 읽어주기, 매주 책 읽고 동화활동하기, 매월 독서 이야기 나누기 등을 실천하며 바른 정서와 인성에 도움을 주고 책을 좋아하며 사람을 좋아하는 행복한 아이 만들기를 목적으로 한다.

책 읽어 주기 운동 인성활동 프로그램

- 날마다 책 읽어주기 프로그램
  - 매일 원에서 책읽어주기 인성활동
  - 매일 가정에서 책 읽어 주기활동

  * 매일 원아와 자녀에게 책을 읽어주는 것 자체가 인성과 정서발달에 도움이 된다.

- 주마다 책 읽어주고 동화활동 프로그램
  - 매주 책 읽고 동화활동하기, 동화 교훈 인성실천활동

  * 매주 책을 읽어주기 독서활동을 하고 동화 교훈 인성체험활동을 실천하여 인성함양에 도움을 준다.

- 월마다 독서 이야기 나누기 활동 프로그램
  - 매월 독서대화 , 독서 이야기 나누기, 칭찬활동

  * 매월마다 독서대화, 독서발표, 독서토론을 함께 하여 언어적 상호작용을 나누고 인성함양에 도움을 준다.

2) 책 읽어주기 인성 프로그램 활동 및 활용방법

1. 책 읽어주기 인성 프로그램 활동은 책 읽어주기 운동의 3대 실천과제를 실천하는 것부터 출발한다.

2. 날마다 원에 있는 책이나 가정에 있는 책으로 읽어주기만 해도 인성과 정서함양에 도움이 된다.

3. 매주 책을 읽어주고 독서교훈이나 인성체험을 실천하게 하는 활동으로 인성함양에 도움을 준다.

4. 매월 독서이야기 나누기로 언어적 상호작용을 통한 인성함양에 도움을 준다.

5. 책읽어주기 3대 실천을 실천한다.

6. 지도자료는 표준자료를 참고하고 원에 있는 다양한 동화책을 가지고 표준자료와 연계하여 창의적으로 자율적으로 활동하면 된다.

7. 날마다 책 읽어주기와 독서대화활동을 스스로 책 읽게 하는 독서환경 만들기와 습관활동을 확인, 점검한다.

   * 확인, 점검은 무상으로 활용하는 자료를 프린트하여 사용한다.

8. 주마다 실천하는 독서교훈 인성체험활동은 체험카드를 활용하여 사용한다. 체험카드는 무상으로 활용하는 자료를 프린트하여 사용한다.

9. 책 읽어주기 인성 프로그램은 실천하는 프로그램으로 3대 실천과제를 실천하는 것부터 출발하고 지도자료나 주제는 참고자료로 활용한다.

3) 1주 동화 인성활동

아침 인성 활동 영역	동화 이야기 나누기 활동	동화	리키는 애니를 좋아한대
활동주제	즐거운 가을을 보내요.	누리과정 영역	의사소통 사회관계
활동목표	즐거운 가을 보내기를 잘 할 수 있다.		

1. 독서 전 활동

(1) 명상활동

- 선생님: 선생님과 명상활동을 하자. 명상!(큰 소리로 말함)
- 아　이: 자세!(큰 소리로 말하고 두 손을 배꼽 위에 올려놓고 눈을 감음)
- 선생님: 오늘도 바른 인성을 갖겠다는 다짐 명상 시작! (5초 후) 그만.

(2) 인성다짐활동

- 선생님: 선생님과 함께 인성다짐을 큰 소리로 외쳐보자.
  인성다짐 / 나는 / 바른 인성을 가진 / 어린이입니다.
  오늘도 / 바르게 생활하는 / 어린이가 되겠습니다.

(3) 동화책 제목 나누기 활동

- 선생님: 오늘 읽을 인성동화책은 이 책이야(표지를 보여 주고 3초간 상상하게 함).
  표지에 어떤 그림이 나오니?
- 아　이:
- 선생님: 책 제목은 〈리키는 애니를 좋아한대〉야. 책 제목을 다함께 말해 볼래.
- 아　이:

(4) 집중하기 활동

- 선생님: 모두 선생님과 눈 맞춤하자(모두와 눈 맞춤).
  지금부터 선생님이 읽어주는 동화 내용을 잘 들어보자.

2. 독서활동

(1) 재미있게 책 읽어주기 활동

- 선생님은 책이 되어 책이 말하듯이 생동감 있게 읽어주기
- 아이는 책을 보며 책과 대화하듯이 듣기

교사 가이드

독서 전 활동을 교사재량껏 실시하세요.
책 읽어주기 독서활동은 재미있게 읽어주세요.

3. 독서 후 활동

(1) 신나는 인성 골든벨 활동

① 1번 문제입니다

물음: 오늘 읽은 인성동화책 제목은 무엇일까요? (리키는 애니를 좋아한대입니다)

- 맞으면 손가락으로 ○, 틀리면 손가락으로 × 하세요(정답은 ○입니다).

② 2번 문제입니다

물음: 떨어지는 무엇이 너무 멋있다고 했나요? (눈입니다)

- 맞으면 손가락으로 ○, 틀리면 손가락으로 × 하세요(정답은 ×입니다).
- 정답: 낙엽

③ 3번 문제입니다

물음: 나뭇가지에 무엇이 걸렸나요? (연입니다)

- 맞으면 손가락으로 ○, 틀리면 손가락으로 × 하세요(정답은 ○입니다).

(2) 인성 대화 나누기 활동

- 선생님: 우산으로 무엇을 만들었니?
- 아　이:
- 선생님: 가을 좋아하니?
- 아　이:

(3) 동화인성 다짐발표활동

- 선생님: 동화인성 다짐발표를 큰소리로 따라해 보자.
- 아　이: 저는 즐거운 가을 보내기를 잘 하겠습니다.

(4) 생활체험활동

생활 속에서 즐거운 가을 보내기를 잘 하는 친구들이 꼭 되세요.

(5) 확인칭찬활동

- 선생님: 지난주에 실천할 일찍 자기 실천 잘 했나요?
  잘한 친구들은 손을 높이 들어보자.

• 아 이:

• 선생님: 참 잘했구나. 옆에 있는 친구에게 "참 잘했다"하고 칭찬해 주세요.

(6) 마무리 활동

• 선생님: 오늘 실천할 내용인 즐거운 가을 보내기를 꼭 실천하자.
이상으로 아침인성활동을 마치겠습니다.

4) 2주 동화 인성활동

아침 인성 활동 영역	동화 이야기 나누기 활동	동화	그래서 달님이 생겼대요
활동주제	잘못을 알아요.	누리과정 영역	의사소통 사회관계
활동목표	잘못 사과하기를 잘 할 수 있다.		

1. 독서 전 활동

(1) 명상활동

• 선생님: 선생님과 명상활동을 하자. 명상!(큰 소리로 말함)

• 아　이: 자세!(큰 소리로 말하고 두 손을 배꼽 위에 올려놓고 눈을 감음)

• 선생님: 오늘도 바른 인성을 갖겠다는 다짐 명상 시작! (5초 후) 그만.

(2) 인성다짐활동

• 선생님: 선생님과 함께 인성다짐을 큰 소리로 외쳐보자.

인성다짐 / 나는 / 바른 인성을 가진 / 어린이입니다.

오늘도 / 바르게 생활하는 / 어린이가 되겠습니다.

(3) 동화책 제목 나누기 활동

• 선생님: 오늘 읽을 인성동화책은 이 책이야(표지 보여 주고 3초간 상상하게 함).

표지에 어떤 그림이 나오니?

• 아　이:

• 선생님: 책 제목은 〈그래서 달님이 생겼대요〉야. 책 제목을 다함께 말해 볼래?

• 아　이:

(4) 집중하기 활동

- 선생님: 모두 선생님과 눈 맞춤하자(모두와 눈 맞춤).
  지금부터 선생님이 읽어주는 동화 내용을 잘 들어보자.

2. 독서활동

(1) 재미있게 책 읽어주기 활동

- 선생님은 책이 되어 책이 말하듯이 생동감 있게 읽어주기
- 아이는 책을 보며 책과 대화하듯이 듣기

교사 가이드

독서 전 활동을 교사재량껏 실시하세요.
책 읽어주기 독서활동은 재미있게 읽어주세요.

3. 독서 후 활동

(1) 신나는 인성 골든벨 활동

① 1번 문제입니다

물음: 오늘 읽은 인성동화책 제목은 무엇일까요?(그래서 달님이 생겼대요입니다)

- 맞으면 손가락으로 ○, 틀리면 손가락으로 × 하세요(정답은 ○입니다).

② 2번 문제입니다

물음: 동물들은 누구에게 부탁했나요?(해님입니다)

• 맞으면 손가락으로 ○, 틀리면 손가락으로 × 하세요(정답은 ○입니다).

③ 3번 문제입니다

물음: 빛은 쟁반처럼 둥그런 무엇이 되었나요?(별입니다)

• 맞으면 손가락으로 ○, 틀리면 손가락으로 × 하세요(정답은 ×입니다).

• 정답: 달

(2) 인성 대화 나누기 활동

• 선생님: 동물들은 누구에게 용서를 빌었니?

• 아　이:

• 선생님: 잘못한 일 있니?

• 아　이:

(3) 동화인성 다짐발표활동

• 선생님: 동화인성 다짐발표를 큰소리로 따라해 보자.

• 아　이: 저는 잘못 사과하기를 잘 하겠습니다.

(4) 생활체험활동

생활 속에서 잘못 사과하기를 잘 하는 친구들이 꼭 되세요.

(5) 확인칭찬활동

• 선생님: 지난주에 실천할 즐거운 가을 보내기 실천 잘 했나요?
잘한 친구들은 손을 높이 들어보자.

• 아　이:

• 선생님: 참 잘했구나. 옆에 있는 친구에게 “참 잘했다”라고 칭찬해 주세요.

(6) 마무리 활동

• 선생님: 오늘 실천할 내용인 잘못 사과하기를 꼭 실천하자.
이상으로 아침인성활동을 마치겠습니다.

5) 3주 동화 인성활동

아침 인성 활동 영역	동화 이야기 나누기 활동	동화	줄의 멋진 오리
활동주제	옷 단정히 입어요.	누리과정 영역	의사소통 사회관계
활동목표	옷 단정히 입기를 잘 할 수 있다.		

1. 독서 전 활동

(1) 명상활동

- 선생님: 선생님과 명상활동을 하자. 명상!(큰 소리로 말함)
- 아　이: 자세!(큰 소리로 말하고 두 손을 배꼽 위에 올려놓고 눈을 감음)
- 선생님: 오늘도 바른 인성을 갖겠다는 다짐 명상 시작! (5초 후) 그만.

(2) 인성다짐활동

- 선생님: 선생님과 함께 인성다짐을 큰 소리로 외쳐보자.
  인성다짐 / 나는 / 바른 인성을 가진 / 어린이입니다.
  오늘도 / 바르게 생활하는 / 어린이가 되겠습니다.

(3) 동화책 제목 나누기 활동

- 선생님: 오늘 읽을 인성동화책은 이 책이야(표지 보여 주고 3초간 상상하게 함).
  표지에 어떤 그림이 나오니?
- 아　이:
- 선생님: 책 제목은 〈줄의 멋진오리〉야. 책 제목을 다함께 말해 볼래?
- 아　이:

(4) 집중하기 활동

• 선생님: 모두 선생님과 눈 맞춤하자(모두와 눈 맞춤).
지금부터 선생님이 읽어주는 동화 내용을 잘 들어보자.

2. 독서활동

(1) 재미있게 책 읽어주기 활동

• 선생님은 책이 되어 책이 말하듯이 생동감 있게 읽어주기
• 아이는 책을 보며 책과 대화하듯이 듣기

교사 가이드

독서 전 활동을 교사재량껏 실시하세요.
책 읽어주기 독서활동은 재미있게 읽어주세요.

3. 독서 후 활동

(1) 신나는 인성 골든벨 활동

① 1번 문제입니다

물음: 오늘 읽은 인성동화책 제목은 무엇일까요?(줄의 멋진 오리입니다)

• 맞으면 손가락으로 ○, 틀리면 손가락으로 × 하세요(정답은 ○입니다).

② 2번 문제입니다

물음: 누가 줄에게 스웨터를 사 주셨나요?(엄마입니다)

• 맞으면 손가락으로 ○, 틀리면 손가락으로 × 하세요(정답은 ○입니다).

③ 3번 문제입니다

물음: 스웨터에 있던 무엇이 사라졌나요?(병아리입니다)

- 맞으면 손가락으로 ○, 틀리면 손가락으로 × 하세요(정답은 ×입니다).
- 정답 : 오리

(2) 인성 대화 나누기 활동

- 선생님: 오리가 어디에 있었니?
- 아 이:
- 선생님: 옷을 바르게 입니?
- 아 이:

(3) 동화인성 다짐발표활동

- 선생님: 동화인성 다짐발표를 큰소리로 따라해 보자.
- 아 이: 저는 옷 단정히 입기를 잘하겠습니다.

(4) 생활체험활동

생활 속에서 옷 단정히 입기를 잘 하는 친구들이 꼭 되세요.

(5) 확인칭찬 활동

- 선생님: 지난주에 실천할 잘못 사과하기 실천 잘 했나요?
  잘한 친구들은 손을 높이 들어보자.
- 아 이:
- 선생님: 참 잘했구나. 옆에 있는 친구에게 “참 잘했다”라고 칭찬해 주세요.

(6) 마무리 활동

- 선생님: 오늘 실천할 내용인 옷 단정히 입기를 꼭 실천하자.
  이상으로 아침인성활동을 마치겠습니다.

6) 4주 동화 인성활동

아침 인성 활동 영역	동화 이야기 나누기 활동	동화	아기구름
활동주제	친구를 도와요.	누리과정 영역	의사소통 사회관계
활동목표	친구돕기를 잘 할 수 있다.		

1. 독서 전 활동

(1) 명상활동

- 선생님: 선생님과 명상활동을 하자. 명상!(큰 소리로 말함)
- 아　이: 자세!(큰 소리로 말하고 두 손을 배꼽 위에 올려놓고 눈을 감음)
- 선생님: 오늘도 바른 인성을 갖겠다는 다짐 명상 시작! (5초 후) 그만.

(2) 인성다짐활동

- 선생님: 선생님과 함께 인성다짐을 큰 소리로 외쳐보자.

  인성다짐 / 나는 / 바른 인성을 가진 / 어린이입니다.

  오늘도 / 바르게 생활하는 / 어린이가 되겠습니다.

(3) 동화책 제목 나누기 활동

- 선생님: 오늘 읽을 인성동화책은 이 책이야(표지 보여 주고 3초간 상상하게 함).

  표지에 어떤 그림이 나오니?
- 아　이:
- 선생님: 책 제목은 〈아기구름〉이야. 책 제목을 다함께 말해 볼래
- 아　이:

(4) 집중하기 활동

• 선생님: 모두 선생님과 눈 맞춤하자(모두와 눈 맞춤).
지금부터 선생님이 읽어주는 동화 내용을 잘 들어보자.

2. 독서활동

(1) 재미있게 책 읽어주기 활동

• 선생님은 책이 되어 책이 말하듯이 생동감 있게 읽어주기
• 아이는 책을 보며 책과 대화하듯이 듣기

교사 가이드

독서 전 활동을 교사재량껏 실시하세요.
책 읽어주기 독서활동은 재미있게 읽어주세요.

3. 독서 후 활동

(1) 신나는 인성 골든벨 활동

① 1번 문제입니다

물음: 오늘 읽은 인성동화책 제목은 무엇일까요?(아기구름입니다)

• 맞으면 손가락으로 ○, 틀리면 손가락으로 × 하세요(정답은 ○입니다).

② 2번 문제입니다

물음: 누가 처음으로 나들이 갔나요?(엄마구름입니다)

- 맞으면 손가락으로 ○, 틀리면 손가락으로 × 하세요(정답은 ×입니다).
- 정답 : 아기구름

③ 3번 문제입니다

물음: 아기구름이 누구를 도왔나요?(꽃입니다)

- 맞으면 손가락으로 ○, 틀리면 손가락으로 × 하세요(정답은 ○입니다).

(2) 인성 대화 나누기 활동

- 선생님: 아기구름이 꽃을 어떻게 도왔니?
- 아　이:
- 선생님: 친구를 도운 적 있니?
- 아　이:

(3) 동화인성 다짐발표활동

- 선생님: 동화인성 다짐발표를 큰소리로 따라해 보자.
- 아　이: 저는 친구 돕기를 잘 하겠습니다.

(4) 생활체험활동

생활 속에서 친구 돕기를 잘 하는 친구들이 되세요.

(5) 확인칭찬활동

- 선생님: 지난주에 실천할 옷 단정히 입기 실천 잘했나요?
  잘한 친구들은 손을 높이 들어보자.
- 아　이:
- 선생님: 참 잘했구나. 옆에 있는 친구에게 "참 잘했다"라고 칭찬해 주세요.

(6) 마무리 활동

• 선생님: 오늘 실천할 내용인 친구 돕기를 꼭 실천하자.
이상으로 아침인성활동을 마치겠습니다.

03 전통문화 교육 활동의 예

1) 전통놀이란 무엇인가?

1. 활동형태: 이야기 나누기

2. 활동목표: 전통놀이의 의미와 가치에 대해 안다.

3. 준 비 물: 전통놀이의 그림이나 사진자료

4. 활동방법: ① 놀이의 의미에 대해 이야기 나눈다.

- 가장 좋아하는 놀이가 무엇이니? 왜 그 놀이를 좋아하니?
- 가장 싫어하는 일이 무엇이니? 왜 그 일을 싫어하니?
- 놀이는 왜 자꾸만 해도 싫증이 나지 않을까?
- 놀이와 일과의 차이는 무엇일까?

② 해 보았던 전통놀이에 대해 이야기 나눈다.

- 전통놀이가 어떤 놀이인 줄 아니?
- 전통놀이와 서양놀이의 차이를 이야기해 보자.

③ 전통놀이와 전통놀이가 아닌 것과 비교하여 본다.

- 알고 있는 전통놀이와 컴퓨터놀이와 차이를 비교해 볼 수 있겠니?
- 전통놀이와 서양놀이의 차이를 이야기해 보자.

④ 전통놀이의 의미와 가치에 대해서 이야기 나눈다.

- 어떤 놀이가 전통놀이이니?
- 이 놀이가 무슨 놀이이니?
- 누가 이 놀이를 했을까? 언제 했을까?
- 우리가 전통놀이를 하면 좋은 점은 무엇일까?

5. 확장활동: ① 다양한 전통놀이를 직접 경험해 본다.

② 전통놀이에 대한 자료를 찾아 전통놀이 백과사전을 만들어 본다.

6. 참고사항: 참고 사이트 〉 http://korea.insight.co.kr
http://home.hanmir.com
http://mackorea.hihome.com
http://gaiaxy.channeli.net

7. 활동자료 : 전통놀이 그림이나 사진자료

윷놀이

굴렁쇠

차전놀이

줄타기

팽이치기

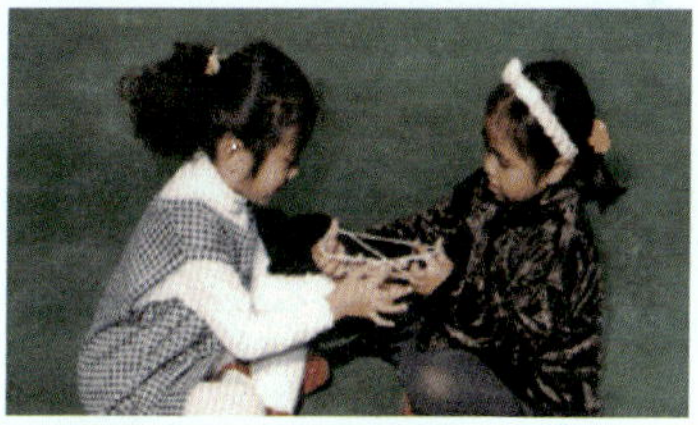

실뜨기

제기차기

공기놀이

강강수월래

씨름

연날리기

썰매타기

투호놀이

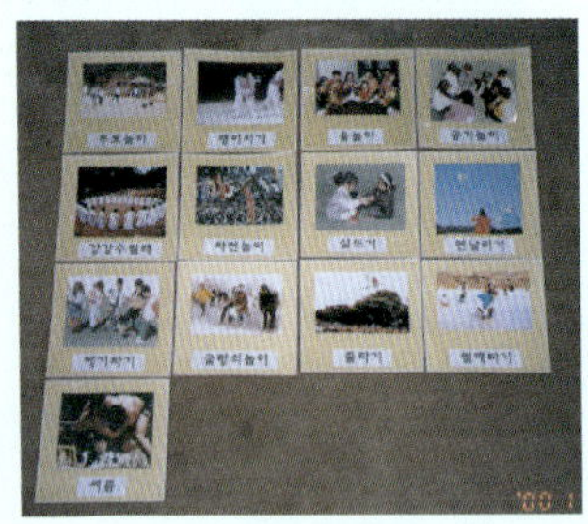

활동자료

2) 할머니, 할아버지가 하셨던 전통놀이 알아보기

1. 활동형태: 언어

2. 활동목표: 전통놀이의 종류와 유래에 대해서 안다.

3. 준 비 물: 전통놀이 조사표, 전통놀이 사진

4. 활동방법: ① 놀이에 대한 경험을 이야기 나눈다.

- 너희들은 무슨 놀이를 하고 놀 때가 제일 재미있니? 옛날에도 그런 놀이를 했을까?

② 옛날 어린이들이 했던 놀이에 대해서 이야기 나눈다.

- 할머니, 할아버지께서는 어렸을 때 어떤 놀이를 했을까? 우리와 같은 놀이를 했을까?
- 너희들이 해 본 전통놀이는 뭐가 있니?

③ 조사해본다.

- 옛날 할머니, 할아버지들이 하셨던 전통놀이는 무엇이 있는지 조사해 보자.

④ 각자 조사해 온 것에 대해 서로 나누어 본다.

- 돌아가면서 자신이 조사해 온 것에 대해서 이야기해 보자(한 명씩 나와서 자신이 조사한 전통놀이에 대해 이야기해본다).

⑤ 조사해 온 결과를 듣고 생각나는 점에 대해서 이야기 나눈다.

- 옛날 어린이들은 주로 어떤 놀이를 많이 한 것 같으니?
- 조사해 온 것을 들으니 어떤 생각이 드니?

⑤ 어른이 되면 전통놀이를 가르칠 것인가에 대해서 이야기 나눈다.

- 어른이 되면 어린이들에게 전통놀이를 가르쳐 주어야 한다고 생각하니?
- 왜 그렇게 생각하니?

5. 확장활동: ① 아이들이 조사해 온 내용을 실물사진이나 아이들의 그림과 함께

전시해 모두 볼 수 있게 해준다. 조사한 것 중 아이들이 해보고 싶은 놀이를 직접 해볼 수 있게 한다.

6. 참고사항: 가정에서 부모님과 유아가 함께 조사해 보고 조사해 온 것을 함께 나눌 수 있는 기회를 갖는다.

7. 활동자료: 조사할 내용표

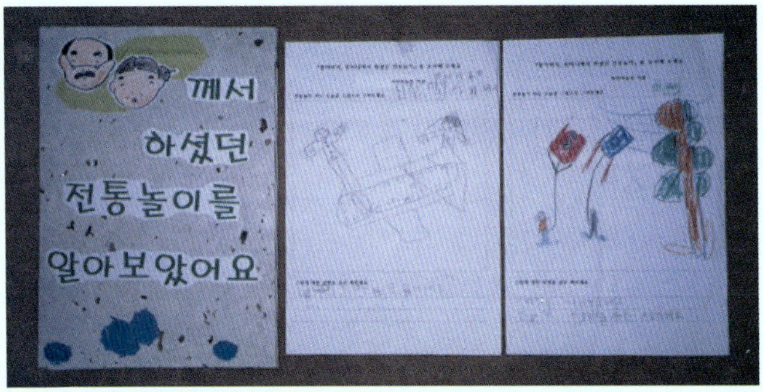

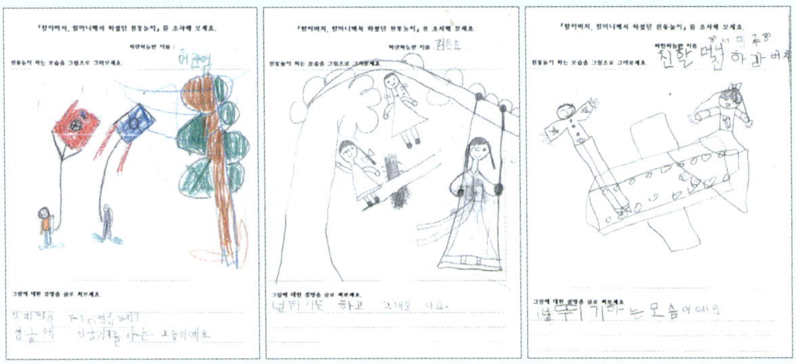

3) 연날리기의 유래

1. 활동형태: 이야기 나누기

2. 활동목표: 전통놀이인 연날리기를 경험한다.
연날리기의 방법에 대해 안다.

3. 준 비 물: 연날리기의 관한 민화 혹은 그림자료

4. 활동방법: ① 연날리기의 경험에 대해서 이야기 나눈다.

- 연날리기를 해 본 적이 있니? 언제 해 보았니?
- 어떤 연을 날려 보았니? 기분이 어땠니?

② 연날리기의 방법에 대해서 이야기 나눈다.

- 이 놀이는 어떻게 하는 거니?
- 무엇이 필요할까?

③ 연날리기를 즐기던 대상이 누구였는지를 이야기해 본다.

- 누가 연날리기를 많이 하는 놀이였을까?

5. 확장활동: ① 직접 연 만들기 활동을 해 본후 연을 날려 본다.

6. 참고사항:

① 연날리기의 유래

연은 BC 400년대에 그리스의 알타스가 처음 만들었다고 한다. 또 중국 송나라 때 고승(高承)이 찬한(사물기원, 事物起源)에 보면 BC 200년경 한신(韓信)이 군사적인 목적에서 연을 만들었다는 기록도 있다. 우리나라의 연에 관한 최고의 기록은《삼국사기》 열전(列傳) 중의 김유신전에 보인다. "선덕왕 16년이자 진덕왕 원년인 정미년(丁未年, 647)에 대신 비담(毗曇)과 염종(廉宗)은 여왕이 나라를 다스릴 수 없다는 구실로 반란을 일으켜 여왕을 폐위시키려 하였다. 반란군은 명활성(明活城)에 진을 치고 왕을 지키는 군대를 월성(月城) 안에서 방어진을 치고 있었다. 10여 일 동안 서로 공

방전을 벌였으나 승패가 나지 아니하였다. 그러던 어느 날 한밤 중에 큰 별똥이 월성 안에 떨어졌다. 이것을 바라본 비담의 무리는 휘하 장병에게 말하기를 별똥이 떨어진 자리에는 반드시 유혈(流血)이 있다고 하니 이것은 바로 여왕이 패망할 조짐이라고 하였다. 그의 군사들은 이 말을 듣고 환호성을 울리니 천지가 흔들릴 지경이었다. 여왕은 이 함성을 듣고 대경실색하였다. 이때 왕사의 지휘관인 김유신 장군이 여왕을 진정시키고 가만히 인형을 만들어 이것을 큰 연에 매달아 불을 질러 올려 보냈다. 마치 별이 하늘로 솟아올라 가는 것 같이 보였다. 다음날 김유신은 말을 놓아 어제 저녁에 떨어졌던 별이 다시 하늘로 되올라갔다고 하였다. 이 소리를 들은 적군의 장병들은 동요하여 마침내 패주하고 말았다." 연이 군사적으로 이용된 또 다른 전설은 최영(崔瑩)장군에 얽힌 이야기이다. 옛날 고려 말의 명장 최영장군이 제주도를 정벌하였을 때의 일이다. 섬 주변(성주가 살고 있는 성벽이라고 전한다)에 가시덤불이 무성하여 병사가 진군할 수 없었으므로 최영장군은 묘안을 생각해 냈다. 즉, 연 밑에 갈대씨를 담은 주머니를 달아 그 연을 높이 띄워 섬 주변 가시밭에 그 씨주머니를 떨어뜨렸다. 그 해 가을에 섬 주변에는 마른 갈대로 뒤덮였다. 여기에 불을 질러 가시밭을 태워 없애고 마침내 상륙하여(성에 들어가서) 섬을(성을) 점령하게 되었다. 일설에는 소년들을 소집하여 제각기 연을 날려 줄을 대어 성중으로 기어 올라가서 성을 쳐 부셨다 한다. 이러한 연날리기는 고려와 조선시대를 거치면서 아이들의 놀이로 세시풍속화하였다. 연에 대한 기록은 〈동국세시기〉,〈경도잡기〉, 〈지봉유설〉을 비롯한 여러 문헌에 나타나 있다.

② 연(鳶)이란 새(鳥)의 이름 소리개의 음을 따서 붙인 것

③ 수수께끼
- 몸뚱이 하나에 꼬리 달고 하늘에서 춤추는 것은?
- 뼈대뿐인 것이 종이옷을 입고 공중에서 춤추는 것은?
- 배꼽을 떼어 이마에 붙이고 하늘에 올라가는 것은?

7. 활동자료:

① 연날리기 그림자료

② 연 만들기

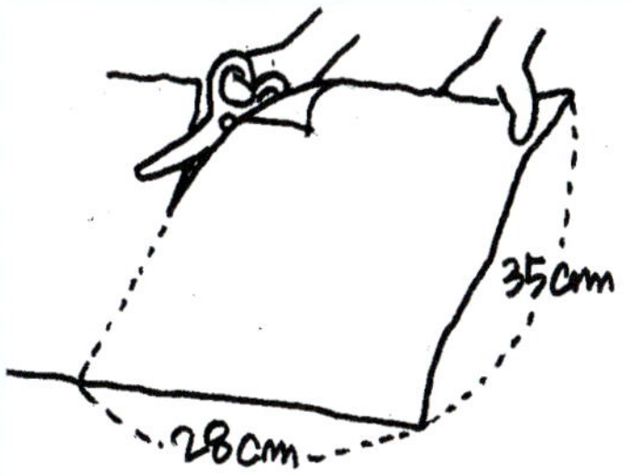

① 한지를 가로 28cm, 세로 35cm로 자른다.

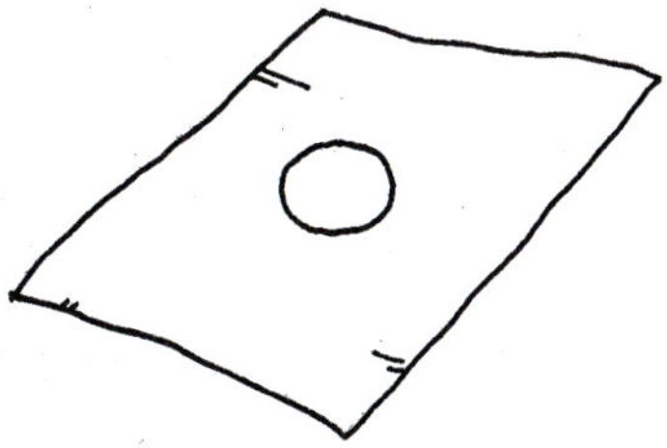

② 자른 한지 중앙에 지름 5cm로 원을 낸다.

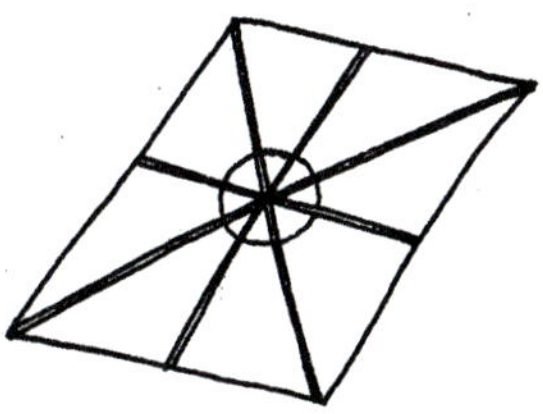

③ 얇고 긴 대나무를 붙인다.

④ 한지에 자기가 원하는 모양을 만들어 붙인다.

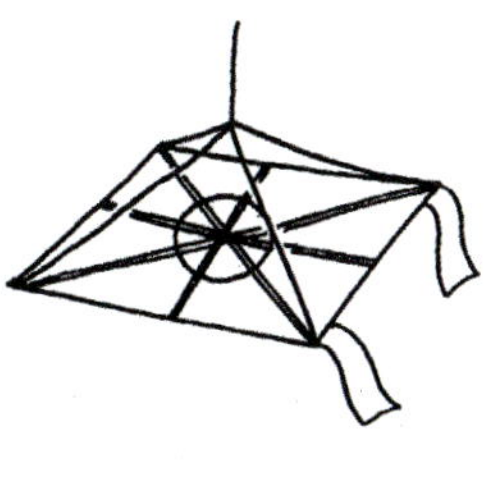

⑤ 실을 매달아 연결시킨다.

⑥ 실이 많이 감긴 타래와 연결시킨다.

4) 고누놀이

1. 활동형태: 수

2. 활동목표: 전통놀이인 고누놀이에 대해 경험한다.
게임을 통해 자기 통제력을 기른다.

3. 준 비 물: 줄고누판, 게임말, 게임규칙판

4. 활동방법: ① '고누'라는 말에 대해서 이야기 나눈다.

- 고누라는 말을 들어본 적이 있니?
- 어떤 말이라고 생각하니?(종이로 만든 게임판에서 하는 게임이라는 뜻)

② 게임 규칙판과 고누판을 보면서 이야기 나눈다.

- 고누판을 본 적 있니?
- 이 게임판을 가지고 어떤 방법으로 게임을 할 수 있을까?
- 게임규칙은 무엇이니?

③ 게임규칙에 따라 게임을 한다.

- 게임규칙을 보면서 한 번 해볼까?
- 다음은 어떻게 할까?

④ 게임이 끝난 후에 게임에 대해 평가한다.

- 재미있었니? 무엇이 재미있었니?
- 게임의 규칙을 바꾼다면 어떻게 바꿀 수 있을까?

5. 확장활동: ① 게임이 익숙해질 시기에 게임에 대해 평가하고 다른 형태의 다른 고누게임으로도 전개할 수 있다.

6. 참고사항:

① 고누의 뜻

고누는 한자로 지기(地碁)라는 말로 그 뜻이 지면에서 두는 위기라는 것이다.

다시 풀어서 말하면 종이 위에서 두는 경쟁게임이라는 의미이다.

② 고누의 유래

고누놀이가 언제 비롯되었는지 그 유래에 대해서는 알려진 바가 없고, 전하는 옛 기록도 찾아보기 어렵다. 고누를 두는 모습을 그린 조선왕조시대의 풍속도 등을 미루어 보아 오래 전부터 이 놀이가 서민층 사이에 널리 보급되어 왔던 것으로 믿어진다. 놀이방법이 단순 소박하여 아무 때 어느 곳에서나 쉽사리 벌일 수 있는 좋은 놀이이다.

③ 고누놀이의 종류

• 우물고누 : 고누놀이 중에서 가장 단순하면서도 널리 알려져 있는 놀이이다. 이 놀이는 샘 또는 강고누라고도 한다. 말판에 우물이라는 장애물을 설정하고 말은 각기 2개를 가지고 둔다. 양편의 말은 우물(ㄴ, ㄹ)을 지나지 못하게 되어 있고, 먼저 말을 쓰는 사람은 반드시 ㄱ이나 ㄷ에 있는 말을 움직여 ㅁ에 놓고 그 다음부터 상대방이 움직이지 못하도록 길을 막는다. 이 고누는 간단하면서도 막기 힘이 들므로 기회를 보아 상대방을 유도하여야 한다. 그리하여 ㄱ · ㅁ 또는 ㄷ에 놓게 만들면 상대방의 말이 움직일 수 없게 되어 이긴다.

• 줄고누 : 4줄고누 – 가로 4줄, 세로 4줄의 말판에 양편이 각기 4개 또는 6개를 직선으로 한 칸씩 두어 간다. 4줄고누는 4선(線) · 4마마(馬) · 정자(井字)고누 등으로도 부른다. 한 발씩 움직여 자기 밭이 공간이 없도록 하며, 2개가 나란히 놓였을 때 상대방의 말이 바로 옆에 하나 있게 되면 그것을 뗀다. 이렇게 하며 상대방의 말을 다 떼면 이긴다. 5 · 6 · 7줄고누도 4줄고누와 두는 방법은 같다. 줄의 수는 일정하게 제한된 바 없고 양편이 편리한 대로 정하면 된다.

• 밭고누 : 이 고누는 움직일 수 있는 밭이 모두 아홉 곳인데, 각각 말 3개씩을 가지고 한 번에 한 발씩 움직인다. 이렇게 해서 상대의 말이 갈 곳이 없도록 길을 막는 쪽이 이긴다.

• 곤질고누 : 각각 5개의 말을 가지고 움직이는데, 직선으로, 전후좌우로 다른 밭을 넘지 않으면 몇 발이라도 갈 수 있다. 그러면서 자기 말 2개 사이에 상대방의 말 하나가 갇힐 때에는 떼어낸다. 이렇게 하며 다 떼면 이긴다.

• 참고누 : 말판 각 선의 교차점이 24개 생기며, 여기에 각각 말 하나씩 놓아 자기 말 3개가 나란히 놓이게 되면 고누가 된다. 그리하여 고누를 만든 사람이 상대방이 놓은 말 중에서 자기 임의대로 말 1개를 뗀다. 이렇게 말을 한 번 떼어낸 자리에는 아직 놓지 않은 자리에 말을 다 놓을 때까지 말을 놓지 못한다. 그런 후 말을 놓을 자리가 없어지면 그 다음부터는 말판 위에 놓인 말들을 움직여 〈곤〉을 만들고 상대편의 말을 떼어낸다. 말을 떼어낼 때에는 상대편이 〈곤〉을 만들지 못하도록 말을 골라서 떼어낸다. 어느 쪽이든 〈곤〉을 만들 수 없게 되면, 즉 3개 이하가 되면 진다.

• 자동차(자전거)고누 : 네바퀴고누 혹은 자전거고누라고 한다. 이 놀이의 말을 두어 가는 방법은 줄고누와 같고, 다른 점은 말판 네 귀에 그려 있는 바퀴를 이용하여 상대편의 말을 잡는 것이다. 그리하여 동그라미 길을 돌아서 처음에 만나는 곳의 말을 뗀다. 상대편의 말을 잡으려면 반드시 네 곳 중 한 곳을 돌아야 한다. 그리고 바퀴를 돈 말은 한 칸씩 두지 않고 여러 칸을 건너갈 수 있다. 그리하여 상대방의 말을 다 떼면 이긴다.

• 호박(돼지)고누 : 처음 말판 위에 각기 말 4개씩을 놓고 두어간다. 호박고누는 상대편의 말을 떼내지 않고 , 서로의 말이 한 칸씩 움직이다가 한편의 길이 막혀 더 말을 움직일 수 없을 때 지는 것이다. 이 고누는 노는 도중에 상대방이 처음 차지하였던 곳에 들어간 말은 다시 돌아 나오지 못한다. 또 어느 편이나 처음에 차지하였던 곳에서 한번 나오면 다시 되돌아가지 못한다. 그렇기 때문에 되도록 적진에 들어가지 않고 상대방을 유도해 내어 길이 없게 만들어야 이길 수 있다.

• 왕고누 : 이 고누는 큰 말(왕) 하나와 작은 말(졸) 20개를 배열한다. 〈왕〉은 직선으로 말을 건너 넘지 못할 뿐이고 얼마든지 갈 수 있다. 이 고누는 〈왕〉을 가진 편에게 특전이 있다. 그리하여 잡을 길이나 갈 길이 없을 때에는 그 자리에서 기회를 얻기 위해 세 차례 쉬거나 세 번은 아무 데나 유리한 곳으로 건너뛸 수 있다. 이렇게 해서 〈졸〉이 〈왕〉을 움직이지 못하게 하면 〈졸〉을 가진 편이 이기고, 반대로 〈왕〉이 〈졸〉을 다 떼면 〈왕〉을 가진 편이 이긴다.

7. 활동자료:

고 누 놀 이

① 어떤 색의 말을 가질지를 결정한다.
② 말의 그림과 말판의 그림이 일치하도록 네모 칸 위에 올려놓는다.
③ 말은 한 번에 한 칸 씩 앞이나 옆으로만 움직일 수 있다.
④ 자신의 순서일 때 상대편 말이 바로 앞이나 옆에 있으면 상대의 말을 잡을 수 있다.
⑤ 말이 다 없어지면 놀이가 끝난다.

게임 규칙판

고누놀이 활동판

5) 칠교놀이

1. 활동형태: 조작

2. 활동목표: 전통놀이에 대해 안다.
모양과 크기에 대한 변별력을 기른다.
창의적 사고력을 기른다.

3. 준 비 물: 칠교 그림판, 칠교 조각, 게임 규칙판

4. 활동방법: ① '칠교'라는 말에 대해 이야기 나눈다.

- '칠교'라는 말을 들어 본 적이 있니?
- '칠교'라는 말을 들으면 무엇이 생각나지?
- '칠교'는 무슨 뜻일까?(7개의 기묘한 판이라는 뜻)

② 칠교 조각을 가지고 무엇을 할 수 있을지에 대해 이야기 나눈다.

- 이것이 어떤 놀이를 하는 것이라고 생각하니? 이것을 가지고 무엇을 할 수 있을까? 이 칠교라는 것으로 너희들이 만들어 보고 싶은 모양들을 만들어 보는 거야.
- 이것을 가지고 무엇을 만들어 볼 수 있을까?

③ 칠교 조각을 이용하여 창의적으로 꽃 모양, 동물, 식물, 건축 모양 등 여러 가지 모양들을 만들어 본다.

- 무엇을 만든 것이니?
- 이것을 가지고 또 무엇을 만들어 볼까?(재미있어 하여 계속 하려고 하는 아이도 있었지만 어려워하여 싫증을 내며 다른 놀이를 하는 아이가 많았다)

④ 두 사람이 칠교 조각을 가지고 일정한 시간 내에 상대방이 정해준 모양을 만드는 게임을 해 본다.

- 어떤 모양을 만들어 보는 게임을 해 볼까?
- 어떤 모양을 만들었니?
- 만든 모양을 다른 친구들과 비교해 볼까?

5. 확장활동: ① 칠교조각에 빨, 파, 노, 파, 초, 연, 보 등의 색을 칠하여 활동을 전개해 볼 수 있다.

② 칠교조각 만들기 활동을 해 본다.

6. 참고사항:

① 칠교놀이의 유래

우리나라에서는 〈칠교판– 7개의 교묘한 판〉 또는 〈유객판〉(손님을 머무르게 하는 판)이라 하여 오래전부터 유행되어온 이 놀이는 정확한 시기는 알 수 없으나 중국으로부터 전래되었을 것으로 추정된다. 중국에서는 청나라 시기인 1803년에 처음으로 이 놀이 내용에 대한 책이 출간되었다. 이 책을 보면, 이것의 기원은 주(周)나라 때부터 칠교라는 글자가 있었음을 보아 칠교놀이가 이미 오래 전에 발명된 것이라 하였다.

한편, 유럽으로 건너간 이 놀이는 많은 사람들에게 전파되어 이에 관한 연구가 활발하게 진행되었고, 이와 비슷한 종류의 것이 많이 생겨났다. 19세기 초부터는 미국 유럽 등지에서 탱그램(Tangram)이란 이름으로 크게 유행하였는데, 유배생활 중이던 나폴레옹이 즐겼다는 이야기가 있고, 미국의 소설가 에드가 앨랜 포는 광적으로 이 놀이를 즐겼다고도 전해진다(심우성, 1996).

7. 활동자료:

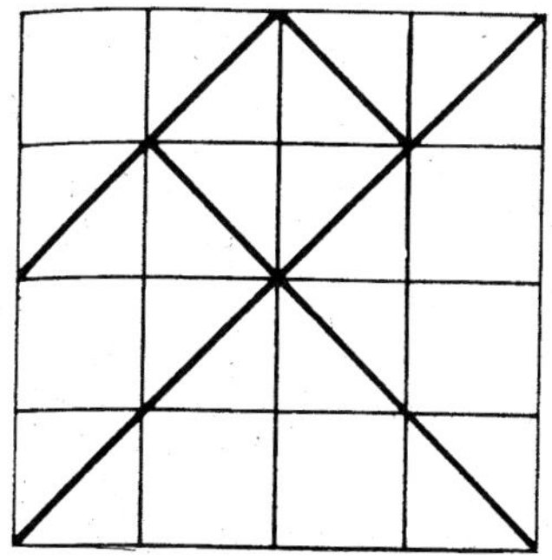

사방 10cm쯤 되는 나무판을 그림과 같이 직각 삼각형 큰 것 2개, 중간 삼각형 1개, 작은 삼각형 3개, 그리고 정사각형과 평행사변형이 각각 1개가 되도록 잘라낸다.

칠교 놀이

① 잘라낸 7개의 조각을 여러 가지 형태, 즉 인물, 동물, 식물, 기물, 건축물, 지형, 글자형 따위의 모양을 그림과 같이 만들 수 있다.

② 칠교로 일정한 형태를 빨리 맞추는 게임으로 전개하여 본다.

게임규칙판

칠교활동판

칠교 그림판

ㄱ

ㄴ

ㄷ

ㅇ

저자 소개

임 미 혜

- 이화여자대학교 교육대학원 교육학과(유아교육 전공, 교육학석사)
- 서울여자대학교 대학원 아동학과(유아교육 전공, 문학박사)
- 전) 경북전문대학교 유아교육과 교수
  백석문화대학교 사회복지학부 영유아보육전공 교수
- 현) 경복대학교 유아교육과 교수

김 영 애

- 이화여자대학교 대학원 유아교육학과(문학석사)
- 전남대학교 대학원 교육학과(교육학박사)
- 현) 서영대학교 유아교육과 교수/서영대학교 부설 유치원장

신 혜 영

- 이화여자대학교 대학원 교육학과(유아교육 전공, 문학석사)
- 동아대학교 대학원 교육학과(교육학박사)
- 현) 부산여자대학교 유아교육과 교수

장 정 애

- 한국교원대학교 대학원 유아교육 전공(교육학석사)
- 중앙대학교 대학원 유아교육 전공(문학박사)
- 현) 한국영상대학교 유아교육과 교수

최 윤 희

- 영남대학교 유아교육학과(교육학석사)
- 영남대학교 유아교육학과 교육학박사 수료
- 현) 수성대학교 유아교육과 교수

유아교육과정

1판 1쇄 발행 2017년 7월 30일
2판 1쇄 발행 2020년 1월 10일

저　　자 | 임미혜 김영애 신혜영 장정애 최윤희
발 행 인 | 강철원
발 행 처 | 양성원
주　　소 | 경기도 파주시 검산로 173번길 29-20
전　　화 | 031-946-3861(代)
팩　　스 | 031-946-3864
이 메 일 | tnwpub@naver.com
홈페이지 | tnwpub.co.kr
출판등록 | 2015년 8월 31일 제2015-000211호

ISBN 979-11-6126-230-7

정가 19,000원